国家社科基金十九大专项项目（18VJ095）

国家社科基金西部项目（13XSH018）

中国社会保险调节收入分配的传导机制及政策效果研究

丁少群　许志涛　李　培　苏瑞珍○著

西南财经大学出版社

中国·成都

图书在版编目(CIP)数据

中国社会保险调节收入分配的传导机制及政策效果研究/丁少群等著.—成都:西南财经大学出版社,2021.6
ISBN 978-7-5504-4911-4

Ⅰ.①中… Ⅱ.①丁… Ⅲ.①社会保险—调节—收入分配—政策—研究—中国 Ⅳ.①F842.61

中国版本图书馆 CIP 数据核字(2021)第 107581 号

中国社会保险调节收入分配的传导机制及政策效果研究
ZHONGGUO SHEHUI BAOXIAN TIAOJIE SHOURU FENPEI DE CHUANDAO JIZHI JI ZHENGCE XIAOGUO YANJIU

丁少群　许志涛　李培　苏瑞珍　著

责任编辑:汪涌波
封面设计:何东琳设计工作室
责任印制:朱曼丽

出版发行	西南财经大学出版社(四川省成都市光华村街 55 号)
网　　址	http://cbs.swufe.edu.cn
电子邮件	bookcj@swufe.edu.cn
邮政编码	610074
电　　话	028-87353785
照　　排	四川胜翔数码印务设计有限公司
印　　刷	成都金龙印务有限责任公司
成品尺寸	170mm×240mm
印　　张	12.25
字　　数	209 千字
版　　次	2021 年 6 月第 1 版
印　　次	2021 年 6 月第 1 次印刷
书　　号	ISBN 978-7-5504-4911-4
定　　价	78.00 元

总　　序

改革开放 40 多年来，中国社会发生了翻天覆地的变化，其巨变集中体现在社会经济结构的转型上。中国社会经济结构的转型是多维度、多层面的，包括计划经济向市场经济的转型，农业社会向工业社会以及信息化、知识化社会的转型，农村社会向城市社会的转型，封闭社会向日益开放社会的转型。伴随着中国社会经济结构的转型，社会保障制度建设与改革发展既是其中的重要内容，也是维系整个改革开放事业顺利进行和促进国家发展进步的基本制度保障。回顾中国社会保障改革发展历程，其与整个改革开放事业一样，同样波澜壮阔，同样非同寻常。中国社会保障制度建设与变革，以其所具有的全局性、普遍性、深刻性和复杂性，已经并还在继续影响着中国全面深化改革的进程。

《中共中央关于制定国民经济和社会发展第十三个五年规划的建议》将建立更加公平、更可持续的社会保障制度作为"十三五"期间我国社会保障改革发展的指导思想。在人口老龄化挑战日益逼近的脚步声中，在新型城镇化步伐日益加快的进程中，在经济步入新常态的发展格局下，在社会风险日趋严峻的现实挑战下，我国社会保障制度建设的步伐只能加快，社会保障理论创新、制度创新、机制创新对于实现制度的可持续发展更显得至关重要。由于社会保障制度安排的复杂性以及社会公众的高度敏感性，我们需要对社会保障制度建构的宏观背景、约束条件、发展经验、制度设计及有效运行等进行深入细致的梳理和反思，认真总结经验和教训。我们要从历史经验的总结中，从国际经验的学习与借鉴中，从未来挑战的应对策略中，对社会保障制度建设进行整体、系统、动态的分析和思考，在理论创新、制度创新、管理机制创新的同步整合中，实现中国社会保障制度改革发展的历史性跨越。

可以预见，随着我国综合国力的日益增强，城乡居民社会保障需求不断增长，中国社会保障制度建设必将迈出新的步伐，未来将会有越来越多的城乡居民直接受惠于这项意义深远的重大民生工程，这自不待言。但由于中国社会保障制度建设的复杂性、长期性和高度敏感性，需要从战略发展高度，从整体性、系统性、科学性的高度关注其科学发展、统筹协调发展和可持续发展问题。而这一目标的实现，则具有巨大的挑战性，需要我们系统总结社会保障制度国际、国内发展的经验和教训，从制度变迁的路径依赖中，积极探索适合我国国情的社会保障制度创新之路；需要我们从历史、现实及未来的结合中，探讨社会保障发展的内在要求和发展规律；需要我们从转变思维方式的高度，总结和提炼制约社会保障制度可持续发展的各种显性和隐性的因素及其相互作用的机制，从历史研究、比较研究、系统研究的框架中，实现社会保障的理论创新和制度创新；需要我们从社会保障的改革实践中，总结和提炼中国特色社会保障的理论模式、制度模式，从而实现理论创新和制度创新的新跨越。

老龄化与社会保障研究中心是四川省社会科学重点研究基地，该中心的研究方向为：老龄化与养老保障、社会医疗保障管理体制机制创新、社会保障基金管理与金融市场发展。老龄化与社会保障研究中心始终坚持以引领学科发展前沿和服务经济社会发展为根本目标，以学科建设为牵引，以学术团队建设为抓手，以人才培养、科学研究和学术创新为主要任务，努力将社会保障研究中心建设成为在国内具有广泛社会影响力的社会保障理论和政策研究高地，成为四川省和国家社会保障改革决策的重要智库。有鉴于此，"老龄化与社会保障研究中心"以努力构建中国特色社会保障理论体系为己任，以分析和解决中国社会保障制度建设实践中的重大问题、紧迫问题为导向，推出社会保障前沿问题研究系列丛书。希望该系列丛书能够切实推动中国社会保障理论创新，为推进中国社会保障制度创新和管理机制创新做出应有的贡献。

林义

2021 年 1 月于敬一斋

摘　要

改革开放 40 多年来，中国经济取得了快速发展，人均 GDP 在 2010 年已突破 4 000 美元大关，开始进入中等偏上收入国家行列，2019 年人均 GDP 更是首次上升到 1 万美元。在此期间，我国居民的人均可支配收入水平也得到大幅提升。然而，市场化改革进程中以效率为导向的发展战略，也导致了城乡之间、地区之间、部门之间、行业之间和不同群体之间收入分配的巨大不平衡性。

依据库兹涅茨"倒 U 形"理论的解释，收入差距扩大是经济增长过程中的必然现象。而这种必然现象需要得到控制，将其调整到合理的范围内才能有利于经济的持续发展，否则，将面临"中等收入陷阱"的风险。因此，收入分配差距过大是中国目前亟须解决的问题。纵观世界各国社会保障发展路径可以发现，在中等收入国家阶段，社会保障肩负着越来越重要的收入分配调节功能，国民福利与国民经济同步增长成为国家发展的追求目标。中国已成为中等收入国家，社会保障的核心功能显然应该定位于调节收入分配，尽快实现国民福利水平与经济发展水平同步增长，并在这种同步增长中健全社会保障体系、提升这一制度的保障水平与公平程度。党的十八大报告明确指出，社会保障是保障人民生活、调节社会分配的一项基本制度，社会保障改革要以"增强公平性、适应流动性和保证可持续性"为重点。其中，"增强公平性"将是社会保障制度建设的重中之重。社会保险制度作为社会保障体系最为核心的组成部分，其建设的好坏直接影响着收入分配制度改革的成效好坏和是否有利于社会公平发展。党的十九大报告更是提出，我国当前社会的主要矛盾已经转化为人民日益增长的美好生活需要和不平衡不充分的发展之间的矛盾。因此，在当前中国收入分配差距畸高的背景下，围绕创新、协调、绿色、开放、共享的时代主题，本书系统分析了社会保险（包括社会养老保险、医疗保险）政策调节收入分配的作用机理、传导机制及调节效果，并提出了社会保险优化收入分配调节机制的政策思路与对策建议。

本书从理论与政策视角深入探讨了我国社会保险调节收入分配的作用机理，运用库兹涅茨计量模型对社会保障、收入分配和经济增长的互动关系进行了实证分析，并结合最新社保政策动态对新型城镇化进程中养老保险制度并轨对收入分配差距的影响进行了深入探讨，结合我国农村医疗保险政策的改革变化调查分析了医疗保险调节收入分配的效果及问题，并比较研究了我国东、中、西部地区不同所有制企业社会保险的缴费能力，最后在此基础上有针对性地提出了健全社保政策优化收入分配调节机制的系列政策建议。

主要研究结论、观点及政策建议包括：

（1）社会保险调节收入分配的功能不仅体现在再分配领域，还体现在初次分配领域。参保率、管理体制、筹资机制和待遇补偿机制等政策传导工具不同程度地影响着我国社会保险的传导机制与传导效应，在调节收入分配中发挥了一定的作用，但仍存在诸多缺陷和不足，弱化了其收入分配调节功能。

（2）我国社会保障水平、收入分配和经济增长之间存在长期均衡关系，经济增长对社会保障的影响具有时滞性；长期来看，经济增长有利于社会保障水平的提高，但社会保障没能有效发挥经济"助推器"的作用。且当前社会保障在收入分配领域起到的调节作用也很小，甚至存在一定程度的逆向调节效应，即"损不足补有余"。目前我国已进入"倒U形"曲线的拐点阶段，是调节收入分配差距和健全社会保障体系的黄金时期。

（3）本书运用动态世代交叠模型测算了新型城镇化过程中养老金并轨不同参保群体收入差距变动情况以及机关事业单位养老金改革的影响，可发现：虽然城镇企业职工等高收入群体为社会统筹账户做出了额外贡献，但社会统筹账户的收入再分配作用不明显。"大统筹、小账户"缩小了不同群体总收入差距，但未能缩小养老金差距；养老金并轨后，不同群体间总收入差距大于并轨前，养老金差距小于并轨前，即并轨扩大了总收入差距，缩小了养老金差距；机关事业单位养老金改革虽然能缩小不同群体间基础养老金差距，但并非能够缩小总收入差距。总体上看，不同群体养老金并轨不利于总收入差距缩小，而只是能够缩小养老金差距。

（4）医疗保险对收入分配的调节效应，是通过缴费端和支付端的特殊政策设计来实现的。其效果高低既依赖于横向收入再分配实现的"涓滴"效应，同时也需要发挥纵向收入再分配实现的"亲贫"效应。本书利用山西省2013—2017年数据，运用洛伦兹曲线拟合收入分布的方法评估了农村医疗保险的收入再分配和减贫效应，发现农村医保具有"涓滴"减贫效应，但不具有"亲贫"效应，存在对低收入群体的分配歧视；大病保险及健康扶贫工程的实施并未有效改善低收入群体的收入分布，农村医保的"嫌贫爱富"更趋严重；医疗救助的补偿功能尚未达到改善农村医保分配偏见的规模效应。建议通过提升筹资累进性和推进偿付公平来改善医疗保险纵向收入再分配的"亲贫"和减贫效应；同时，加大医保和救助制度对低收入群体的补偿力度，增强其对医保制度的利用，以纠正农村医保的分配歧视。

（5）企业是我国社会保险缴费的核心主体，社会保险缴费水平的确定应该考虑企业的经济承受能力。对我国东中、西、部国有企业、集体企业、私营企业和外资企业社会保险缴费承受能力的实证分析发现，各地区不同所有制企业社会保险缴费能力存在较大差异。现行"五险"，30%的法定企业社会保险缴费率明显高于各地区集体企业和私营企业的最大社会保险缴费率，也超出了西部各类企业的缴费能力上限；尽管东、中部国有企业有一定能力负担法定缴费率，但整体而言，我国国有企业仍然无力承受如此之大的缴费压力；而相比之下，我国外资企业勉强能够达到这一缴费水平。不改革现行企业缴费政策，将可能导致企业就业需求的下降和劳动者工资增长率的下降。

随着我国老龄化的不断加剧，社会保险基金收支平衡的压力将不断加大，社保政策对企业负担及个人收入分配影响和调节效应不到位等问题可能进一步恶化。本书认为，中国目前已进入收入分配"倒U形"曲线的拐点阶段，是调节收入分配差距的黄金时期。而且，中国目前仍处于相对人口红利阶段，但2025—2035年，我国将进入深度老龄化社会，所以目前应抓住机遇发展和优化社会保险制度，缩小收入分配差距。

健全社保政策、优化收入分配调节机制的系列政策包括：

（1）进一步扩大社会保险覆盖面，统一制度，创造起点公平。首先，进一步扩大社会保险的覆盖范围，实现社会保险制度受益对象由正规就业群体向非正规就业人群延伸，并最终惠及全体国民，推进社会保险制度向着更为公平普惠的方向发展。其次，统筹城乡社会保险，推动不同人群的各类社会保险制度的整合与衔接，实现社会保险制度体系的一体化发展，防止制度分割带来的起点不公。

（2）提高社会保险统筹层次，平衡地区间缴费负担，缩小地区差异。与此同时，择机分离城镇职工基本养老保险制度的个人账户（基本养老保险制度的个人账户并入企业年金账户，纳入第二层次的补充养老保障体系），强力推进社会统筹部分基础养老金的全国统筹、医疗保险的全省统筹，最终建立全国统一的职工基本社会保险制度。只有实现基础养老金、基本医疗保险的全国统筹，才能从根本上解决劳动力流动时养老、医保权益的转移难题，从而促进劳动力的合理流动和统一劳动力市场的形成。

（3）完善筹资机制、夯实优化缴费基数，适时适当降低企业对社会保险的总体缴费水平，减轻和平衡不同地区不同企业的缴费负担，提高劳动者工资增长和就业水平，均衡初次分配格局。

（4）优化待遇给付机制，调整财政支出结构，加大财政对社保的投入力度，推行国民年金和全民医保制度，并建立健全社保待遇与经济增长和物价水平的协同增长机制，缩小并控制社保待遇差距。

（5）健全社会保险法制，强化监管检查，确保社会保险制度依法、合规、有效运行，规范收入分配秩序。

本研究的学术价值、实践意义在于：

（1）从促进收入公平分配的视角较系统地研究了现行社会保险的政策效果与制度优化路径，且认为调节功能体现在国民财富的初次分配、再分配和再再分配三个层次上（而不是再分配一个层次），研究视角有创新。

（2）以整体宏观经济为背景，将社会保障水平纳入库兹涅茨计量模型对社会保障、收入分配和经济增长的互动关系进行实证分析，认为我国经济增长对社会保障的影响具有时滞性，社会保障对目前收入分配调节作用很小，甚至存在一定的逆向调节效应；目前我国已进入"倒U形"曲线的拐点阶段，是调节收入分配差距和健全社会保障体系的黄金时期。此研究方法和研究结论具有理论探索性和创新性。

（3）缩小收入分配差距是当前我国经济改革发展中的难点问题，本研究以实地调查和数据分析为基础，从制度层面探寻社会保险调节收入分配问题的根源，并指出改善收入分配的制度优化路径，紧密结合实际，预期成果有较强的应用价值。

关键词：社会保险；收入分配；作用机制；政策效果；政策建议

目　　录

绪　论

　　改革开放 40 余年来，我国经济发展取得了举世瞩目的成就。我国人均 GDP 在 2011 年突破 5 000 美元大关，进入中等收入国家行列，2019 年人均 GDP 更是突破 1 万美元。40 多年来，我国居民平均收入水平得到大幅提高，但不同群体间的收入差距也在逐步扩大，基尼系数早已突破国际警戒线。依据库兹涅茨"倒 U 形"理论的解释，收入差距扩大是经济增长过程中的必然现象。而这种必然现象需要得到控制，将其调整到合理的范围内才能有利于经济的持续发展和社会的和谐稳定。从国际经验来看，处于中等收入行列的国家，无一不面临着"中等收入陷阱"风险；陷入"中等收入陷阱"的国家都有一个共同的特征，即未能有效解决收入分配问题，而跨越"中等收入陷阱"的国家都较好地解决了收入分配问题。因此，收入差距过大是我国目前亟须解决的问题。社会保障作为调节居民收入分配的重要手段，在促进公平分配、调节居民收入差距、促进国内消费需求等方面的作用不可替代。我国现行的社会保障制度在调节收入分配方面仍处于非公平、非均衡分配状态，远远没有发挥其积极的调节作用，某些社会保险政策甚至进一步导致了不同企业、不同个人收入分配差距的扩大。目前国内从收入分配视角对社会保障的政策效果进行实证研究的还很少。因此，研究社会保障政策对不同类型企业和个人收入分配的调节效应，完善社会保障收入分配调节机制，优化社会保障制度，对缩小收入分配差距，实现社会公平正义、经济持续发展以及社会的成功转型具有重要的理论和现实意义。

1 社会保险调节收入分配的理论分析

1.1 社会保险的一般性功能

社会保险制度作为整个社会保障制度的核心，是国家通过立法，多渠道筹集资金，对劳动者退休后或因年老丧失劳动能力退出劳动力市场时向其提供收入保障以保证其基本生活需要的一种社会保障制度。这里以养老保险为例，社会保险的内涵和特殊机制决定了其具有"调节器""稳定器"和"助推器"的一般性功能。

1.1.1 社会保险的"调节器"功能

首先，社会保险具有调节收入分配差距的功能。养老保险在初次分配环节通过强制征收保险费（税），形成的保险基金通过再分配环节转移支付给低收入者或失去收入来源的劳动者，有助于调节地区之间、行业之间、企业之间以及不同群体之间的收入分配差距。其次，养老保险有利于国家对国民经济的宏观调控。养老保险资金来源于企业与个人的缴费、政府财政补助以及资金的运营收入，这部分资金具有积累性和投资性，从而为资本市场和实体经济提供了大量的资金，因而养老保险基金可以通过投融资活动发挥经济资源的配置作用，实现对国民经济的宏观调控。

1.1.2 社会保险的"稳定器"功能

首先，养老保险为劳动者在年老时提供基本的生活保障，帮助劳动者抵御老年风险，不仅使其在经济上老有所养，而且使其在心理上产生了"安全感"，从而有助于避免其因生存危机和缺乏预期而对社会产生不满，进而有效减缓乃至消除引起社会动荡的风险，维护社会稳定。其次，养老保险通过全体社会成员之间的风险共担，实现对国民收入的分配与再分配，缩小社会成员之间的收入差距，从而能够调节社会利益关系和缓和社会矛盾，实现社会公平，维护社会稳定。

1.1.3 社会保险的"助推器"功能

养老保险支出不仅是一种消费性支出，而且是一种生产性投资。首先，养老保险通过调节收入分配，改善国民收入分配状况，提高居民的边际消费倾向，扩大消费需求，拉动经济增长。其次，养老保险免除了劳动者后顾之忧，不仅能够提高他们的即期消费水平，而且能够使他们更加安心工作，激发他们的工作积极性，使其全身心地投入劳动生产和进行再生产，从而促进全社会劳动生产率的提高，推动经济快速发展。最后，养老保险有利于促进劳动力在不同地区、不同部门、不同所有制企业之间合理有序流动，提高劳动力资源的配置效率，激发经济活力，促进经济发展。

不可否认的是，养老保险的一般性功能事实上在不同的社会发展阶段都可以发挥作用，只是其功能定位即重点发挥的功能有所差异。

1.2 社会保险在不同社会发展阶段的功能定位

养老保险制度的功能定位是建立和选择养老保险制度的重要基础，也是判断和评价养老保险制度有效性的重要标准①。人类社会发展史，实际上就是一部消除贫困，然后实现财富公平分配并最终达到共同富裕的历史。纵观现代社会保障制度的历史沿革，尽管各国社会保障体系结构有所差异，但其发展路径却普遍具有相同的规律性。即一个具有可持续发展的养老保险制度应该具有的核心功能之一便是收入再分配功能②，这是全球养老金制度改革最基本的功能性原则，只是在不同的发展阶段其收入再分配的程度有所不同。

---

① 陈志国，王丽丽. 农村社会养老保险的功能定位、发展路径与制度创新 [J].
重庆社会科学，2009 (8)：18—24.

② 除此之外还有消费平滑功能、保险功能与经济增长相促进功能。参见：DAVID SNELBECKER. Pension reform in eastern europe and eurasia: experiences and lessons learned. Prepared for USAID workshop for practitioners on tax and pension reform washington, D. C., 2005 (6)：27—29.

社会保障制度功能并非始终如一，而是与时俱进的，将根据宏观经济社会发展的基本要求与民生改变的普遍需求而进行重新定位。世界银行按照人均国民总收入把经济发展水平划分为三个阶段，分别为低收入国家阶段，中等收入国家阶段（其中又可进一步细分为中等偏下收入国家阶段和中等偏上收入国家阶段）和高收入国家阶段。此标准并非是固定不变的，而会根据世界经济的发展变化进行调整。表 1.1 为 2010 年世界银行公布的不同发展阶段的划分标准。

表 1.1　不同发展阶段的划分标准（2010 年）　　　　单位：美元

不同发展阶段	人均国民总收入
低收入国家阶段	小于 1 005
中等偏下收入国家阶段	1 006~3 975
中等偏上收入国家阶段	3 976~12 275
高收入国家阶段	大于 12 276

资料来源：世界银行数据库。

1.2.1　养老保险在低收入国家阶段的功能定位

根据世界银行 2010 年的划分标准，人均国民收入（GNI）低于 1 005 美元为低收入国家阶段。如表 1.2 所示，处于低收入阶段国家的显著特征表现为经济总量水平低，而且人口增长迅速，从而导致人均收入不足，绝大部分人生活在贫困线以下，连马斯洛需求层次理论[①]中第一层次的生理需求即对衣服、食物和水等最基本的生存需求都得不到满足。如表 1.3 所示，低收入国家在 2000 年尚有 42% 的人口无法享受清洁饮用水源，68% 的人口的卫生设施问题未能得到解决，即使在 2008 年，这两个比例也分别达 37% 和65%；在食物供应上，联合国粮食及农业组织和世界粮食计划署 2009 年发布的《粮食不安全状况报告》指出，非洲撒哈拉以南地区（低收入国家集

---

① 马斯洛需求层次理论（Maslow's hierarchy of needs），亦称"基本需求层次理论"，是行为科学的理论之一，由美国心理学家亚伯拉罕·马斯洛于 1943 年在《人类激励理论》论文中提出。该理论将需求分为五种，像阶梯一样从低到高，按层次逐级递升，分别为：生理上的需求，安全上的需求，情感和归属的需求，尊重的需求，自我实现的需求。另外两种需要：求知需要和审美需要。这两种需要未被列入到他的需求层次排列中，他认为这二者应居于尊重需求与自我实现需求之间。

中地区）的饥饿人口比例约为 32%。可见，集体绝对贫困成为低收入阶段国家发展进程中最突出的矛盾。如世界银行数据显示，2007 年利比里亚日均生活费不足 1.25 美元的贫困人口比重为 83.7%，而日均生活费不足 2 美元的贫困人口比重为 94.8%。因此，低收入阶段亦可称为贫困阶段，反贫困成为该阶段经济社会发展的首要目标，也是广大民众的普遍需求。此时政府应扮演"道德人"的角色，其基本职能就是要运用各种政策工具使社会成员从贫困中解脱出来，解决最基本的温饱问题。

表 1.2   不同收入阶段国家的特征表现（1990—2010 年）

不同阶段国家	国内生产总值/亿美元			人均国民收入/美元			人口增速/%
	1990 年	2000 年	2010 年	1990 年	2000 年	2010 年	2010 年
低收入国家	1 442	1 648	4 139	287	265	523	2.1
中等收入国家	35 541	57 055	195 617	892	1 259	3 763	1.1
高收入国家	182 070	263 421	430 190	18 371	25 265	38 517	0.6
世界	219 014	322 127	630 441	4 079	5 297	9 116	1.1
中国	3 569	11 985	58 786	330	930	4 260	0.5

数据来源：《国际统计年鉴（2012）》。

表 1.3   享有卫生设施和清洁饮用水源人口占总人口比重（2000—2008 年）

单位:%

不同阶段国家	享有卫生设施人口占总人口比重			享有清洁饮用水源人口占总人口比重		
	2000 年	2005 年	2008 年	2000 年	2005 年	2008 年
低收入国家	32	34	35	58	62	63
中等收入国家	52	55	56	82	86	88
高收入国家	99	99	100	99	99	100
世界	57	59	61	83	85	87
中国	49	53	55	80	86	89

数据来源：《国际统计年鉴（2012）》。

养老保险等社会保障作为社会政策的主体，在低收入国家阶段的主要职能毫无疑问应该定位于解决贫困人口的基本生存问题，化解社会矛盾，维护社会安定，这也是社会保障制度建立之初的目标。19 世纪 80 年代诞生于德国的社会保险法①，其最初的目的有二：一是通过化解疾病、伤残和老年退休等生活风险来解决基本生存问题；二是通过保障人们的基本生存权来维护社会安定。同样，美国于 1935 年颁布的世界上第一部具有综合特点的社会保障法律制度，即《社会保障法》（Social Security Act），也是一项名副其实的减贫项目，其中包括为老年人建立的老年及孤寡人员保险（Old Age and Survivors Insurance，OASI），为失去工作的人建立的失业保险以及为失去依靠的贫困儿童建立的"失依儿童援助计划"（Aid to Dependent Children，ADC）②。这些保障项目建立之初都旨在保障和解决广大社会成员的基本生存需求，防止其重新陷入贫困。当然，从某种程度上也可以讲这发挥了基础性的收入再分配功能，尽管这种调节的程度和范围相当有限。可见，现代社会保障制度从其诞生之日起，天然地就以追求公平正义的角色走上人类经济社会舞台，带有浓重的人文关怀色彩。养老保险等社会保障在低收入国家阶段实际上是一种补救式制度安排，有利于缓解贫困，保护弱势群体实现基本生存权。然而，不可否认的是，在社会保障建立之初，一些国家的养老保险制度却与之相悖，属于典型的残补式制度安排，即不仅未能有效保护贫困人群等弱势群体，反而只是少部分特权阶级的福利。比如中国养老保险制度建立伊始，只有机关事业单位以及国有企业职工才有权利享受。诚然，这种残补式制度安排在特定的政治、经济、社会和文化背景下有一定的历史现实性，但随着经济社会的发展，必须尽快矫正制度性缺陷使功能复归。

1.2.2 养老保险在中等收入国家阶段的功能定位

中等收入国家阶段的经济水平跨度较大，人均国民收入为 1 000~12 000

---

① 1883 年德国颁布了世界上第一部社会保险法，即《疾病社会保险法》，标志着现代社会保险制度的诞生；1884 年颁布了《工伤事故保险法》；1889 年又颁布《老年和残疾社会保险法》，从此，世界各国的社会保险体系便逐步建立起来。

② ADC 是由美国各州利用联邦政府拨款向有子女的死者家庭、有子女的父母或无工作能力或单亲家庭提供帮助。20 世纪 60 年代初，ADC 政策经过重大变革，先是将ADC 与失业父母结合，他们能够因家里有失依儿童而受到援助，而后又将 ADC 改为失依儿童家庭补助（Aid to Families with Dependent Children，简称 AFDC），强调了维持家庭单元，援助以家庭为单位进行。如今，AFDC 的援助范围已经扩大到对需抚养子女的贫困家庭和失业者家庭。

美元。本书根据世界银行 2010 年的划分标准，又在此基础之上细分为中等偏下收入国家阶段（1 006~3 975 美元）和中等偏上收入国家阶段（3 976~12 275 美元）

1.2.2.1 养老保险在中等偏下收入国家阶段的功能定位

在低收入国家阶段，为了摆脱贫困，快速发展经济是硬道理，毕竟社会保障等社会政策的资金来源需要以坚实的经济基础作为支撑。因此，低收入阶段国家会普遍采取"效率优先，兼顾公平"的政策导向来优先发展经济。根据库兹涅茨"倒 U 形"曲线理论，低收入阶段国家向高收入阶段国家过渡的长期过程中，居民收入分配差距"先恶化，后改善"是一种必然现象①。也就是说，早期经济的快速增长经常会伴随着收入分配差距的扩大。这一理论获得了许多著名经济学家的支持，Anand and Kanbur（1993）运用六个不平等指标对 60 个发展中国家和发达国家的数据进行统计分析发现，当一国的人均收入水平达到 4 000 美元左右时，该国进入了库兹涅茨"倒 U 形"曲线的拐点阶段，此时基尼系数高达 0.565②。Ho-Chuan Huang and Shu-Chin Lin（2007）利用 75 个国家的面板数据通过贝叶斯因子的分析方法进行非参估计后发现，一国人均收入为 4 628 美元时其经济发展水平到达了库兹涅茨"倒 U 形"曲线拐点③。根据 Anand and Kanbur（1993）和 Ho-Chuan Huang and Shu-Chin Lin（2007）的研究，可得到经济发展与收入分配的"倒 U 形"曲线关系图，如图 1.1 所示。

---

① 美国著名经济学家库兹涅茨（Kuznets）在 1955 年发表的《经济发展与收入不平等》一文中，提出了收入差距的"倒 U 形"曲线理论，对经济增长和收入分配不平等关系研究做出了开创性贡献。他根据经济增长早期阶段的普鲁士（1854—1875 年），处于经济发展后期阶段的美国、英国和德国萨克森地区（1880—1950 年）收入差距的统计资料，提出收入分配不平等的长期趋势可以假设为：在前工业文明向工业文明过渡的经济增长早期阶段迅速扩大，尔后短暂稳定，然后经济进入成熟阶段，收入分配不平等逐渐缩小，即经济增长与收入分配不平等的关系遵循"倒 U 形"曲线理论的规律。

② ANAND S, KANBUR R. The Kuznets process and inequality-development relationship [J]. Journal of Development Economics, 1993, 40, 25-52.

③ HO-CHUAN (RIVER) HUANG, SHU-CHIN LIN. Semiparametric bayesian inference of the Kuznets hypothesis [J]. Journal of Development Economics, 2007, 83, 491-505.

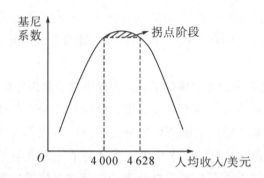

图 1.1　经济发展与收入分配的"倒 U 形"曲线关系图

可见，经济增长水平在由低收入阶段向中等偏下收入阶段迈进的过程中，虽然经济水平取得了不小发展，但总体水平依然不高，且二元经济结构问题开始凸显，从而导致居民收入分配差距也在逐步显性化。因此，进入中等偏下收入阶段，较低的生产率以及绝对贫困尤其是农村等发展滞后地区的贫困问题依然很突出，返贫现象时有发生，而且相对贫困问题也日益严重。此外，虽然这一阶段还未能完全满足人们基本生存问题的生理需求，但更高一层次的安全需求已成了大家的诉求。所以，过去只注重补救国民生计的社会保障制度已与这一阶段的经济社会发展要求、与广大人民群众的诉求不相适应，需要对其功能进行新的思考和定位。这一阶段的社会保障已不再是政府对贫困者等弱势群体的恩赐和救济，而是国家和社会应尽的法定义务，政府有责任进一步提升其保障水平，强化其公平性，同时保证其运行效率，维护经济增长。换言之，在中等偏下收入国家阶段，养老保险等社会保障的核心功能不仅在于解除贫困群体的即期生存危机，还应在消减绝对贫困的基础上开始着眼于调节收入分配，缓解相对贫困。并且养老保险等社会保障作为一种安全保障的坚实后盾，应为人们提供稳定的安全预期，免除人们的后顾之忧，解决劳动者未来的和不确定的风险，为其提供良好的劳动环境，促使人们更加积极地参与劳动生产，提高劳动效率，鼓励他们通过自力更生在摆脱贫困的同时促进经济增长。

1.2.2.2　养老保险在中等偏上收入国家阶段的功能定位

从图 1.1 中可以看出，人均国民收入大概在 4 000~4 628 美元即进入库兹涅茨曲线的拐点阶段，而这一收入水平也正处于中等偏上收入国家阶段。可见，进入中等偏上收入阶段的国家，尽管经济水平得到空前发展，人民的生活水平普遍提高，绝对贫困越来越少甚至基本消除，但相对贫困却越来越突出，即收入分配差距明显扩大，且在这一阶段将达到最大。根据国际经验，如果不能将收入分配差距调整到合理的范围内，将面临"中等收入陷阱"的风险①。正如菲利普·基弗（2008）所指出的："基尼系数不能长时间处于高水平阶段，否则经济发展的基础条件（如政治政策的稳定、财产权的保护）将受到破坏，不能为经济进一步发展提供必要的动力，将长时间陷入'中等收入陷阱'"②。因此，缩小收入分配差距无非是另一种形式的发展，收入分配问题实质上是发展问题。而且，进入中等偏上收入阶段，由于人们的衣食温饱问题已基本得到解决，收入分配不公的问题已越来越受到社会各界的高度关注，即随着经济的发展和社会的进步，人们的公平意识、权利意识不断增强，对公平的诉求日益强烈，因而对分配不公的感受更加强烈，容易产生心理失衡和被剥夺感。此时人们普遍关心的已不只是基本生存和安全，更关心的是公平的收入分配和分享经济社会发展成果。

由于"市场失灵"的客观存在，经济增长不能自发地调节收入分配差距。因此，该阶段应调整和完善社会经济政策，重点发挥收入分配调节功能。具体到社会政策，养老保险等社会保障制度"调节器"的作用应该受到充分的肯定和高度的重视。此外，不可否认的是，在这一阶段，经济空前发展积累的大量财富显然为社会保障满足全体社会成员基本生活需要提供了坚实的物质基础，如养老保险在普及化的基础上，使退休者的老年生活状况得以改善，基本生活水平、生活质量得到保障和提高，而不再是仅仅维持其生存。因此，在中等偏上收入国家阶段，养老保险等社会保障制度的功能定位应该上升到一个新的高度，由生存保障型向生活质量型、由形式普惠型向实质公平型演变，即伴随着经济社会的发展使人民生活状况得到保障和改善，随着国民财富的增长而普惠全民、实现共享，最终促进并维系收入的合理分配，从而使其成为维护社会公平、推动经济社会协调发展的必要且可靠的制度安排。养老保险等社会保障制度对缩小收入分配差距具有不可替代的作用，如果这一阶段社会保障发展滞后，未能有效发

---

① 所谓"中等收入陷阱"，是指当一个国家的人均收入达到中等水平后，由于收入分配结构等的不合理，导致内需尤其是居民消费不足，不能顺利实现经济发展方式的转变，使得经济发展后劲乏力，最终出现经济停滞的一种状态。

② 菲利普·基弗，斯蒂芬·科拉克. 不平等与经济增长之间的链接：两极分化、政治决策与财产权 [J]. 经济社会体制比较，2008（3）：1-9.

挥应有的收入分配调节功能，收入分配差距很可能将进一步加大，甚至恶化到令人难以忍受的地步，从而制约经济社会的持续健康发展，进而致使该经济体陷入"中等收入陷阱"。因此，这一阶段经济社会的发展及其转型也到了必须依赖健全的社会保障体系的时候，国家必须从战略高度谋划包括养老保险制度在内的社会保障体系的发展。

1.2.3 养老保险在高收入国家阶段的功能定位

在高收入阶段，贫困问题与中、低收入国家阶段有着本质的不同。尽管欧盟统计局的数据显示，2010 年欧盟贫困人数为 1.15 亿人，占欧盟人口总数的 23.4%。但这种贫困只是相对贫困，也就是说，即使是贫困居民也足以维持其基本生活需求，只是收入和生活水平与其他成员还有一定差距，而且这种差距与中等收入阶段的国家相比已大有下降，即收入分配差距在高收入阶段国家虽然存在，但已不太严重，而且很多国家在合理的范围之内①。如同属亚洲的日本跨越"中等收入陷阱"的时间窗口为 1973—1985 年，1993 年其基尼系数仅为 0.25，收入比较平均。韩国跨越"中等收入陷阱"的时间窗口为 1988—1995 年，1998 年其基尼系数也仅为 0.32，收入差距相对合理。因此，在这一阶段，人们已基本解决了温饱问题，而且越来越多的人进入了小康甚至富裕阶段，其民生诉求进一步升级，即要求在促使国民财富普惠全民的基础上，进一步提高和改善生活质量，让人们生活得更有尊严，最终实现共同富裕。养老保险等社会保障作为人类通向平等与幸福的基本制度保障，在这一阶段已不只是通过调节收入分配来维护社会和谐稳定、促进经济健康发展的手段，更是一种实现公平、普惠，切实维护个人自由、平等与尊严，实现共同富裕的福利型制度安排。

1.2.4 养老保险在现阶段中国的功能定位

改革开放以来，中国实现了从计划经济到社会主义市场经济、从一个落

---

① 关于西方发达国家高收入阶段存在贫困的原因主要有以下几点认识：一是穷人自身，如个人懒惰、不思进取或者是其智力能力低人一等。英国哲学家赫伯特·斯宾塞就认为穷人之所以贫穷是因为其缺少一种内在的生存能力。二是下等阶层贫困。美国社会学教授威尔逊认为美国社会贫困集中的地区大都与社会的其他部分即主流社会相隔绝，从而与社会的多样性和机会的多样性绝缘。三是资本主义框架基础上的福利制度的内在缺陷，这种制度缺陷体现在福利体制、阶层制度、劳动力市场结构等方面。

后农业国走向新兴工业化国家以及由一个封闭的社会走向开放的社会的成功转型，从而推动着中国由低收入国家成长为中等收入国家。如表 1.4 所示，2010 年，中国的国民经济达到了一个新的水平，经济总量已超过日本位居世界第二位，人均国民收入首次突破 4 000 美元大关，正式步入中等偏上收入国家行列。然而，和其他转型国家一样，经济的高速增长也带来了一系列的社会问题，收入分配差距不断扩大。中国国家统计局数据显示，2010 年中国的基尼系数为 0.481，显然已处于收入差距较大的区间①。而实际情况可能更为严重，由于一些黑色收入、灰色收入等非法收入并未纳入统计数据当中，所以很多高收入阶层的收入被低估了。中国家庭金融调查数据显示，2010 年中国家庭的基尼系数为 0.61，大大高于 0.44 的全球平均水平。可见，中国收入分配差距已到了畸高的程度。而且，与之相对应的是中国的经济增速近年来已明显放缓（如图 1.2 所示）。根据国务院发展研究中心课题组的《中国经济潜在增长速度转折的时间窗口测算》，中国经济在经历长达 30 余年的高速增长后，有很大可能性在 2015 年前后下一个台阶，时间窗口的分布是 2013—2017 年。预计"十二五"期间，中国年均经济潜在增长率为 9.1%，"十三五"期间 7.1%。这是否表明中国现阶段已进入库兹涅茨"倒 U 形"曲线的拐点阶段了呢？诚然，中国经济增速放缓的原因有很多，比如经济结构调整等。但不可否认的是，收入分配差距过大可能是或将会是其中一个异常重要的原因，如果不加以控制，毫无疑问中国将难以逾越"中等收入陷阱"。

表 1.4　中国人均国民收入变动及所处收入阶段

年份	人均国民收入/美元	所处收入阶段
1990—2000	330~930	低收入阶段
2001—2009	1 000~3 590	中等偏下收入阶段
2010—	4 260~	中等偏上收入阶段

数据来源：《国际统计年鉴（2012）》。

———————————

①　基尼系数（Gini Coefficient）是意大利经济学家基尼（Corrado Gini，1884—1965）于 1922 年提出的，定量测定收入分配差异程度。其值在 0~1。越接近 0 就表明收入分配越是趋向平等，反之，收入分配越是趋向不平等。按照联合国有关组织规定，基尼系数低于 0.2，表示收入绝对平均；在 0.2~0.3，表示收入比较平均；在 0.3~0.4，表示收入相对合理；在 0.4~0.5，表示收入差距较大；而大于 0.5，则表示收入差距悬殊。

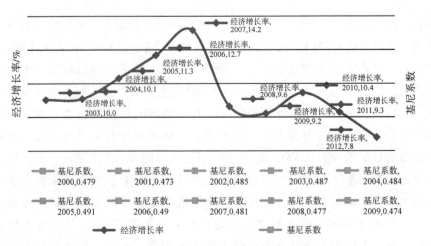

图 1.2　2003—2012 年中国经济增长率与基尼系数的变化

数据来源：中国国家统计局网站。

　　而且，现阶段中国收入分配差距过大的客观事实给人们的主观感受也愈发强烈，人们对收入分配制度改革的呼声也越来越高，收入分配成为近年来中国"两会"最受关注的两大热点问题之一就足以证明这一点。另一个备受关注的问题就是社会保障。这些问题促使党和国家必须反思经济发展和改善民生的关系，即在经济发展的基础上如何实现民生的改善，从而推动社会主义和谐社会的建设，进而促使国家对社会保障制度功能的认识走向新的阶段，走向全面、科学与成熟。这集中体现在党的十八大报告《坚定不移沿着中国特色社会主义道路前进为全面建成小康社会而奋斗》中，该报告明确指出："社会保障是保障人民生活、调节社会分配的一项基本制度。"显然，中国共产党对社会保障制度功能的定位提升到了一个新的高度，即社会保障已不再是少数人的专利和特权，也不只是低水平和雪中送炭式的补救性制度安排，而是肩负着越来越重要的收入分配调节功能①。社会养老保险作为社会保障体系中最重要的支柱性制度，其核心价值是追求社会公平，是调节收入分配的重要手段②。因此，现阶段中国养老保险制度的功能不仅应当定位于免除所有国民老年后顾之忧，而且应当在坚持并巩固普惠性的基础上，不断增强公平性，有效调节收入分配，缩小收入分配差距。

----

　　① 郑功成. 收入分配改革与中国社会保障发展战略［J］. 中国社会保障, 2010（10）: 24-26.

　　② 何文炯. 社会养老保障制度要增强公平性和科学性［J］. 经济纵横, 2010（9）: 42-46.

1.3   社会保险调节收入分配的理论基础

社会保险收入分配理论是社会保险乃至整个社会保障制度建立和发展的基石，也是研究社会保险对收入分配调节效应的理论基础，推动着养老保险、医疗保险等社会保障制度从萌芽到产生、从初级到高级的不断演进和完善。

1.3.1   社会保险调节收入再分配的理论基础

1.3.1.1   马克思主义：社会保障的价值取向是维护社会公平

马克思主义以对资本主义社会形态分析为依据，以唯物史观为指导，在论述劳动力再生产的过程中形成了系统的社会保障收入再分配思想。马克思认为公平是以劳动为依据的，他创立了按劳分配理论，而且也看到了按劳分配存在的不平等和造成的差距。因此，他认为应该通过国民收入的分配和再分配（社会产品的部分扣除）来建立社会保障后备基金，一方面给社会成员提供公共福利，另一方面为失去劳动能力的贫困者提供援助及救济。马克思鼓励人们积极参与劳动，在社会再生产过程中，劳动者的劳动不仅可以满足个人的需要，为自己退休后养老、医疗等各种福利性质的享受创造价值，而且为丧失劳动能力者创造价值，从而为人与人之间的相互依存、合作和关爱创造了条件，为劳动力的再生产创造了条件。因此，社会保障再分配既是社会再生产的必要条件，也是经济社会顺利运行的"安全阀"与"稳定器"①。

马克思主义认为社会保障制度的运行目标是社会公平，而实现社会公平又需要通过国民收入的再分配来实现，即通过发挥社会保障制度在分配机制上的特有功能，满足部分特殊社会成员的基本物质生活需要，缓解社会分配的不公平。在这个过程中，他始终强调政府是社会保障制度的责任主体。他认为，社会保障是一项社会化事业，任何个人和团体都无法使社会保障实现其功能的社会化。只有通过国家、政府的权威性以及立法的形

---

① 任保平. 马克思主义的社会保障经济理论及其现实性［J］. 当代经济研究，1999（4）：34-38.

式来实施，才能保证社会保障制度的统一性、公平性和有效性。指出了国家在举办社会保障制度中的责任有：①建立统一的组织，经办各种社会保险事务，在社会保障实施与组织管理中承担主要责任；②国家通过立法建立社会保障，并强制实施，把社会保障由民间推向政府，从自发推向自觉，从零星分散推向体系完备；③政府负担主要资金，是法定社会保障项目资金的主要提供者，政府资金主要来源于扣除的国民收入分配；④工人由于更新换代劳动力，或因失业失掉工资时，国家应给予保障，以维持这些人员的基本生活需要①。

马克思主义的社会保障学说给社会主义社会的分配提供了指导性原则，揭示了社会保障在实现社会公平、维护社会安全，以及促进社会再生产等方面的规律性，对建立健全具有中国特色的社会保障收入再分配制度具有重要的理论和现实意义。

1.3.1.2 福利经济学：建立社会保障体系，实现收入均等化，增进社会福利

工业革命后，经济从自由竞争走向垄断，工人生活更加贫困，失业、老年生活缺乏保障等社会问题不断加剧，收入分配问题越来越严重，而自由放任的市场机制无法解决这些矛盾，传统的自由经济受到巨大的挑战。与此同时，工业化积累的庞大社会财富成了政府出面干预进行收入再分配的经济基础。1920 年，英国著名经济学家，福利经济学创始人，即"福利经济学之父"庇古（A. C. Pigou，1877—1959）发表了其代表作《福利经济学》（*Welfare Economics*），系统阐述了社会福利与收入分配的关系，主张政府全面干预，实施社会保障制度，实现收入均等化，从而实现社会福利最大化。庇古认为，经济学应该"作为改善人们生活的工具"，他把福利分为两类：一是广义的福利，即社会福利，包括对财富的占有而产生的满足，涉及"精神愉快""幸福"等；二是狭义的福利，即经济福利，也就是能够用货币计量的那部分社会福利。而庇古所研究的主要是经济福利，他指出"一个人的经济福利是用效应构成的"②。他认为，衡量一个国家社会经济福

---

① 任保平. 马克思主义的社会保障经济理论及其现实性 [J]. 当代经济研究，1999 (4)：34-38.

② A C PIGOU. Some aspects of welfare economics [J]. American Economic Review, 1951 (6)：288-298.

利的尺度是"国民收入",包括国民收入的大小及其在社会成员之间的分配状况①。

庇古利用边际效用递减规律,并依据英国著名功利主义哲学家杰里米·边沁(Jeremy Bentham,1748—1832)所提出的"最大多数人的最大福利"这一功利主义理论原则论述了包括养老保险制度等在内的社会保障政策的经济意义。他提出了检验社会经济福利改进的两大标准:一是国民收入量的增加,即在不减少贫穷者收入,并在不增加生产要素消耗的前提下如果国民收入有所增加,则经济福利将增大;二是收入分配的均等化,即在不减少国民收入的条件下,使财富从富裕者转移到贫穷者,经济福利就会增加。而收入转移的有效措施是政府通过向富人征收遗产税和累进所得税等方式,然后通过实行普遍养老金制度、失业补助和社会救济等社会保障制度把这部分收入让老年人、失业者、病患者以及伤残者等低收入困难群体享用,从而达到缩小贫富差距,增大社会福利的目的。当然,收入分配均等化之所以会增进社会福利,是因为边际效用递减规律,即同样 1 英镑,富人得到的效用要明显小于穷人得到的效用。因此,收入再分配过程中富人损失的效应会小于穷人增加的效应。又由于庇古提出了基数效用论,即每个人获得的效用之和为全社会的总效用,也就是全社会的福利。所以具有收入分配调节功能的社会保障有助于增大一国社会总效用,进而增进社会经济福利。

庇古的福利经济学理论不仅成熟,而且系统,形成了富有特色的"劫富济贫"的思想。可以说,福利经济学为社会保障制度包括养老保险制度的建立奠定了理论基石,为"福利国家"社会保障制度的建立提供了理论依据,也对当前中国完善社会保障制度具有重要的借鉴意义。

1.3.1.3 瑞典学派:强调收入均等化,实现国民普享福利

瑞典学派(Swedish school)又被称为斯德哥尔摩学派或北欧学派,始于 19 世纪末 20 世纪初,形成于 20 世纪二三十年代,该学派的代表人物主要有克努特·维克赛尔(Knut Wicksell,1985—1926)和阿塞尔·林德伯克(Assar Lindbeck,1930—)等人。维克赛尔是瑞典学派的奠基人,他认为社会改革的目标应该是给所有人带来更多的幸福,主张国家对经济进行干预。他认为自由竞争虽然可以推动生产发展,促进资源合理配置,但同时也会

---

① 庇古. 福利经济学 [M]. 麦克米伦公司,1972:123.

造成贫富悬殊、阶级对立等问题。所以自由竞争并不能给所有社会成员带来最大满足，国家应对收入分配进行调节。与福利经济学相似，从收入的边际效用递减原理出发，他认为通过收入再分配，缩小收入分配差距，提高穷人和富人的交换能力，可以增加社会总效用。20 世纪 30 年代，瑞典社会民主党开始执政，这个时代"社会民主主义"思想理论成了瑞典学派关于社会保障的基础理论，其主要代表人物是林德伯克。林德伯克认为，二战后的经济制度即非传统的资本主义制度，也非社会主义制度，而是特殊"自由社会民主主义"制度。其主要内容是：在政治上，仍保留西方的民主制度，即工人和雇主应处于平等地位，享有充分的民主，国家是超阶级的；在经济上，推行国有化和市场经济相结合的"混合经济"，这样既可以实现经济发展，又可以维护社会安定；在分配上，实行收入均等化的社会保障福利制度，实现"福利国家"。他们认为，社会的所有成员都有权享受福利，福利是大家共享的集体礼物①。

瑞典学派把"收入均等化"和"充分就业"作为社会保障的两个主要内容。一方面主张通过运用社会保障等政策来平抑经济周期波动，维持经济稳定，实现"充分就业"；另一方面主张利用转移性支付和累进所得税等手段，推行社会福利政策，使社会各阶层、各集团之间的收入和消费水平通过再分配趋于均等化，保障国民的基本生活水平，提高国民的生活质量，实现收入均等化②。瑞典学派的理论不仅为福利制度的建立奠定了基础，而且在实践中也得以充分体现。为此，瑞典建立了"普享型"的社会保障制度，其目标不仅仅是为了济贫，更重要的是最终实现"收入均等化"，让国民"普享"福利。瑞典也由此成为世界"福利国家"的典范。

1.3.1.4 凯恩斯主义：社会保险的有限再分配与有限保障

20 世纪 30 年代，经济危机导致了经济大萧条、大量人员失业，社会矛盾激化，富裕中涌现出极度贫困，自由主义经济学陷入困境。1936 年，随着约翰·梅纳德·凯恩斯（John Maynard Keynes，1883—1946）的著名论著《就业、利息和货币通论》的出版，政府干预论便应运而生。凯恩斯认为之所以会出现失业、经济危机，是因为"有效需求不足"，而有效需求不足的

---

① 香伶. 养老社会保险与收入再分配 [J]. 北京：社会科学文献出版社，2008：4-6.
② 高霖宇. 社会保障对收入分配的调节效应研究 [J]. 北京：经济科学出版社，2009：58-59.

根源又在于消费过低。因此他提出"国家干预理论"，主张通过有效需求管理的政策和措施来增加社会总需求，即通过增加个人和家庭收入来刺激社会总消费。但是由于不同阶层的边际消费倾向存在差异，他认为边际消费倾向具有递减规律，富人的边际消费倾向低，穷人的边际消费倾向高，所以国民收入分配的均等程度直接影响着社会总消费。国民收入分配均等程度越高，社会消费需求就越大，反之就越小。因此，他认为政府应该通过社会保障、累进税制和最低工资法等政策来改善国民收入分配状况，提高居民的边际消费倾向，扩大消费，进而增加社会总需求。其中，社会保障占有非常重要的地位，因为在凯恩斯看来，社会保障除了能优化居民收入分配，拉动社会总需求之外，其"自动稳定器"的作用还有助于烫平宏观经济波动。根据财政政策"相机抉择"的原理实施社会保障，可以针对不同时期的经济运行态势调整社会保障基金收支方式，使其成为一种内在的经济稳定机制，在宏观经济运行中发挥不可替代的调节作用。如在经济繁荣时期，就业比较充分，企业和职工的收入会明显增加，其缴纳的社会保障税则会随之显著增加，而且这一时期社会保障支出也会减少，则有利于抑制消费需求和投资需求的过度增加；相反，在经济萧条时期，企业经营困难，职工收入增长放缓，失业率增加，居民生活困难，则这一时期社会保障支出将会增加，刺激消费需求和投资需求，从而促使经济摆脱萧条。

凯恩斯主义的国家干预并非是对市场机制的完全否定，而是仍以维护自由竞争和自由贸易为基本前提，对市场机制的缺陷进行弥补和修正。因此，在此基础上建立的社会保障制度是一种强调个人责任，国家承担有限责任的社会保险制度，进行的是"有限"再分配，提供的是"有限"保障。凯恩斯主义的社会保障思想为社会保障制度包括养老保险制度的建立奠定了宏观经济理论基础，而且在美国得到了充分的应用，也直接推动了二战后社会保障制度在全世界范围内的建立。

1.3.1.5　"第三条道路"理论：积极福利保障，实现公平与效率的平衡

20世纪70年代末期，西方福利国家普遍陷入"滞胀"的困境，而凯恩斯主义却无法解释这种现象，新自由主义经济学派由此兴盛起来。新自由主义将"滞胀"归咎于社会福利的普遍化和迅速增长，加之人口老龄化程度的日益严重，使传统现收现付的养老保险制度受到前所未有的挑战。他们认为养老保险降低了储蓄、形成了"养懒汉"的现象、增加了管理成本、

造成了政府的财务危机，从而对经济的增长产生了负面影响。因此，他们反对政府干预，主张养老保险制度私有化，这一思潮一度在不少国家得到大力推崇和实践，如当时的英国首相撒切尔夫人积极推行的货币主义、美国总统里根对养老保障制度的私有化改革以及率先对养老保险制度进行的彻底改革等。

然而，20世纪90年代，新自由主义的自由化、私有化给经济社会造成了新的危机，如收入差距悬殊、不平等和失业现象严重等，而政府的干预正好可以很好地解决这些问题，由此一种新的理论流派"第三条道路"理论（the third path）得以兴起。"第三条道路"理论是介于经济自由主义和国家干预主义极端思想之间的一种温和理论，其代表人物是安东尼·吉登斯（Anthony Giddens，1938—），主张自由市场和政府干预的联合，希望在社会政策和经济政策中间找到平衡点，体现在社会保障政策上的思想即为寻求"权利"与"义务""公平"与"效率"的平衡。吉登斯认为，福利国家最大的结构性缺陷是提高经济效率与实行再分配之间的关系非常薄弱，贫困的缓解主要不是通过再分配，而是通过财富的普遍增加；福利国家并没有有效减少经济不平等，没能实现收入和财富的合理分配，富裕的群体比贫穷的群体更容易从福利国家社会政策中受益。因此，他倡导反思性现代化（reflexive modernization），将积极福利嵌入新社会框架中，希望从根本上反思福利国家提供的消极福利社会政策，解决福利国家危机以及在应对全球化背景下的"人为风险"（manufactured rsik，即我们在以一种反思方式组织起来的行动框架中要积极面对的风险），提出了一条超越左右理论的中间道路，即"第三条道路"的社会福利模式的超越构想①。积极福利强调自我实现和责任，主张国家和其他部门的多元合作，通过有效的风险管理，最终实现人类福利，即鼓励人们追求全面幸福和推动人的全面发展。

"第三条道路"的理论实质是一种思想框架或社会政策制定的框架，它试图解释并帮助人们适应急剧变迁的世界②。"第三条道路"理论先是得到英国工党的大力倡导，接着欧洲各国具有社会民主主义倾向的政党纷纷响

① 安东尼·吉登斯. 超越左与右：激进政治的未来 [M]. 李惠斌，杨雪东，译. 北京：社会科学文献出版社，2003：146-157.

② 安东尼·吉登斯. 第三条道路：社会民主主义的复兴 [M]. 周戈，译. 北京：北京大学出版社，2000：27.

应。其理论被英国首相布莱尔、美国总统克林顿、德国总理施罗德等政界人士所实践，并在 1997—1999 年召开了"第三条道路"理论研讨会，由此"第三条道路"意识形态被广为传播并支持着社会政策的改革，引起全球瞩目[1]，同时也对中国社会保障等社会政策的反思和改革发展提供了非常重要的思想指导。

纵观西方社会保障收入分配理论，基本主张政府对收入分配进行宏观调控，但调控范围都仅仅限于再分配领域。因为现代经济学主流观点认为，追求公平是再分配的事，而初次分配应当讲求效率，应当由市场自行调节，政府不应当干预初次分配。但是，我们应该清楚，政府不干预是有前提的，那就是完全的自由市场机制。而事实上，即便是西方发达自由市场经济国家，其市场机制也并不够完善，仍然存在着垄断等不合理的因素，从而存在初次分配中的效率不公等问题。而对于市场化改革不够彻底的中国来说，也是如此。况且，收入分配不仅是一个经济问题，而且也是一个伦理、社会和政治问题。对相同的收入分配格局，价值判断标准的不同可能得出的结论也有所差异。同样，收入分配关系合理有序，既有利于社会的稳定和谐，又有助于国家的长治久安。而初次分配是整个国民收入分配格局的基础，社会成员对于收入分配公平与否的第一感受主要基于初次分配环节公平与否，而不是再分配环节公平与否，如工人对工资是否感到合理、企业家对企业利润是否感到满意等。初次分配和再分配是"源"与"流"的关系，再分配注重公平的某些环节，其本身就必须要求以初次分配公平为基础，是发展市场经济的客观要求[2]。如果初次分配失衡的格局持续，再分配的调节效果将会大打折扣。只有消除初次分配不公，堵塞收入分配差距过大的源头，才能从根本上解决收入分配不公的问题。因此，初次分配也要注重公平，实现公平和效率的统一，政府有必要运用社会保障等政策对初次分配进行调节，使初次分配格局达到基本合理，以满足各方面有关伦理的、社会的和政治的诸多要求[3]。

---

① 段忠桥. 当代国外社会思潮 [M]. 北京：中国人民大学出版社，2001：355.

② 康士勇. 初次分配如何实现公平 [J]. 北京劳动保障职业学院学报，2008（2）：22-26.

③ 李连友. 经济主体收入分配格局与政府调控 [M]. 石家庄：河北大学出版社，2010：60-62.

1.3.2　社会保险调节收入初次分配的理论基础

1.3.2.1　罗默分配正义理论：机会平等、应得正义与利益补偿

约翰·罗默（John E. Roemer, 1945—）是 20 世纪 70 年代后期英美分析马克思主义的主要代表人物，美国著名的经济学家和政治哲学家。早期运用经济学方法对公平分配问题进行探讨，提出了"一般剥削理论"，得出了"一切商品均受剥削"的论断。之后，他发现局限于经济学领域研究分配正义问题存在不足，于是 20 世纪 80 年代中期以后他把研究视域转向政治哲学领域，并提出了以"机会平等""应得正义"和"利益补偿"为核心的分配正义理论。

首先，罗默认为分配正义在于机会平等，平等是每个人的才能得以充分发挥的前提，是社会主义的首要价值。罗默指出，资本主义不公正的根源在于生产资料私有制，即生产资料初始分配的不公正[①]，也就是没能提供平等的机会。"社会主义唯一正确的伦理学论据是一种平等主义的论据"[②]。社会主义应该为社会成员在"自我实现与福利""社会地位"和"政治影响"三方面提供平等的机会，而机会平等的第一要义是"公平的竞争环境"。因为罗默认为机会平等的哲学寓意在于个人获得福利的多少取决于其努力程度，而不应该对其所处的境遇负责，也就是需要保证每个人拥有公平的竞争环境[③]。其次，分配正义是一种应得正义。在罗默看来，在公平的竞争环境下，正义就是要给人们应得的，毕竟"付出相同努力程度的主体得到的回报也应该相等"[④]。可见，罗默承认"劳动的异质性"，肯定"必要的差别"，这也在一定程度上论证了"按贡献"参与收入分配的合理性。最后，分配正义意味着要对弱势群体进行利益补偿。利益补偿原则是罗默分配正义理论中的一大特色，不可否认的是，机会平等只能兼顾大多数人，而且应得正义原则更多的是关注效率，所以社会中仍不乏因为环境等自身

① 约翰·罗默. 在自由中丧失：马克思主义经济哲学导论 [J]. 段忠桥，刘磊，译. 北京：经济科学出版社，2003：4.

② 约翰·罗默. 社会主义的未来 [M]. 余文烈，译. 重庆：重庆出版社，1997：15.

③ JOHN E ROEMER. Equality of opportunity [M]. Cambridge：Harvard University Press，1998：1.

④ JOHN E ROEMER. Equality of opportunity [M]. Cambridge：Harvard University Press，1998：26-27.

无法控制的因素（非个人的努力程度）而陷入相对贫困和困境的弱势群体，即罗默所谓的"最不利群体"。罗默将个人责任因素考虑在内，通过折中主义分配理论，采用最大化最不利群体平均收益的方法来补偿最不利群体的利益，这样较之罗尔斯的最大化最不利群体的底线收益方法更为公正合理。

罗默以"机会平等""应得正义"和"利益补偿"为核心的分配正义理论为实现初次分配公正提供了理论基础。在初次分配中，要践行分配起点的机会平等原则，这样每个人的才能和努力程度才能得以充分发挥，分配过程中的应得正义原则才能使经济效率达到最大化，但应得正义原则中的按贡献分配存在不足，即会因个人能力差异而导致分配结果不公。因此，需要利益补偿原则来矫正这种不公，社会有责任关注弱势群体的生存权、就业权和社会保障权等基本权利，从而增强他们利用和把握机会的能力，促进人的全面发展，实现实质的分配公正。

1.3.2.2 包容性增长理论：保障和改善民生，实现发展成果人民共享

"包容性增长"（inclusive growth），也叫"共享性增长"，最初是由亚洲开发银行于2007年提出的，提出的背景是中国经济在高速发展下出现的收入差距过大、社会矛盾有一定激化等社会问题，以及资源与环境严重受损等问题。胡锦涛在2010年第五届亚太经合组织人力资源开发部长级会议开幕式上发表题为"深化交流合作 实现包容性增长"的致辞中指出："实现包容性增长，根本目的是让经济全球化和经济发展成果惠及所有国家和地区、惠及所有人群，在可持续发展中实现经济社会协调发展。应该坚持发展经济，着力转变经济发展方式，提高经济发展质量，增加社会财富，不断为全体人民逐步过上富裕生活创造物质基础；坚持社会公平正义，着力促进人人平等获得发展机会，逐步建立以权利公平、机会公平、规则公平、分配公平为主要内容的社会公平保障体系，不断消除人民参与经济发展、分享经济发展成果方面的障碍；坚持以人为本，着力保障和改善民生，努力做到发展为了人民、发展依靠人民、发展成果由人民共享"[1]。可见，包容性增长倡导包括养老保险制度在内的社会保障体系促进分配公平的价值理念，在消除贫困的同时，还要促进发展过程中的机会公平和发展成果的公平分配，从而实现共享式的增长与可持续发展。

---

① 胡锦涛. 深化交流合作实现包容性增长 [R]. 第五届亚太经合组织人力资源开发部长级会议上的致辞，2010-09-16.

处理好公平和效率的关系是实现初次分配公正的关键，包容性增长其实就是公平和效率的统一，包容即公平，增长即效率。首先，增长是包容的物质基础。如果没有增长，包容也就无从谈起，也就无法实现共同富裕达到真正的公平。其次，包容是增长的动力。只有实现包容，让社会经济发展惠及所有的地区和人群，才有可能激发劳动者的生产积极性和发展潜能，促进社会经济高效发展。尤其对于中国来说，虽然社会财富逐年增加，但收入分配不公带来的收入分配差距过大等问题越来越突出。因此，收入分配公正已成了实现包容性增长的内在要求和第一要义。中国更要处理好包容与增长的关系，只有这样，才能使社会经济发展充满生机和活力。

综上可知，人类社会发展史，实际上就是一部消除贫困，然后实现财富公平分配并最终达到共同富裕的历史。纵观现代社会保障制度的历史沿革，尽管各国社会保障体系结构有所差异，但却普遍经历了从慈悲到正义的发展历程，从最初济贫式的救助型制度安排到促进国民财富合理分配的普惠式的福利型制度安排。在低收入国家阶段，养老保险等社会保障更多充当着补救国民生计和维护社会安定的补救式制度安排（当然，也不排除有些只是少部分人的福利），虽然这在一定程度上调节着收入分配，但调节作用十分有限；当进入中等收入国家阶段尤其是中等偏上收入国家阶段后，养老保险等社会保障已不只是消减贫困的工具，而且是调节整个国民收入分配格局、保障和改善民生的根本性制度安排；当进入高收入国家阶段后，养老保险等社会保障更多的是一种促使财富普惠全民，实现共同富裕的福利型制度安排。中国已进入中等偏上收入国家行列，收入分配差距也已到了畸高的程度，这成了顺利跨越"中等收入陷阱"的巨大障碍。因此，现阶段中国应当改革优化包括养老保险制度在内的各项社会保障制度安排，使其充分发挥收入分配调节功能，真正实现国民福利与经济增长同步发展，促进全体国民合理分享发展成果。

社会保障对收入分配进行调节得到了马克思主义、福利经济学、瑞典学派、凯恩斯主义和"第三条道路"理论等社会保障再分配理论以及罗默分配正义理论和包容性增长理论等社会保障调节初次分配理论的支持。当然，这些理论的发展与变迁与经济发展、收入分配以及社会保障的实践密切相关，主要围绕两个问题展开，即如何划清政府和市场的责任边界以及如何处理好公平和效率的关系。对养老保险和社会保障而言，就是要寻求一种政府干预与市场调节、公平与效率更加协调的制度。中国养老保险制度的改革与发展，必须与其基本国情相适应，与其经济发展阶段相适应。

2 社会保险调节收入分配的 传导机制分析

国务院《关于深化收入分配制度改革若干意见》指出，要加快健全以税收、社会保障、转移支付为主要手段的再分配调节机制。其中，完善社会保障制度，是控制收入差距的重要"调节机制"①。随着社会保障制度的不断建立健全、社会保障覆盖面的不断扩大和社会保障资金的不断增加，社会保障在经济社会发展中的作用日益凸显，在调节收入分配中的重要性不断提高②。历史经验表明，社会保障制度越健全，社会保障水平越高，则国家干预分配的力度越大，由分配导致的贫富差距就越小；反之，社会保障制度越不健全，社会保障水平越低，则国家干预分配的力度越小，由分配所导致的贫富差距就越大③。

党的十八届三中全会通过的《中共中央关于全面深化改革若干重大问题的决定》提出要建立更加公平可持续的社会保障制度。完善个人账户制度，健全多缴多得激励机制。完善社会保险关系转移接续政策，扩大参保缴费覆盖面，适时适当降低社会保险费率。完善收入分配调控体制机制和政策体系，努力缩小城乡、区域、行业收入分配差距，逐步形成橄榄形分配格局。目前，我国社会保障中的核心保险——基本养老保险，正处在进一步城乡衔接、制度融合、缩异求同的关键阶段。养老保险覆盖面的日益

---

① 卢自华. 中国转型期基本养老保险分配效应研究 [M]. 北京：经济科学出版社，2010：9.

② 王延忠，龙玉其. 社会保障调节收入分配的机理与作用 [M] //王延中. 中国社会保障发展报告 NO.5 （2012）：社会保障与收入再分配. 北京：社会科学文献出版社，2012：2.

③ 郑功成. 社会保障学：理念、制度、实践与思辨 [M]. 北京：商务印书馆，2003：330.

扩大，使越来越多的劳动者和国民被纳入现代养老保障网络之中，成为养老保险的参与者、养老保险基金的贡献者和养老保险待遇的获得者。同时，养老保险基金规模的不断扩大，使养老保险制度成为调节劳动者和国民收入分配的重要工具，为全体国民织就了"安全之网"、构筑了"保障之城"。尽管社会保障通常被人们称为一种再分配手段，但在现实中却是一种综合性的收入分配手段，因为社会保障的收入分配调节功能并不限于再分配领域，而是同时具体地体现在国民财富的初次分配、再分配与再再分配三个层次上①。这里以养老保险为例分析我国基本养老保险②调节初次收入分配、再分配和第三次分配的传导机制与实现路径。

2.1 我国社会保险调节初次收入分配的传导机制

我国现行基本养老保险制度实行的是社会统筹和个人账户相结合的部分积累制，并且国家强制要求用人单位为员工购买养老保险，当企业职工被法定的基本养老保险纳入覆盖范围时，职工本人和企业都要履行相应的缴费义务，职工按国家规定的个人工资水平8%的缴费标准缴费，实行完全积累制，并全部计入个人账户，可用于个人生命周期内的效用平滑；而企业按国家规定的不超过企业工资总额或个人缴费基数之和20%的缴费比例缴费，全部纳入社会统筹账户，形成"社会统筹基金池"，可用于互助共济、风险分担。

劳资双方之间的雇佣关系并在此基础上形成的参保关系，在初次分配环节就成为资方和劳方双方之间的利益流动和收入分配。因为劳资双方的缴费直接计入生产经营成本，享受国家税收优惠，无须缴纳企业所得税，从而是雇主让利、国家让利（免税）、劳动者获益的制度安排③。在我国，

---

① 郑功成. 社会保障：调节收入分配的基本制度保障 [J]. 中国党政干部论坛，2010（6）：20.

② 基本养老保险是指我国实行的统账结合的制度，目前，名义上实行统账结合的有城镇企业职工、灵活就业人员、农民工和城乡居民。从前文分析可知，城乡居民基本养老保险又不是严格意义上的统账结合制，因此，我们此部分所说的基本养老保险是指城镇职工基本养老保险。

③ 郑功成. 社会保障：调节收入分配的基本制度保障 [J]. 中国党政干部论坛，2010（6）：21.

如果劳动者依法参加基本养老保险，单位或雇主缴费率约占工资总额或个人缴费基数之和的20%左右，个人缴费占其工资水平的8%，这一项制度安排就会影响劳动者20%左右的收入①，从而会影响用人单位的生产经营成本。由此可见，用人单位缴费基数越大、缴费比例越高，劳资双方之间的收入分配效应就越大。基本养老保险调节收入初次分配的传导机制可从覆盖范围、缴费基数和缴费比例等方面来分析。

2.1.1 以覆盖范围形式对初次收入分配的调节效应

图2.1显示了养老保险覆盖范围与收入初次分配的关系，我们分为劳动者参加我国"统账结合"的基本养老保险和未参加基本养老保险两种情况来考察。

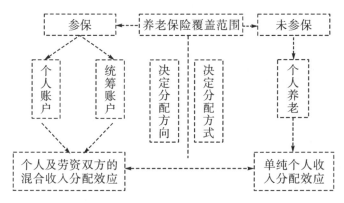

图2.1 养老保险覆盖范围与初次收入分配的关系

（1）劳动者参加了"统账结合"的基本养老保险，劳动者及所在的用人单位就要按照国家规定分别缴纳相应的养老保险费，形成个人账户和统筹账户。

个人账户，由劳动者工资收入的一定比例形成，也即在现有工资中要拿出一部分积累来供退休后老年生活所用，此时就对劳动者的收入进行了初次分配，以养老保险费的形式缴给国家，由国家对养老基金进行保值增值，待劳动者达到退休年龄和规定的缴费年限且符合领取养老金的条件后，按照一定的计发办法将个人账户中积累的资金再返还给劳动者，这也就实

---

① 如果参与养老保险、医疗保险、失业保险、工伤保险、生育保险这"五险"，单位或雇主总缴费率约占工资总额的29%，个人缴费约占其工资的11%左右，如果再加上公积金，这些制度安排将影响劳动者收入的40%～45%。

现了劳动者个人生命周期的收入平滑，即可能牺牲了当前的消费来换取老年时期的消费，调节了初次收入分配。但这种分配效应如何，还要取决于个人账户养老金的保值增值率。换言之，如果养老保险基金的保值增值率超过了物价水平增长率，即养老金实现"无水分"的增加，那么劳动者老年后就能取得更多的实际养老金来提高生活水平，否则，养老基金保值增值率低于物价水平增长率，养老金就会发生实质的贬值，劳动者虽然得到了名义的养老金增长，但其生活水平或许将不会得到提高。这种情形下，发生了收入从劳动者向国家的再分配效应，即对劳动者而言是收入转出，总体而言是不利的。综上所述，劳动者参加基本养老保险，能否提高自身的个人生命周期效用，还要取决于国家宏观经济政策、物价水平、养老保险基金的保值增值等诸多因素。目前，养老保险基金的保值增值已成为全社会较为关注的热点也说明了此问题。

社会统筹基金，由用人单位按照国家规定缴纳。如果劳动者参保，那么用人单位必须要为劳动者缴纳相应的养老保险统筹费。用人单位的缴费直接计入生产经营成本，享受国家税收优惠，无须缴纳企业所得税，理论上讲这是用人单位的让利，会发生收入的初次分配，即用人单位向劳动者的收入转移，但这种收入转移并不是即时直接的现实收入，而是以缴费的形式通过国家养老制度安排在未来时期再分配给劳动者，名义上有利于劳动者个人福利水平的提高。但劳动者的福利水平能否提高不仅取决于与个人账户相同的宏观经济政策、物价水平、保值增值率等因素，而且较为关键的是用人单位是否把这种养老缴费成本转嫁给了劳动者。如果答案是肯定的，那么用人单位就会通过较低的工资增长率、以资本或机器代替劳动力等形式将此类成本转嫁给劳动者，或者通过提高产品价格将费用成本转嫁给社会公众（消费者）。在这个过程中，实现了收入的多途径分配，即可能产生"劳动者向用人单位的分配""用人单位向机器生产厂家的分配"和"消费者向用人单位的分配"。如果社会统筹缴费完全由用人单位承担，则是用人单位给予劳动者的"隐形红利"。从长期看，劳动者负担了用人单位应缴的部分费用，那么用人单位的这种让利行为是不完全的，在满足保值增值的条件下，劳动者仅会获得部分好处；在完全转嫁的情况下，将不会发生用人单位的让利和收入分配效应。如果用人单位全部承担缴费成本，在满足保值增值的条件下，劳动者就会获得用人单位缴费额较多的好处，就实现了用人单位向劳动者的收入转移，发生了初次收入分配。

当参加基本养老保险的劳动者越来越多，即养老保险的覆盖面越来越广，用人单位缴费形成的"统筹基金池"就会越来越大，养老保险基金规模随之增大，基本养老保险对劳动者的收入分配效应就会越大。参加基本养老保险，能够实现劳动者自身及用人单位让利两者的混合收入分配效应。

（2）劳动者未参加基本养老保险，实行个人养老。一是劳动者个人不用向国家缴纳相关养老费用，不会发生通过个人账户实现的收入生命周期分配效应，劳动者也会通过储蓄、购买商业保险等形式实现个人收入的终生分配，平滑整个生命周期的效用；二是不参加养老保险，劳动者不会享受到用人单位养老保险缴费让利的好处，仅是单纯的个人收入生命周期效用的平滑分配效应。从理论上讲，同一收入水平、相同境况的劳动者参加基本养老保险的收入分配效应要大于未参加基本养老保险的收入分配效应。

当养老保险的覆盖面较窄时，用人单位缴费形成的"统筹基金池"较小，养老保险基金规模较小，养老保险对劳动者的收入分配效应就会相应较小。未参加基本养老保险，仅实现劳动者自身的收入分配效应。养老保险覆盖范围决定着收入分配的方向和方式，同时还决定着分配规模的大小。

目前，我国基本养老保险覆盖面仍要进一步扩大，将更多的人群和社会成员纳入统账结合的基本养老保险制度中，完全构建起覆盖城乡全体国民的养老保障制度，强化收入分配效应。

2.1.2 以缴费基数形式对初次收入分配的调节效应

缴费基数分为统筹账户缴费基数和个人账户缴费基数①。根据我国目前的实践情况，用人单位统筹账户的缴费基数分为两种：一是按照职工工资总额；二是个人缴费基数之和。此外，我们还考察了第三种形式——以社会平均工资为基数的收入分配效应（见图2.2）。

---

① 由于个人账户缴费基数为个人的月平均工资，不论工资水平高低，缴费全部进入个人账户，具有较强的积累功能，分配功能较弱。因此，本节缴费基数的收入初次分配效应只分析统筹账户的缴费基数，即用人单位的缴费基数。

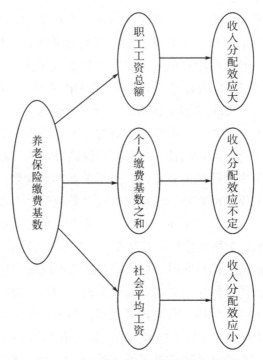

图 2.2　以社会平均工资为基数的收入分配效应

（1）按照职工工资总额核定缴费基数。按照我国社会保险缴费基数的相关规定，参保单位缴纳基本养老保险的基数为职工工资总额，对职工工资总额实行"下不封底、上不封顶"，即按用人单位实际的工资总额确定基数，无上下限限制。根据此种方法，工资总额水平高的用人单位缴费基数高，工资总额水平低的用人单位缴费基数低。更进一步讲，在同一地区内，工资总额水平较高的单位按照规定的比例缴纳社会统筹基金的总额要比工资总额水平较低的单位缴纳的社会统筹基金的总额大，即工资水平高的用人单位对基本养老保险社会统筹基金的贡献大，工资水平低的用人单位对基本养老保险社会统筹基金的贡献小；用人单位之间工资总额差距越大，所缴纳的统筹基金差额就越大，在同一地区（省、区、市）形成统筹基金时①，就会发生收入分配效应，即发生缴费贡献高的用人单位向缴费贡献低的用人单位的收入分配；当全国形成统一的社会统筹基金时，就会发挥互

---

① 目前，我国基本养老保险基金统筹的层次主要为省级统筹，全国 31 个省份和新疆生产建设兵团已建立养老保险省级统筹制度，形成了 32 个规模各异的社会统筹基金池。养老保险基金全国统筹是我国养老保险发展的目标。

助共济的功能，形成较强的收入分配效应，即会发生从工资水平高的单位向工资水平低的单位发生收入转移和分配效应；从社会统筹基金余额较大的省（区、市）向基金缺口较大的省（区、市）发生收入转移和分配效应。一般地讲，以此种方式核定缴费基数的养老保险基金的收入分配效应较强，总体上有利于提高基金征缴总量，且重点是加大了高收入群体的单位缴费水平。

（2）按照个人缴费基数之和核定缴费基数。在我国社会保险缴费基数的相关规定中，对职工个人的缴费基数明确规定为本人工资，并明确了60%的下限和300%的上限，即在当地职工平均工资的60%~300%的范围内进行核定。对单位的缴费基数可以为个人缴费基数之和，即按上下限封定后的基数之和。按照此种方式确定缴费基数的收入分配效应就变得相对复杂，其效应如何应该根据不同的情况确定。一是当用人单位的工资水平在当地职工平均工资的60%~300%的范围内时，按实际工资水平确定缴费基数，在统筹基金中工资水平高的用人单位向工资水平低的发生收入转移；二是当用人单位的工资水平低于当地职工平均水平的60%时，则要按照当地职工平均水平的60%核定缴费基数，此时的缴费基数要比按个人实际工资水平核定的缴费基数高，相应缴纳的统筹基金额也要高；三是当用人单位的工资水平高于当地职工平均水平的300%时，则要按照当地职工平均水平的300%核定缴费基数，此时的缴费基数要比按个人实际工资水平核定的缴费基数低，相应缴纳的统筹基金额也要低。第二、三种情况的"保底封顶"，形成统筹基金的分配效应要比按照实际个人工资确定的缴费基数的分配效应小，即提高了低于当地职工平均水平60%的用人单位的缴费额，降低了高于当地职工平均水平300%的缴费额，这"一提一降"缩小了不同单位间的收入分配差距，也即由劳资双方关系形成的社会统筹基金对个人的收入分配效应也缩小了。

（3）按照社会平均工资核定缴费基数。此种方法不考虑用人单位的工资水平，所有用人单位都按照当地社会平均工资的一定比例缴纳社会统筹基金，不论收入水平如何，工资水平较高的用人单位和工资水平较低的用人单位缴纳相同的社会统筹养老保险费，两者对社会统筹基金所做的贡献一致。因此，在此种缴费基数核定方式下，用人单位间的收入分配效应较弱。且此种方式无法厘清与比较不同工资水平用人单位间的缴费责任，不利于提高基金征缴总量。

对比上述三种缴费基数的核定方式，按照职工工资总额核定缴费基数体现了基本养老保险基金的累进效应，即高收入者多缴费、低收入者少缴费，收入分配效应较大；按照个人缴费基数之和确定的缴费基数的收入分配效应虽然存在，但不同的情况下分配效应强弱不同；按照社会平均工资核定缴费基数体现不出累进效应，易产生"大锅饭"的平均主义现象，不利于责任的承担和养老基金规模的扩大。

2.1.3 以缴费比例形式对初次收入分配的调节效应

由于个人缴费比例（缴费率）已统一为个人工资水平的8%，但用人单位（企业）社会统筹缴费率在实际执行中并不相同。因此，本部分将着重分析社会统筹缴费比例的收入分配效应。

从缴费比例的视角考察基本养老保险的收入分配效应（见图2.3），应结合缴费基数来分析。采用不同性质的费率，养老保险统筹账户的收入分配效应不同。

（1）差别性费率。即指在同一地区内不同用人单位（企业）或不同地区（省、区、市）之间按照不同费率缴纳社会统筹养老保险费。一般而言，采用差别性税率，统筹账户具有较强的收入分配效应。如在某一地区内，根据不同企业的性质设定不同缴费比例，就会产生不同企业间的收入分配。缴费基数较高①、缴费比例较高的用人单位所缴纳的养老保险费用较高；缴费基数较低、缴费比例较低的用人单位所缴纳的费用较低，形成社会统筹基金时就会发生从养老保险缴费高的用人单位向缴费低的用人单位的收入分配。如果在不同的地区（省、区、市）之间采取不同的费率，在缴费基数核定方式基本一致的情况下，缴费基数较高、缴费比例较高的省份对社会统筹账户所做的贡献较大，缴费基数较低、缴费比例较低的省份对社会统筹账户所做的贡献较小。当基础养老金实现全国统筹，形成统一的社会统筹账户时，缴费基数较高、缴费比例较高的省份就会发生向缴费基数较低、缴费比例低的省份的收入转移②，也即社会统筹基金余额较多的省份向社会统筹基金缺口较大的省份进行收入转移。

---

① 按照国家规定同一地区（省、区、市）必须采用统一的缴费基数，此处我们按职工工资总额核定缴费基数的方式分析。

② 此处分析的仅为一般情形，会发生累进的收入分配效应。实际上，现实情形更复杂，要考虑各地不同的缴费基数和工资水平，也可能会发生逆向的收入分配，即从贡献低的缴费者向贡献高的缴费者转移收入。采用统一费率依然可能发生此种情况，但从我国一直要推进的基础养老金全国统筹的愿望来看，统筹后，要在不同地区间调剂余缺，发挥收入分配效应，提高整体养老保险水平。

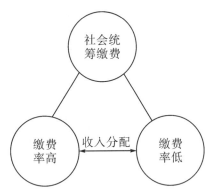

图 2.3 缴费比例与收入分配效应

（2）统一费率。即指在同一地区内不同用人单位（企业）或不同地区（省、区、市）之间按照同一费率缴纳统筹养老保险费。一般而言，采用统一性税率，即不同的用人单位之间或不同的省份之间采用了统一费率，社会统筹账户的收入分配效应相对较弱。但还是会发生同一地区间缴费基数高的用人单位向缴费基数低的用人单位发生收入转移；不同地区间，缴费基数高的地区（省、区、市）向缴费基数低的地区（省、区、市）发生收入转移，产生收入分配效应。总体上看，统一费率下的收入分配效应要比在差别性费率下收入分配效应小。

2.2 我国基本养老保险调节收入再分配的传导机制

2.2.1 以财政转移支付形式对收入再分配的调节效应

基本养老保险制度主要通过财政对社会统筹基金（简称"补入口"）和待遇直接补贴（简称"补出口"）的转移支付体系实现收入的再分配效应。政府利用财政转移支付体系将财政资金进行无偿的、单方面的转移，一是以基本养老保险基金财政补助的形式将财政资金注入基本养老保险基金中，扩大基金规模；二是对待遇领取者，尤其是特殊群体以财政直接补贴（以提高待遇形式发放现金）形式把财政资金转移给保障范围内的社会群体，实现收入的再分配（见图 2.4），缩小不同区域和不同群体之间的收入差距，发挥财政的社会"安全阀"和"减震器"的功能，同时也实现基本养老保险的"安全网"作用。

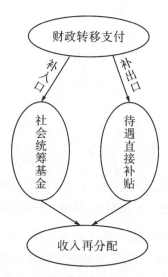

图 2.4　财政转移支付与收入再分配

2.2.1.1　养老保险基金补贴

　　中央和地方财政根据养老保险基金的实际运行情况，每年将一定额度的财政资金以财政拨款形式转移支付到各省份的基本养老保险社会统筹基金中，扩大其运营规模，提高其支付养老金能力，这种转移支付或补贴类似于对参保人的缴费补贴，即类似于入口补贴。它主要体现了对参保人群的普惠效应，既给参保者带来未来收入增加的实惠，也为全体参保人提供了一种稳定的安全预期，鼓励全体国民积极参保。这种补贴形式在一定程度上扩大了基金支出规模，可以提高全体待遇领取者的养老水平，其收入再分配效应分为两大方面。一方面，我国各地发展不平衡，基本养老保险基金有的省份结余，有的省份则亏损，对亏损的地区国家就要进行财政补贴，当中央财政对亏损省份进行补贴，就形成了以全体国民纳税形成的公共财政资金在不同省份间的收入再分配，缩小省份间养老保险待遇水平差距；另一方面，财政的补贴还会在制度内外不同人群间、不同地域间发生再分配，养老保险基金补贴有利于参保者整体待遇水平的提高，缩小制度范围内参保人与制度范围外未参加基本养老保险人员的收入差距，改善制度内外人群的收入分配效应。

2.2.1.2　待遇直接补贴

　　待遇直接补贴是财政对某些行业或特殊人群直接发放现金或实物，类似于出口补贴。这种补贴形式是对符合条件人员的即时补贴，提高了受保障人群的收入水平，缩小群体间收入差距的功能较明显，具有较强的收入再分配效应。比如，在综合考虑职工平均工资的增长、物价上涨、养老保险基金和财政承受能力以及企业退休人员养老金水平等因素的基础上，为保障企业退休人员生活，2005—2014 年，国家已连续 10 年每年以 10% 的增幅调整企业退休人员基本养老金水平，并对企业退休高工、高龄人员等群体适当再提高调整水平，对基本养老金偏低的企业退休军转干部也给予政策补贴倾斜。这种补贴形式是在按照退休养老金计发办法之外直接给予企业退休人员的转移支付，直接提高了企业退休人员的生活水平，缩小了与机关事业单位等其他群体的收入与养老待遇差距，"提收缩差"的效果相对较为明显，收入再分配效应也较强。

　　从以上分析来看，入口补贴收入再分配效应相对较弱，而出口补贴的收入再分配效应较强，但"入口+出口"双向补贴的收入再分配效应要大于单纯入口补贴或出口补贴收入再分配效应。

2.2.2 以待遇计发机制形式对收入再分配的调节效应

　　通过待遇计发机制的形式调节收入再分配是基本养老保险调节收入再分配的主要途径之一。待遇计发机制包括待遇确定模式、待遇调节机制、替代率的设计、待遇资格的审查等。本节仅对待遇计发机制中较为重要的待遇确定模式和待遇调节机制的收入再分配效应进行分析，如图 2.5 所示。

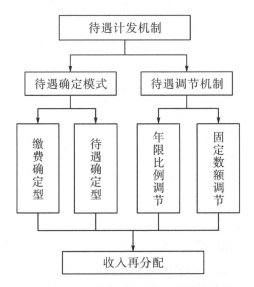

图 2.5　待遇计发机制与收入再分配效应

2.2.2.1 待遇确定模式

从养老金发放的模式看，待遇确定一般分为缴费确定型和待遇确定性。缴费确定型是指享受养老保险的待遇水平与年轻时期的缴费水平具有密切的相关性，养老金水平的高低取决于缴费水平的高低。一般而言，缴费水平越高，待遇水平越高。待遇确定型是按照固定数额或基于一定的比例发放养老金，与个人缴费水平没有多大关联。

通常而言，缴费确定型根据个人缴费水平领取相应的养老金，缴费时间越长、缴费水平越高，即贡献越大领取的养老金待遇就越高；相反，缴费时间越短、缴费水平越低，即贡献越小领取的养老金待遇就越低。此种模式使收入在个人间的转移效应较差，即收入再分配效应相对较差。而待遇确定型与个人缴费贡献无关，都是按固定数额或一定比例领取养老金，那么实行这种模式就可能发生从缴费贡献大的参保人向缴费贡献小的参保人发生收入转移，产生累进的收入再分配效应。两者相比，待遇确定型的收入再分配效应要大于缴费确定的收入再分配效应。

我国目前规定，退休时的基础养老金月标准"以当地上年度在岗职工月平均工资和本人指数化月平均缴费工资的平均值为基数，缴费每满 1 年发给 1%"。此规定确定的养老金待遇模式是待遇确定型和缴费确定型两种模式的结合。"当地上年度在岗职工月平均工资"类似于待遇确定型，统筹基金不论个人缴费时间长短、费用高低，领取的养老金都是与当地上年度在岗职工的平均工资相关联，收入分配调节效果相对较好，易从收入较高的人向收入较低的人转移；而"本人指数化月平均缴费工资"又类似于缴费确定型，个人工资水平越高，所在用人单位的工资总额越高，按照工资总额核定基数的缴费额越高，那么达到规定条件时领取的养老金的水平越高，根据个人的工资水平计算养老金方式的收入再分配调节效果相对较差，领取的养老金水平与个人年轻退休前对养老基金的贡献大小直接相关。我国将两者相结合来计发基础养老金待遇一方面弱化了待遇确定型较为明显的收入再分配效应，另一方面也强化了缴费确定型不明显的收入再分配效应，起到了中和的作用，既相对提高了缴费时间短、缴费水平低参保者的养老金水平，又不至于将缴费时间长、缴费水平高的参保者的养老金水平降低得太多，兼顾了不同缴费者的利益。此外，"缴费每满 1 年发给 1%"则是缴费确定型的具体体现，与个人缴费贡献连接起来弱化了社会统筹基金的收入再分配效应，收入水平高的参保者向收入水平低的参保者的收入转移将会变小。但这种"多缴多得、长缴多得"待遇计发方式又能够提高参保者的积极性,有利于扩大覆盖面。

2.2.2.2 待遇调节机制

待遇调节机制一般分为年限比例条件和固定数额调节。年限比例调节是指根据缴费年限确定养老金调节的比例,缴费时间越长,调节(增发)比例越高。固定数额调节是指每年按照固定的金额或固定金额的一定(固定)比例进行调节养老金水平。

我国基本养老保险目前规定"缴费每满 1 年发给 1%"既是缴费确定型的表现,也是年限比例调节,根据缴费年限长短给予增发一定比例。这种调节方式在制度内的收入再分配效应相对较弱,缴费贡献大的参保者得到的养老金多,缴费贡献小的参保者得到的养老金少。由于低收入水平的参保者本身的缴费水平相对较低,参加基本养老保险能够借助社会统筹基金的互助共济作用保障老年生活,但这种"长缴多得、多缴多得"的调节方式也很可能造成社会统筹账户收入分配的"逆向调节",即从缴费水平低的参保人向缴费水平高的参保人发生收入转移,产生养老保险的累退的收入再分配效应。

我国 2005—2014 年连续 10 年分别以 10%的比例为企业退休人员提高养老金水平,此种调节方式即为固定数额调节,这种财政转移支付式的收入分配调节效果相对较好,可以直接提高企业退休人员的生活水平,缩小其与其他群体的收入差距,改善了此类群体的收入再分配效应,即固定数额调节的收入再分配效应相对较好。

2.3 我国基本养老保险调节收入第三次分配的传导机制

随着我国经济的快速发展、社会公民组织的日益壮大以及企业团体社会责任担当意识的逐步增强,社会捐赠、慈善公益事业在我国发展迅速,逐渐成为我国再分配领域的重要组成部分,被称为第三次分配。第三次分配是一种个人收入的转移,是在道德力量的作用下,通过个人自愿捐赠而进行的分配。第三次分配作为第一次分配和第二次分配的重要补充,具有社会资源重新配置以及转移支付的功能。在扶贫救困、补充保障方面,社会捐赠、慈善公益事业逐渐成为我国基本养老保险制度乃至整个社会保障体系的有益补充和重要组成部分。社会捐赠、慈善事业通过养老保险制度发挥第三次分配调节的途径与机理和国家财政通过养老保险调节收入再分配的作用机理基本类似，可以通过两种方式进行：一是对养老保险基金的捐赠，其实质也是扩大了基金支出规模，可以提高全体待遇领取者的养老水平，缩小了制度范围内参保人与制度范围外未参加基本养老保险人员的收入差距，改善了制度内外人群的收入分配效应。二是对某些群体的直接捐赠，以发放现金或实物的形式实现。这种补贴形式也是即时补贴，提高了受保障人群的收入水平，缩小群体间收入差距的功能较明显，具有较强的收入再分配效应。

2.4　结论与政策启示

本章分析了我国基本养老保险制度调节收入分配、再分配以及第三次分配的传导机制。结果发现：基本养老保险覆盖范围越大，收入分配效应越强；按照职工工资总额核定缴费基数体现了基本养老保险基金的累进效应；差别性缴费费率形式下收入分配效应比统一性缴费率下的收入分配效应大。财政入口补贴养老保险基金的收入再分配效应相对较弱，而出口补贴的收入再分配效应较强；我国目前的待遇计发机制是待遇确定型和缴费确定型两种模式的结合，在一定程度上体现了养老保险累进的收入再分配效应。基本养老保险还通过社会捐赠、慈善公益事业调节的第三次分配，具有较强的收入再分配效应，有利于改善收入分配。通过分析，可从以下方面着手对我国的基本养老保险进行优化与完善：

（1）继续扩大养老保险覆盖面。在继续扩大城镇企业职工基本养老保险覆盖面的同时，重点向灵活就业人员和农民工扩展，实现应保尽保。要按照《中华人民共和国社会保险法》（以下简称《社会保险法》）要求，通过政策引导和鼓励个人参加养老保险，加大对用人单位购买养老保险的监察和稽核力度，增加逃费的成本和提高其风险，使企业能够自觉并积极为员工购买养老保险，进一步扩大制度覆盖面和提高可及性。此外，将有条件的城乡居民逐步纳入统账结合的制度中来，为全体劳动者构筑一张老年"安全网"。

（2）进一步规范缴费基数核定方式。在现有规定基础上，进一步规范缴费基数的核定方式，全国应统一具有较强收入分配效应的缴费基数的核定方式，提高基金征缴总量，加大对高收入群体的单位缴费水平，体现"高收入者多缴费、低收入者少缴费"累进原则，充分发挥统筹账户较强的收入分配效应。

（3）加大财政转移支付，强化财政补贴的分配效应。政府应该履行国家财政的"兜底"责任与义务，一方面加大对养老保险统筹账户的转移支付力度，建议把财政转移支付增速和额度与 GDP 增速、CPI 增速、人均收入水平与老龄化程度挂钩，建立动态调整机制；另一方面，进一步优化财政转移、补贴结构，提高补贴的针对性和有效性，通过"出口"直接补贴提高低收入群体的生活质量，缩小收入分配差距。

（4）推动社会力量通过养老保险制度改善收入分配。政府可制定社会团体、经济组织等社会力量参与养老保险制度建设、基金筹集的相关办法，规范参与主体的行为，通过税收减免、政策扶持等手段鼓励社会力量积极参与。此外，可探索市场主体参与养老服务和相关产品供给的实施路径，扩大养老保险和基金来源渠道，提高低收入老年群体的保障水平，既推动我国社会事业的有序发展，又能改善我国收入分配状况。

3 成熟市场经济国家社会保险收入分配调节效果的比较分析、评价及启示

在世界 160 个国家中，存在着 209 种不同的养老保险模式，其中实行国家公共养老保险制度的有 200 种，实行私营养老保险（年金）制度的有 9 种①。二战后，发达国家的公共养老保险制度几乎都是现收现付制。以瑞典为代表的北欧国家，成为现收现付制养老保险制度的代表性国家。然而，自 20 世纪 70 年代中期以后，随着"滞胀"的出现和人口老龄化的加剧，养老保险支出的急剧膨胀、社会保险计划与社会救济计划安排上的失衡、过高估计私人保险制度中赖以运行的技术条件和运行机制基础的作用以及养老保险制度管理效率低下、机构臃肿、官僚主义日趋严重等导致各国养老保险制度面临着财务危机，从而倒逼着"以支定收，年度平衡"的现收现付制养老保险制度缴费率的上升②。而缴费率的上升无疑会加重企业的负担，进而对经济社会的运行带来消极后果。为此，各国纷纷开始对养老保险制度进行改革，强调养老保险与其各自的国情、经济、社会、文化等相适应，探索建立国家、企业和个人共担的多支柱养老保险体系，鼓励基金制私营保险计划的发展，实行养老保险基金市场化运营，形成养老保险制度与经济增长的良性互动③。当今世界典型的养老保险制度主要分为三种类型：自保公助型、国家福利型及强制储蓄型，这三种养老保险在制度模式、筹资机制、养老金受益资格认定及待遇给付机制等方面各具特色，各有利

---

① 卢自华. 中国转型期基本养老保险分配效应研究［M］. 北京：经济科学出版社，2010：82.
② 林义. 社会保险制度分析引论［M］. 成都：西南财经大学出版社，1997：2-10.
③ 穆怀中. 社会保障国际比较［M］. 北京：中国劳动社会保障出版社，2002：164-166.

弊。下面基于收入分配视角对这三种典型养老保险制度的代表国家——美国、瑞典及新加坡的养老保险制度进行比较分析，以期得到借鉴或启示。

3.1 收入分配视角下成熟市场经济国家 社会保险制度比较分析

3.1.1 美国养老保险制度：自保公助型

3.1.1.1 制度模式

美国的养老保险制度是典型的自保公助型或者说保险型，始建于 20 世纪 30 年代。1935 年 8 月 14 日，美国颁布了《社会保障法》（*Social Security Act*），这也是"社会保障"一词首次被使用在法律文献之中，自此社会保障体系中最重要的就是养老保险。经过不断的调整与完善，美国目前已经形成了包括国家公共养老保险计划、私人养老保险计划以及个人储蓄养老保险计划在内的三支柱养老保险体系，被形象地称为"三条腿走路"或"三条腿的板凳"（three-legged stools）（见表 3.1），基本上实现了美国老年人老有所养的目的，对美国社会的稳定和经济的发展起到了至关重要的推动作用。

表 3.1　美国养老保险三支柱体系

三支柱	计划类型	覆盖面（2010 年）	制度模式
公共养老金	老年、遗属及残障保险	强制性、基本全覆盖（约 92% 的劳动人口）	NDB 型
私营养老金	由私营雇主发起设立的养老金计划，例如，401（k），403（b）计划	自愿性，大约覆盖 43% 的劳动人口	FDB 型
储蓄养老金	储蓄型产品	自愿性，储蓄水平较低	FDC 型

资料来源：美国社会保障总署，http://www.ssa.gov；美国雇员福利研究所，http://www.ebri.org。

　　其中，第一支柱为强制性的老年、遗属及残障保险（Old-Age, Survivors and Disability Insurance，简称 OASDI 计划），包括老年养老金、遗属养老金和伤残养老金，属于典型的现收现付制（NDB 模式）养老保险制度（待下文予以重点分析）。第二支柱为雇主举办的私人养老金计划（employer pensions），实行个人账户制，资金由雇员承担或者由雇员和雇主共同承担，属于 FDB 模式养老保险制度。该制度的建立基本上是企业自愿的，覆盖了美国 43% 左右的劳动者。第三支柱为个人储蓄养老金计划（personal savings），由个人自愿参加，属于 FDC 模式养老保险制度。由于美国是个消费意识超前，缺乏储蓄观念的国家，所以为了鼓励私人养老金计划的发展，提倡个人储蓄，美国政府会给予一定的税收优惠。因此，从某种程度上来讲，尽管第二支柱的私人养老金计划和第三支柱的个人储蓄养老金计划缺乏再分配效应，不过具有一定程度的初次分配效应。然而，正如上一章所言，由于缴费成本的增加，企业会产生转嫁成本负担的可能，这在美国也并不能幸免，虽然美国企业承担的养老保险缴费对就业没有显著影响，但几乎全部转嫁给了雇员使工资增长率下降[①]，从而使得原有的初次分配效应遭到削弱。为此，人们普遍认为美国养老保险制度的收入分配调节效应主要体现在 NDB 模式的 OASDI 计划上，所以下面主要分析 OASDI 计划。

3.1.1.2 筹资机制

OASDI 计划是国家立法强制实施的，覆盖全体劳动人口（部分州和地方政府的公职人员除外）的公共养老金计划，覆盖率大约为 92%，是美国最重要的收入保障项目。又由于其在防止老年贫困方面的作用巨大，因而也被称为"最大的反贫困计划"[②]。OASDI 计划融资方式采用的是典型的现收现付制，养老保险资金的筹集主要来自雇主和雇员缴纳的法定工薪税（payroll tax），雇主和雇员各负担一半，占总资金来源的 85%，另外 15% 的资金来源于联邦社会保障信托基金的投资收益（占 13%）和对社保津贴给付的征税（占 2%）[③]。雇主和雇员所缴纳养老保险的税率随着经济的发展呈现出阶梯式上升的趋势，在 20 世纪 50 年代，税率为雇员薪金收入的 3%，雇主和雇员各承担 1.5%，到 90 年代税率则提高到 11.4%，各承担 5.7%，

---

① GRUBER J. Payroll taxation, employer mandates, and the labor market: theory, evidence, and unanswered questions [M]. Mimeo, MIT, 1994.

② 姚建平. 养老社会保险制度的反贫困分析：美国的实践及对我国的启示 [J]. 公共管理学报, 2008 (7)：99-108.

③ 秦莉. 美国人何以养老：美国养老保险体系与可持续研究 [J]. 特区经济, 2010 (9)：97-99.

目前税率为 12.4%，雇主和雇员各负担 6.2%①。美国养老保险制度实际上体现的是缴费水平与职业收入紧密联系，所以为了体现出养老保险的公平属性，防止高收入者退休金待遇过高，避免老年收入差距悬殊，美国政府设置了缴费基数上限，即薪金收入超过上限的部分将不参与养老保险。

3.1.1.3 养老金受益资格认定

美国的自保公助型养老保险制度强调公平与效率的协调、权利与义务的对等，所以参保者只有缴纳社会保障税，才有资格享受养老金待遇。而且美国法律规定，个人获得的养老金给付水平取决于其缴纳的养老保险税的数额，缴纳的养老保险税越多，退休后获得的养老金给付水平就越高。按规定，享受养老金的条件是参保者自 1950 年（1950 年以后参保的则从 21 岁起至 62 岁止），每年至少需要缴纳一个季度的保险费，最高限额为 40 个季度②。美国实行的是弹性退休制度，现行制度规定的法定退休年龄为 66 周岁（男女一样），即在 66 岁退休的话可以获得全额养老金③；66 岁之前的退休者仅可以获得减额退休金，可以提前领取养老金的最低年龄为 62 岁，每提前一个月减发养老金的 1.56%（养老金比全额养老金少 1.56%）；相反，66 岁之后的退休者可以获得增额养老金，每推迟一个月增发养老金 0.25%。不过，那些退休后还继续从事有收入的工作且收入低于一定标准的劳动者，可获得全额养老金，而收入超过一定标准的，将按超过部分的 50% 减发养老金，但对于超过 70 岁的退休者而言，不管其继续从事工作收入的高低，都可以领取全额养老金④。此外，美国还对参保人去世后，由其遗属享受养老金的条件和标准做了详细严格的规定。由于人们预期寿命的

---

① 自谋职业者养老保险缴费税率也在不断提高，20 世纪 90 年代缴费税率占其年收入的 11.4%。参见：徐鼎亚，樊天霞. 国外典型养老保险制度比较及对我国的启示 [J]. 上海经济研究，2004（10）：61-68. 根据美国社会保障年度报告，2007 年自谋职业者的缴费税率上升为其年收入的 12.4%。参见：秦莉. 美国人何以养老：美国养老保险体系与可持续研究 [J]. 特区经济，2010（9）：97-99.

② 张桂琳，彭润金. 七国社会保障制度研究：兼论我国社会保障制度建设 [M]. 北京：中国政法大学出版社，2005：103.

③ U. S. Social security administration：social security programs throughout the world 2010.

④ 徐鼎亚，樊天霞. 国外典型养老保险制度比较及对我国的启示 [J]. 上海经济研究，2004（10）：61-68.

不断延长及老龄化程度的加剧可能造成养老保险制度的财务危机，1983 年美国国会通过立法决定逐渐延长法定退休年龄，到 2027 年，法定退休年龄将提高到 67 岁[①]。

3.1.1.4 待遇给付机制

美国的养老金待遇给付水平主要取决于参保者个人的基本保险金（Primary Insurance Amount，PIA），而 PIA 又取决于参保者个人的指数化月平均收入（Average Indexed Monthly Earnings，AIME）[②] 和不同收入群体的养老金分配比例系数（权重），即有（2013 年标准）[③]

$$PLA=\begin{cases}0.9\times AIEM, & 0<AIEM<791 \\ 0.32\times(AIEM-791)+0.9\times791, & 791\leqslant AIEM\leqslant4\ 768 \\ 0.15\times(AIEM-4\ 768)+0.32\times3\ 977+0.9\times791, & AIEM\geqslant4\ 768\end{cases}$$

$$(3-1)$$

从（3-1）式中可以看出，有两个"临界点"（bend points），即 791 美元和 4 768 美元（每个点的水平每年要根据通货膨胀指数进行调整），将基本保险金（PIA）划分为三个层次：如果指数化月平均收入（AIEM）低于 791 美元，则养老金分配比例系数为 0.9；如果指数化月平均收入在 791 美元和 4 768 美元之间，那么指数化月平均收入的前 791 美元的养老金分配比例系数为 0.9，高出 791 美元部分的养老金分配比例系数为 0.32；如果指数化月平均收入高于 4 768 美元，则指数化月平均收入的前 791 美元的养老金分配比例系数为 0.9，高出 791 美元但低于 4 768 美元即 3 977 美元的养老金分配比例系数为 0.32，超过 4 768 美元的养老金分配比例系数为 0.15。可见，养老金分配比例系数的权重明显偏向于低收入群体，使得低收入群体

---

① 张桂琳，彭润金. 七国社会保障制度研究：兼论我国社会保障制度建设 [M]. 北京：中国政法大学出版社，2005：103.

② 在雇员退休前的职业生涯中，找出其在 62 岁之前收入最高（经过通货膨胀指数调整后）的 35 年的历史记录，将这 35 年的收入加总，然后除以 420 个月（即 35 年），则可得出指数化月平均收入。

③ 美国社会保障总署. Social security programs throughout the world：The Americas，2011 [EB/OL]. (2011-02-18) [2013-03-17]. http://www.ssa.gov/policy/docs/progdesc/ssptw/2010-2011/Americas/index.html.

的养老金替代率高于高收入群体（见表 3.2），从而明显减少了老年贫困①，这种养老金待遇给付机制具有累进的再分配效应。但由于参保者退休后获得的养老金待遇仍与其历史缴费收入高度相关，使得高收入者退休后领取的养老金绝对额仍远远高于低收入者，这在一定程度上弱化了再分配效应的累进性。

表 3.2　美国、瑞典不同收入水平人群的养老金替代率　　　　单位：%

国家	中位收入者	个人收入为平均收入者的倍数				
		0.5	0.75	1	1.5	2
美国	55.3	67.4	58.0	52.4	47.9	43.2
瑞典	66.2	81.4	69.2	64.0	71.9	73.9

资料来源：Pension at a glance, public pensions across OECD countries 2007. Paris：OECD，2007：35.

注：表中的替代率为净替代率（net replacement rate of earnings），净替代率与毛替代率的区别在于：前者已缴纳个人所得税，系税后收入，后者系税前收入。在中国，由于基本养老金不课税，所以两个口径没有区别。

此外，为了进一步地减少老年贫困，保障退休者的基本生活水平，调节收入分配，OASDI 计划具有一些特殊的养老金待遇给付调整政策。①养老金待遇调整指数，即根据生活成本自动调整的生活成本指数（Cost of Living Adjustment，COLA）。为了维持退休劳动者的购买力水平，OASDI 计划规定养老金每年要根据生活成本（物价指数 CPI 等）的上涨而自动调整。②OASDI 计划不仅为退休劳动者发放养老金，还为那些因工伤残或死亡的家庭提供伤残或遗属保障金以弥补家庭收入的减少，这部分保障金大约占 OASDI 计划总支出的 1/3。③特殊最低收益和最大家庭收益，即参加 OASDI 计划超过 10 年的低收入劳动者可获得一个特殊的最低收益，而当基于被保

---

① 据美国社会保障署的统计，2010 年 OASDI 计划提供的退休金收入大约占美国老年收入的 40%左右，其中 50%左右的家庭，一半收入来自社会保障；而在 20% 的贫困家庭中，90% 的收入要依靠社会保障；2008 年，在美国 65 岁以上的老年人口中，社会保障收入占到总收入的 87%，远高于其他渠道的收入来源，这可以说是美国老年贫困人口比例较低（处于 10% 以上）的一个重要原因。参见：美国社会保障总署. Social security programs throughout the world：The Americas，2011［EB/OL］. （2011 - 02 - 18）［2013 - 03 - 17］. http://www. ssa. gov/policy/docs/progdesc/ssptw/2010 - 2011/Americas/index. html.

险者收入记录基础上的所有受益人的月收益总额超过允许的最高数额时，每个生活依赖者或遗属的收益都会按比例削减（被保险者的收益除外），以保证所有收益在最高限额以内①。

3.1.1.5　转移支付及养老保险支出水平

成熟市场经济国家（包括美国、瑞典、新加坡等国）居民的转移性收入中社会保障转移性收入所占的比重最大，而养老保险制度又是各国社会保障制度的核心，所以可以从各国转移性收入对居民收入分配差距的影响窥见养老保险转移支付对收入分配的调节效果。如表3.3所示，从养老保险转移性收入来看，1995年美国低收入组所占的比例明显高于高收入组，低收入组（最低的30%，下同）获得的转移性收入所占比重为37.2%，高收入组（最高的30%，下同）获得的转移性收入所占比重为24.6%，前者是后者的1.51倍；从税收情况来看，美国高收入组承担的税赋远高于低收入组，前者是后者的13.12倍；在养老保险转移支付和征税之前，美国的高收入组的市场收入所占的比重为59.6%，低收入者的市场收入所占的比重为7.6%，两者相差7.84倍，而经过转移支付和征税后，这一差距缩小至4.65倍（53.5/11.5），基尼系数也由0.447降低为0.345。可见，养老保险转移支付和税收在很大程度上缩小了高收入组与低收入组之间的收入分配差距。而且，从1980—2000年美国社会保障收入分配调节状况来看，美国调节收入差距更多的是依赖于养老保险等社会保障，对缩小收入差距的贡献率高达55.3%（见表3.4）。

表3.3　1995年美国、瑞典不同收入组的收入分配情况　　　　单位:%

国家	市场收入			转移性收入			税收			可支配收入		
	A	B	C	A	B	C	A	B	C	A	B	C
美国	7.6	32.8	59.6	37.2	38.2	24.6	5.2	26.5	68.2	11.5	35	53.5
瑞典	8	35	57	31.4	41.4	27.2	10.7	34.8	54.4	17.2	37.9	44.9

资料来源：OECD economic working paper, 1998. www.oecd.org.

注：A代表低收入组的30%的人所占比重；B代表中收入组的40%的人所占比重；C代表高收入组的30%的人所占比重；市场收入包括工资收入、自我雇佣收入和各种资本收入；可支配收入即市场收入加上养老保险等社会保障转移收入再扣除各种税收（包括社会保障税和个人所得税）后所得的收入。

---

① 姚建平. 养老社会保险制度的反贫困分析：美国的实践及对我国的启示 [J]. 公共管理学报，2008（7）：99-108.

表 3.4 1980—2000 年美国、瑞典社会保障收入分配调节状况

国家	市场收入基尼系数	可支配收入基尼系数	税收对基尼系数的减少	社会保障对基尼系数的减少	税收对基尼系数调节的贡献率/%	社会保障对基尼系数调节的贡献/%
美国	0.447	0.345	0.046	0.056	44.7	55.3
瑞典	0.441	0.223	0.038	0.180	17.5	82.5

资料来源：DAVID JESUIT, VINCENT MAHLER. State redistribution in comparative perspective：A cross-national analysis of the developed countries ［R］. Luxembourg income study working paper, 2004：392.

在很多国家，包括美国，养老保险等社会保障支出已成为政府公共财政支出中的核心开支项目，在很大程度上决定了一国社会保障制度对收入分配的调节效果。如表 3.5 所示，美国的财政社会保障支出（财政社会保障支出占财政支出的比重，下同）在 1960 年处于较低水平，为 26%，之后基本呈上升趋势，在 2010 年达到 45%；而财政社会保障支出占国内生产总值（GDP）的比重却基本上呈现出先上升后下降而后又回升的趋势。即从 20 世纪 60 年代开始财政社会保障支出占 GDP 的比重持续上升，到 80 年代达到峰值，90 年代比重开始下降，直到 21 世纪初又有所回升。这主要是因为 20 世纪 90 年代以后，美国等西方国家面临着财政危机，为了减轻财政压力，缓解经济困难，各国开始纷纷压缩福利开支，从而导致财政社会保障支出占 GDP 的比重开始下降。21 世纪初期，美国经济有所好转，财政转移支付水平也随之回升，之后并保持在一个比较稳定的水平，2010 年美国财政社会保障支出占 GDP 的比重为 11.8%。而且，美国社会保障支出水平（社会

表 3.5 美国、瑞典财政社会保障支出水平与财政社会保障支出占 GDP 的比重

单位:%

国家	1960 年	1965 年	1970 年	1975 年	1980 年	1990—1996 年	2003 年	2010 年
美国[①]	26.0	27.7	31.5	40.3	42.5	28.1	41.7	45.0
瑞典[①]	34.5	36.4	38.6	43.3	42.4	49.5	—	—
美国[②]	7.3	7.9	10.4	14.5	15.0	6.3	6.1	11.8
瑞典[②]	10.8	13.2	16.7	21.2	25.9	—	—	—

数据来源：根据《国际统计年鉴（2012）》、ILO 及 OECD 提供的数据整理计算得出。

注：上标①表示财政社会保障支出水平，上标②表示财政社会保障支出占 GDP 的比重；NA 表示无数据，下同。

保障支出占 GDP 的比重，下同）一直保持稳步攀升，从 1995 年的 14.9%上升到 2003 年的 17.4%（见表 3.6）。此外，美国政府还对处在劳动年龄人群的收入进行了财政补贴，2005 年的补贴占国民净收入（NNI）的比重为 2.2%[①]。

表 3.6　美国、瑞典社会保障支出水平　　　　　　　　单位:%

国家	1995 年	1997 年	2001 年	2002 年	2003 年
美国	14.9	15.8	15.7	—	19.1
瑞典	35.6	35.7	35.1	32.5	37.1

数据来源：OECD Social Expenditure Database.（www.oecd.org/els/social/expenditure）；OECD in Figures，1995—2003.；World Bank Development Indicators Database（2006）。

3.1.2　瑞典养老保险制度：国家福利型

3.1.2.1　制度模式

瑞典的社会保障制度是典型的国家福利型，始建于 19 世纪末期。最早的一部社会保障法是 1891 年制订的"自愿健康保险计划"（voluntary health insurance schemes），之后有关社会保障的法律法规相继出台，如 1913 年出台的《养老保险法》。1932 年社会民主党上台执政后开始大力推动社会福利建设，各种社会保险项目日臻完善，逐步建立了"从摇篮到坟墓"的福利保障制度。瑞典社会福利模式的建成曾一度被认为是欧洲最先进和最具平等理念的成功样板，是社会民主党人所倡导福利社会的橱窗，惠泽每个公民的养老保险制度就是瑞典福利模式的核心组成部分。

瑞典实行的是高税收、高福利养老保障制度模式[②]，养老保险制度的建立遵循普遍和平等原则，覆盖率达到了 100%，不仅为低收入者提供养老保障，也为每位公民提供与其职业、收入、阶层等无关的普遍且平等的保障。不过这一慷慨的高福利措施使瑞典出现了"福利病"，养老保险制度面临着支付危机，危害了代与代之间收入分配的公平性，从而影响在职劳动者工

---

① OECD, social expenditure database, www.oecd.org/els/social/expediture.

② 20 世纪 30 年代，受经济危机的影响，瑞典失业问题严重，国家干预理论兴起，瑞典学派发展成熟，提出包括政治、经济、分配在内的"社会民主主义"理论，主张实施公共救济工程，给失业者提供就业机会，按市场价格支付工资，全部给付靠税收解决，因此奠定了瑞典依靠高税收维持高福利的基础。

作的积极性。为了摆脱危机，在 20 世纪 90 年代的改革过程中，瑞典开始实施缴费确定型的名义个人账户模式（NDC 模式）。之所以说是名义个人账户，是因为进入个人账户的资金实际上只是一种记账方式或个人的养老金权益记账，真正的资金直接被用于支付当期退休者的养老金，保证了代际间收入分配的公平，因而也是一种现收现付制筹资模式。

3.1.2.2　筹资机制

瑞典高福利式的养老保险，其资金主要来源于国家财政和企业雇主，雇员基本上不需要缴款。其中国家财政拨款约占 50%，企业雇主也承担着相当比重的缴费，如 1995 年雇主的缴费负担占企业利润的 32.9%[①]。瑞典改革后的养老保险制度主要包括三部分：名义账户（形成基本年金）、实际个人账户（形成补充年金）和养老金最低保障线。瑞典从 1960 年开始就实行计算机化的工资记录，这些历史工资记录被用来建立名义账户，并且采用的缴费率相当于支付改革时被替代的 DB 型待遇所需要的缴费率[②]。瑞典养老保险缴费率高于美国，为 18.5%，由雇主和雇员共同承担，其中雇主承担 11.5%，雇员承担 7%。从 1995 年开始，在 18.5% 的养老保险缴费率中，先是有 16.5% 计入名义账户中记账，后来降低到 16%，剩下 2.5%（先是 2%）计入实际个人账户中积累[③]。此外，瑞典政府还为那些低收入在职劳动者和老年无收入者设立了最低养老金制度，以保障其最低生活所需，资金完全来源于财政预算收入，从而进一步强化了收入分配调节功能。

3.1.2.3　养老金受益资格认定

从 1999 年开始，瑞典全面实行新的养老保险制度。同美国一样，瑞典也实行的是弹性退休制度，新制度的法定退休年龄由原来的 60 岁提高到了 65 岁，即凡年满 65 岁的瑞典公民都有资格按规定领取基本年金[④]，65 岁之

---

①　JORN HENRIK PETERSEN. Harmonization of social security in the EC revisited [J]. (European community) Journal of common market studies，1999：9.

②　儿童护理的名义账户记录几乎都是给母亲的，也可以根据历史记录追溯性地推定。参见：罗伯特·霍尔兹曼，爱德华·帕默尔. 养老金改革：名义账户制的问题与前景 [M]. 郑秉文，等译. 北京：中国劳动社会保障出版社，2006：263.

③　罗伯特·霍尔兹曼，爱德华·帕默尔. 养老金改革：名义账户制的问题与前景 [M]. 郑秉文，等译. 北京：中国劳动社会保障出版社，2006：263.

④　在国外居住的瑞典公民或在瑞典居住的外国公民，在一定条件下也能获得基本养老金。参见：徐鼎亚，樊天霞. 国外典型养老保险制度比较及对我国的启示 [J]. 上海经济研究，2004（10）：61-68.

前的退休者仅可以获得减额年金，可以提前领取基本年金的最低年龄为 61 岁，每提前一个月减发原规定年金数的 0.5%；相反，65 岁之后的退休者可以获得增额年金，一般可以工作到 70 岁延迟退休，每推迟一个月增发原规定年金数的 0.7%（见表 3.7）。可见，弹性退休制度实际从制度设计上鼓励和引导人们延迟退休，有助于增加劳动力供给，同时也在一定程度上起到了"增收减支"的效果，有利于养老保险制度的财务可持续。享受最低养老金的资格条件主要是年龄和居住年限。改革后的瑞典养老保险制度规定：年满 65 岁且在瑞典居住 3 年以上的公民可以享受最低养老金，全额最低养老金相当于社会平均工资的 1/3。

表 3.7　瑞典政府新制度下退休年龄与养老金受益关系表

退休年龄/岁	受益比例/%	退休年龄/岁	受益比例/%
61	72	66	109
62	78	67	119
63	84	68	130
64	92	69	143
65	100	70	157

资料来源：Swedish ministry of health and social affairs, pension reform in sweden：A short summary, http://www.pension.gov.se.

3.1.2.4　待遇给付机制

瑞典的基本养老金待遇给付水平主要取决于参保者个人所获得的基本年金数，基本年金与物价水平相联系，与个人在职期间的工资水平无关，从而使得低收入人群的养老金替代率显著高于高收入人群（见表 3.2），具有很强的横向收入分配效应[1]。年金计算基数由改革前的 30 年收入中最高 15 年的收入平均数改为终生收入的平均数[2]。单身老人每年领取的基本年金数为 1 个"基数"的 90%，夫妻两人领取年金为 1 个"基数"的 155%，只领取基本年金的人通常免税，基础额的多少源于老制度的缴费办法和待遇计发办法，并根据养老金待遇调整指数不断进行指数化调整，如 1990 年的 1 个"基数"相当于 29 700 克朗，到 2000 年则增加至 36 600 克朗。享受基

---

[1]　除基本年金之外，瑞典的退休养老金还包括补充年金。与基本年金不同的是，补充年金与个人在职期间的工资收入水平挂钩，而与物价水平无关，主要体现的是个人生命周期的纵向收入再分配，缺乏横向收入分配效应。

[2]　黎婧. 世界性社会保障制度改革及中国的借鉴 [J]. 经济纵横, 1999 (6)：49-52.

本年金者还有权同时享受其他津贴，如仅领取基本养老金的公民，可同时享受年金加补贴，一般为 1 个"基数"的 48%，如生活还困难，可申请住房补贴；此外，若此类公民抚养未成年子女，还有权享受儿童补贴加津贴[1]。

此外，在旧养老保险制度向新养老保险制度转轨过程中，瑞典比较注重新旧制度的衔接，采取的是循序渐进，分类过渡的方法。1937 年之前出生的公民完全按照旧制度的规定享受养老金，1938—1954 年出生的公民，通过 20 个阶段引进新制度，享受旧制度规定的一部分养老金和新制度规定的一部分养老金（见表 3.8），1954 年之后出生的公民则完全享受新制度规定的养老金。

表 3.8　1938—1954 年出生的公民在瑞典政府新制度下
20 个档次养老金收益组合表　　　　　单位:%

出生年份	新制度下的受益比例	旧制度下的受益比例
1938	20	80
1939	25	75
1940	30	70
1941	35	65
1942	40	60
1943	45	55
1944	50	50
1945	55	45
1946	60	40
1947	65	35
1948	70	30
1949	75	25
1950	80	20
1951	85	15
1952	90	10
1953	95	5
1954	100	0

资料来源：Swedish ministry of heath and social affairs, pension reform sweden：A short summary, http://www.pension.gov.se.

---

① 张桂琳，彭润金. 七国社会保障制度研究：兼论我国社会保障制度建设 [M]. 北京：中国政法大学出版社，2005：53.

3.1.2.5 转移支付及养老保险支出水平

瑞典的养老保险转移支付和税收对收入分配的调节效果好于美国。如表 3.3 所示，从养老保险转移性收入来看，瑞典低收入组所占的比例显著高于高收入组，低收入组获得的转移性收入所占比重为 31.4%，高收入组获得的转移性收入所占比重为 27.2%，前者是后者的 1.15 倍；从税收情况看，瑞典高收入组承担的税赋远高于低收入组，前者是后者的 5.08 倍；在养老保险转移支付和征税之前，瑞典的高收入组的市场收入所占的比重为 57%，低收入者的市场收入所占的比重为 8%，两者相差 7.125 倍。可见，即便是收入分配如此平均的瑞典，市场收入分配也是很不均衡的。而经过转移支付和征税后，这一差距缩小至 2.61 倍，基尼系数也由 0.441 大幅缩小至 0.223（见表 3.4）。可见，瑞典养老保险转移支付和税收在很大程度上缩小了高收入组与低收入组之间的收入分配差距，且效果比美国要好。而且，瑞典调节收入分配差距更多依赖的也是养老保险等社会保障，其所起的作用高达 82.5% 以上，而税收所起的作用仅占 17.5% 左右（见表 3.4）。

瑞典财政社会保障支出水平高于美国，且呈现出稳定增长的态势。如表 3.5 所示，1960 年财政社会保障支出水平为 34.5%，到 20 世纪 90 年代财政社会保障支出几乎达到了财政总支出的一半；瑞典财政社会保障支出 GDP 占比的运行规律与美国等西方发达国家类似，不过作为福利型国家的瑞典，其占比要远远高于保险型国家的美国，如 20 世纪 80 年代瑞典财政社会保障支出占 GDP 的比重为 25.9%，高出当时美国十多个百分点。而且，瑞典社会保障支出水平也远远高于美国，基本稳定在 30% ~ 40%（见表3.6）。此外，瑞典政府也对处在劳动年龄人群的收入进行了财政补贴，2005 年的补贴占 NNI 的比重为 7.8%，也远远高于美国[①]。

3.1.3 新加坡养老保险制度：强制储蓄型

3.1.3.1 制度模式

新加坡的养老保险制度是典型的强制储蓄型。新加坡的中央公积金制度（Central Provident Fund，CPF）始建于 1955 年 7 月，是政府通过立法强制个人储蓄，采取集中管理模式和完全基金模式的社会保障制度。换言之，新加坡建立的是以个人账户为标志，FDC 模式的养老保险制度。由于该制

---

① OECD, social expenditure database, www.oecd.org/els/social/expediture.

度对新加坡的经济发展和社会稳定起到了十分重要的促进作用，因此被认为是东亚乃至世界范围内养老保险制度成功运行的典范。中央公积金制度建立伊始，主要是为雇员（受雇于同一雇主且时间在一个月以上的员工，不包括临时工和自雇劳动者）退休后提供经济保障。经过多年的发展与完善，公积金计划已由最初的养老保障计划发展为包括养老保障计划、住房保障计划（如 1968 年推出的公共租屋计划）、医疗保健计划（如 1984 年推出的医疗储蓄计划、1995 年推出的填补医疗储蓄计划）、教育、家庭保障以及资产增值计划等的综合社会保障储蓄计划。所有公共部门和私人部门的雇员都必须强制参加中央公积金制度，而雇主本人和自雇劳动者可自愿参加，从而使得公积金制度的覆盖率高达 90% 以上，其中有 69.7% 的劳动者向养老保险制度缴款，100% 的劳动力向医疗保险制度缴款[①]。

3.1.3.2　筹资机制[②]

新加坡中央公积金制度的筹资方式采取的是典型的完全基金制，中央公积金的缴费由雇主和雇员共同承担，政府给予其让利、让税的优惠（新加坡中央公积金存款及其利息都免税）。因此，从筹资机制而言，公积金制度缺乏收入再分配功能，不过可能具有一定程度的初次分配效应。《公积金法令》规定：雇主和雇员分别按雇员月收入的法定比例缴纳公积金，并全部存入完全积累式的个人账户中。分别存在以下三个户头：普通户头（ordinary account，公积金的 72.5%，用于购买除养老和医疗保险之外的保险、购置产业、进行获批准的投资、教育支出，还可用于转拨款项以供父母退休账户使用）、保健储蓄户头（medicare account，公积金的 17.5%，用于支付医院的账单和购买获准的医疗保险）和特别户头（special account，公积金的 10%，用于养老保险和特别急用）。雇主和雇员缴纳的保险费率并非一成不变，而会随着经济的发展不断提高。比如在公积金制度实行初期，双方的缴费率都为 5%，之后不断提高，其中最高的是在 1984—1986 年，双方

---

① 数据来源：ILO. World labor report 2000.

② 相关资料参见：郑秉文，方定友，史寒冰. 当代东亚国家、地区社会保障制度 [M]. 北京：法律出版社，2002；甘行琼. 新加坡中央公积金制度考察 [J]. 中南财经大学学报，1998（5）：22-25；和春雷. 社会保障制度的国际比较 [M]. 北京：法律出版社，2001；季明明. 国家社会福利保障体系的成功典范：新加坡中央公积金制度研究 [J]. 改革，2000（2）：107-117；陈喜强. 养老保险制度的组织治理结构与管理效率：基于中国与新加坡养老保险制度的分析 [J]. 东南亚纵横，2003（11）：9-15.

的缴费率都为 25%，即总缴费率为 50%。1997 年亚洲金融危机之后，新加坡政府将总缴费率由 50% 下调为 40%，其中 4% 进入养老账户。实际上，不同年龄段的雇员及其雇主的缴费率会有所不同（高年龄段缴费率相对较低），且划入普通户头、保健储蓄户头和特别户头的比例也不相同（见表 3.9）。如目前不超过 55 岁雇员的公积金缴费率总额为 40%，其中雇主和雇员各承担 20%。当雇员到了 55 岁时，普通户头和特殊户头要向退休户头（retirement account）转换，即公积金个人账户将由原来的三个户头转换成退休户头和保健储蓄户头这两个户头。55 岁以上至 60 岁者的总缴费率为 20%，其中雇主承担 7.5%，雇员承担 12.5%；60 岁以上至 65 岁者的总缴费率为 15%，其中雇主和雇员各承担 7.5%；65 岁以上的总缴费率为 10%，其中雇主和雇员各承担 5%。新加坡政府公务员原来实行的是养老金制度，自 1972 年起也实行公积金制度，但缴费率与一般雇员不同，总缴费率为 20%，其中公务员自己缴纳其月薪的 15%，另外 5% 由政府缴纳。2012 年，公积金的缴费率又由之前的 40% 下调为 36%，其中雇主承担 20%，雇员承担 16%，同样根据不同的年龄段设置了不同的缴费比例。

表 3.9　新加坡不同年龄段公积金会员每月公积金缴款存入的户头比例

单位:%

年龄段	普通户头	保健储蓄户头	特别户头
35 岁以下（含 35 岁）	30	6	4
35 岁以上至 45 岁	29	7	4
45 岁以上至 55 岁	28	8	4
55 岁以上至 60 岁	12	8	—
60 岁以上至 65 岁	7	8	—
65 岁以上	2	8	—

资料来源：季明明. 国家社会福利保障体系的成功典范：新加坡中央公积金制度研究 [J]. 改革，2000（2）：107-117.

3.1.3.3　养老金受益资格认定

新加坡的法定退休年龄为 55 周岁，即年满 55 周岁的公积金会员即可领取公积金（一次性），但如果中途辞职或者失业的话则没有资格领取公积金。对于超过 55 岁还继续工作的公积金会员，可以每隔三年提取一次公积金，直到全部领完为止。1987 年 1 月，为了避免公积金账户为支付医疗、住房等其他项目而影响到养老金的积累,新加坡政府规定公积金会员年满55 岁后必须保留一笔最低存款到他们的退休户头中,即最低存款计划,以保障其退休后的基本生活之需,否则不能提取公积金。若达不到最低存款额的要求,可采用以下四种方式填补:一是继续工作缴纳公积金,这样的话他们可以每隔 3 年接着提取多出最低存款额的公积金;二是用公积金户头中的资金转移,这种方式要求其户头中的存款额不少于政府规定的公积金最低存款的 2 倍;三是用个人现金填补;四是由家属(配偶或子女)从各自的公积金普通账户中转拨填补(topping-up)。如果用现金填补,公积金会员还可申请到每年最高 6 000 新元的税务回扣①。如果公积金会员终身残疾、患有精神疾病(神志不清)或永久离开新加坡,则可提前提取公积金;若会员不幸死亡,其公积金可作为遗产由指定受益人申请提取②。

3.1.3.4 待遇给付机制

新加坡中央公积金制度属于 FDC 模式,其待遇给付水平取决于个人账户中存款的积累额及其投资收益。公积金存款的投资收益与实际投资收益率无关,而与利率相关,利率由新加坡政府决定。普通户头和保健储蓄户头的存款利率是根据本地四大银行 12 个月的定期存款利率的简单平均数(80%的权重)和月末储蓄利率的简单平均数(20%的权重)进行加权求和;由于退休户头的存款期限较长,所以从 2001 年 10 月 1 日起,该户头的存款利率高于上述名义利率的 1.5%。同时,为了在优先考虑效率的同时兼顾公平,新加坡政府提供了最低收益率保证,即公积金会员获得的利率不低于 2.5%,退休户头上的存款利率可在此基础上高出 1.5%的额外利率,从而也产生了一定程度的收入再分配效应;此外,新加坡还对政府债券的投资有最低回报率的担保,保证利率不低于 2.5%;对于个人选择的其他投资工具,不保证最低回报率③。

---

① 张桂琳,彭润金. 七国社会保障制度研究:兼论我国社会保障制度建设 [M]. 北京:中国政法大学出版社,2005:156-158;李珍. 中国社会养老保险基金管理体制选择:以国际比较为基础 [M]. 北京:人民出版社,2005.

② 陈正玉. 新加坡中央公积金制度对中国养老保险的启示 [J]. 西南金融,2008(11):56-57.

③ 李志明,章空尽. 新加坡中央公积金制度对中国养老保障的启示 [J]. 理论界,2006(2):113-114;周志凯. 智利、新加坡、瑞典养老保险个人账户管理模式比较 [J]. 财政研究,2006(11):78-80.

此外，新加坡于 1980 年 5 月实施了家属保障保险计划，该计划规定：如果公积金会员在 55 岁之前终身残疾或者不幸死亡，政府将提供 3 万新元的保障金以帮助其家属渡过难关。家属保障保险计划实际上是对公积金制度强调自我保障的又一补充和完善，也具有某种程度的收入再分配效应。

3.1.3.5 转移支付及养老保险支出水平

尽管新加坡的（财政）社会保障支出水平基本呈上升态势，但一直很低，1975—1995 年财政社会保障支出还不到财政总支出的 3%（见表 3.10），社会保障支出水平还不到 2%（见表 3.11），养老金的工资替代率很低，1994 年为 7.6%，1995 年为 7.0%，1996 年为 6.0%[①]，这与新加坡的社会保障制度模式有关。新加坡中央公积金局对公积金的管理独立于其政府财政之外，独立核算、自负盈亏。政府只是运用其职能，通过行政干预与经济引导，将公积金会员的强制储蓄几乎替代了财政转移支付。因此，新加坡的财政社会保障支付水平远远低于福利型和保险型的国家。

表 3.10　1975—1995 年新加坡财政社会保障支出水平　　　单位:%

国家	社会保障支出水平			
	1975—1980 年	1980—1985 年	1985—1990 年	1990—1995 年
新加坡	1.3	1.2	1.9	2.8

数据来源：《世界银行 1999 年发展指标》《公共经济学大辞典》，经济科学出版社 1999 年版。

表 3.11　1974—1996 年新加坡社会保障公共支出占 GDP 水平　　单位:%

国家	社会保障公共支出占 GDP 水平		
	1994 年	1995 年	1996 年
新加坡	1.78	1.72	1.8

数据来源：ILO. Cost of social security 1990—1996.

---

① 　数据来源：ILO. World labor report 2000.

3.2 基于收入分配视角对成熟市场经济国家社会保险制度的评价

3.2.1 对美国养老保险制度的评价

美国实行的是以税收为基础的现收现付制公共养老金计划，覆盖范围广泛，养老保险转移支付（尤其是对低收入者的转移支付）力度较大，从而促使养老金水平与退休前收入累退替代机制形成，在一定程度上发挥了收入分配调节功能，对社会的稳定和经济的发展起到了至关重要的推动作用。但由于美国崇尚个人奋斗的文化传统，奉行自由主义的市场经济制度，使得其养老保险制度也具有鲜明的市场化特征，强调权利与义务的对等，追求公平和效率的统一，且越来越突出"效率优先，兼顾公平"的价值理念。美国著名经济学家在其经典著作《平等与效率》中的名言"在平等中注入一些合理，在效率中注入一些人道"恰如其分地反映出美国养老保险制度的价值追求。为此，美国在公共养老金计划基础上还建立了比较发达的私人养老金计划和个人储蓄养老金计划，形成了"三支柱"的养老保险体系。公共养老保险支出水平与瑞典等福利国家相比并不高，受益资格也相对严格，所以美国养老保险仅提供的是"有限"保障，进行的是"有限"再分配，尽管也在很大程度上缓解了老年贫困，但其收入分配差距仍处于过大的区间，根据世界银行的数据，2000 年美国的基尼系数为 0.41。

3.2.2 对瑞典养老保险制度的评价

瑞典实行的是高税收、高福利的养老保障制度模式，强调福利的普遍主义和人权观念，即认为只要具有公民的身份，政府就有责任和义务给予保护，实现了养老保险制度的人员全覆盖，而且养老保险转移支付非常有力且十分到位，养老保险收支水平也很高。一方面，高水平的国家财政拨款以及一定比重的企业雇主缴款有利于平衡初次分配格局；另一方面，由于规定了社会保障税的起征点，瑞典政府可以将从高收入人群征得的一部分税收收入转移给低收入人群免费享用，实现了收入在社会成员之间的横向转移和再分配，有效缩小了收入分配差距。因此，瑞典公民养老金水平与退休前收入累退替代的机制充分显现了养老保险制度的收入分配调节作用，为社会的高度稳定和经济的发展提供了可靠的保障，也为每位公民提供了经济上的"安全网"。

当然，瑞典的高福利模式的形成也有其特定的经济、社会、政治和历史文化背景。首先，经济基础。经济发展水平是前提条件，在 1970 年，瑞典的人均国民生产总值排世界第三，正是其雄厚的经济实力为福利型养老保险制的建立奠定了坚实的经济基础。其次，地缘因素。由于其所处的欧洲地缘背景，其养老保险等社会福利制度必然受到欧洲其他国家的影响，使之与丹麦和挪威自成一体并号称"斯堪的纳维亚模式"，其社会保障制度与英国相似而与英国同归为"福利国家"。再次，政治背景。瑞典社会民主党把全民福利看作社会的集体责任，在 20 世纪 30 年代就打出了"人民的国家"的旗号，强调公正、平等，60 年代末则以"为建立一个更加公正的社会而争取更大的平等"为竞选口号，通过一系列福利措施来调节收入分配，以实现其"缩小收入和财富差别"的目标，同时还实行"团结一致的工资政策"，即同工同酬的工资政策，从而使整个社会财富分配较为平衡，极大地缓和了社会各阶层的利益冲突。为此，长期执政的社会民主党的纲领为瑞典的福利性养老保险制度打下了政治基础[①]。最后，文化传统的影响。96% 的瑞典人们信奉基督教，使得救赎济世的宗教观念深入人心，维护社会团结的理念已不仅仅是历史传统，而且已经固化为一种社会信念和价值追求。换言之，瑞典人民在文化上普遍承认对社会集体负责和为公众服务的准则，既不能忍受大批的贫困，更反对公开的冲突[②]。这样的民族文化特征为瑞典模式养老保险制度的建立和发展提供了价值基础。

总之，瑞典福利型的养老保险制度是根植于其特殊国情的一种选择，具有历史合理性，使得在 20 世纪 90 年代以前，瑞典人民过着舒服而有保障的生活。然而，瑞典养老保险制度在注重公平的同时却忽略了生产领域效率的增长，最后必然造成诸多的经济社会问题，导致经济不堪重负，从而使其由"瑞典模式"时代进入"瑞典病"时代。为了摆脱危机，重新执政的社会民主党于 20 世纪 90 年代中后期确立了改革目标：即实现两个"平

---

① 张桂琳，彭润金. 七国社会保障制度研究：兼论我国社会保障制度建设 [M]. 北京：中国政法大学出版社，2005：56-72.

② 左大培，陪小革. 现代市场经济的不同类型：结合历史与文化的全方位探讨 [M]. 北京：经济科学出版社，1996：131.

衡"和两种"公平"。两个平衡即福利增长与经济增长平衡，避免超前开支以及社会保障的供求平衡，避免福利分配明显的供求缺口；两种公平即高收入者与低收入者之间的收入分配公平和代际分配公平①。为此，养老保险制度也由 NDB 模式改革为 NDC 模式，强调"公平和效率"的统一，适度延长了退休年龄，增加了个人的养老保险缴款负担比例，提高了高收入者的税率，削减了政府公共开支，从而改变了前政府把国家财政的负担转嫁到普通民众身上的做法，进而促使瑞典经济出现了空前的活力，实现了"发展与平等"两者的相互促进。

3.2.3 对新加坡养老保险制度的评价

新加坡实行的是政府强制性储蓄积累模式的中央公积金计划，遵循"效率优先，机会平等"的价值取向，即以自我保障为主，以促进经济发展为目标，把为个人提供的国家福利待遇"私有化"②，承认并尊重社会成员在发展潜力方面的"自然"差异以及由此带来的机会拥有方面的某些"不平等"，从而鼓励国民积极工作、自食其力、自力更生，有力地推动生产力的发展。其规模巨大的储蓄基金对促进政府的廉政建设③、稳定国家金融体系、抑制通货膨胀④、实现保障水平和经济发展的良性循环起到了十分重要的推动重要。然而，储蓄性的养老保险制度缺乏社会互济性，由于国民个人收入存在差别，很容易导致会员之间的公积金结存数额差距悬殊，进而致使他们的养老金待遇极不平衡，难以为每一个会员提供公平有效的养老

---

① 黎婧. 世界性社会保障制度改革及中国的借鉴 [J]. 经济纵横, 1999 (6): 49-52.

② 新加坡前总理李光耀曾明确指出，实现国家福利主义制度的危险是人们养成依赖政府、不求进取的毛病，长此以往，国运衰微暗淡，民风萎靡不振。

③ 新加坡的中央公积金制度，实际上也成了政府廉政建设的重要手段。这项制度对不廉洁的贪官污吏具有极大的威慑力。新加坡福利规定：如果国家公职人员违法犯罪，在被开除公职、丧失薪金、追回贪污款的同时，其丰厚的公积金也将被没收。据报道，新加坡某位商业事务局局长，因两件"说谎罪"被判刑 3 年，开除公职，被没收的退休金和公积金分别为 30 万和 50 万新元。所以，公职人员极少敢以身试法，难怪新加坡政府被誉为世界上最廉洁的政府。参见：张桂琳，彭润金. 七国社会保障制度研究：兼论我国社会保障制度建设 [M]. 北京：中国政法大学出版社，2005：183.

④ 新加坡政府将公积金作为一项有效的宏观经济调控手段，根据经济发展的变化情况，通过调整公积金的缴交率来节制个人消费，抑制通货膨胀，以保持国家薪金政策的稳定性，促进经济的健康发展。

保障①。尽管中央公积金制度通过"最低存款计划"、家庭保障计划和最低收益率保证政策在一定程度上发挥了收入分配调节效应，保障了低收入人群的生活水平，实现了家庭成员之间的内部互济，但其覆盖范围和水平有限，而且养老保险水平极低，制约了养老保险制度应有的互助共济功能和国民风险分担作用的发挥，不仅不能缩小收入分配差距，还很有可能会在一定程度上加大这种差距，产生逆向调节效应。这也是新加坡收入差距长期以来处于过大区间的原因，根据世界银行数据，新加坡 1998 年的基尼系数为 0.425。此外，中央公积金制度对经济发展还有意外的副作用。有研究表明，新加坡经济衰退的三个原因中有两个与公积金制度有关②。一是公积金制度雇主缴费率过高，加重了企业负担，降低了企业竞争力，致使企业盈利能力锐减；二是大量的国民财富被强制储蓄在个人账户中，导致国民储蓄过度，大大超出了国内投资的限度，而且限制了国内消费和有效需求，从而制约了经济的可持续健康发展。

当然，新加坡强制性储蓄积累模式中央公积金计划的建成也有其特定的经济、社会、政治和历史文化背景。首先，政府主导的自由市场经济。新加坡倡导经济自由，但并不主张完全的自由市场经济，故而实行政府主导的自由市场经济，中央公积金制度实质上就是一项由政府主导强制实施的完全积累式的长期储蓄计划。其次，政府定位：授人以渔。新加坡政府提倡人们通过自力更生、合作奋进来改善自己的生活和谋求国家富强，不应过分依赖政府和社会。政府的主要职责是"授人以渔"，即给国民"渔具"，并教会他们如何"捕鱼"，而不是作为"送货人"给他们"送鱼"，从而激发他们的工作积极性，形成"工作→积累→受益"的良性循环。因此，新加坡的养老保险水平很低。再次，政府廉洁高效。FDC 模式的社会保障制度有庞大的基金结余，本是滋生寻租腐败的温床。新加坡政府之所以实行 FDC 模式的中央公积金制度，很重要的一个原因就是其政府廉洁高

---

① 有些会员结存公积金过多，有些则太少。如 1982 年，结存公积金款超过 3 万元的 11 万名会员（占会员数的 6.6%），总共积累了 65 亿元（占结存总额的 41.7%）。而结存不到 500 元的 39 万名会员（占会员总数的 23.1%），总共积累了 7 000 万元（占结存总额的 0.5%）。参见：季明明. 国家社会福利保障体系的成功典范：新加坡中央公积金制度研究 [J]. 改革, 2000（2）：107-117.

② 季明明. 国家社会福利保障体系的成功典范：新加坡中央公积金制度研究 [J]. 改革, 2000（2）：107-117.

效。中央公积金局虽然管理着规模庞大、利益主体众多且服务项目繁杂的公积金保障系统，但没有将自身变成一个官僚衙门，而是以其廉洁高效、健全的职能、科学的管理及其优质的服务确保了公积金的保值增值，保障了公积金会员的利益，赢得了会员们的信赖。最后，传统色彩：家庭本位。新加坡是以华人为主的国家，深受中国传统儒家文化思想的影响，十分重视家庭的作用，强调以家庭为本位维护社会的稳定和经济的发展，因而中央公积金制度的"家庭本位"特征异常明显，如家庭保障计划和子女对父母公积金的最低存款填补制度等。

3.3 收入分配视角下成熟市场经济国家养老保险制度的启示

纵观社会保障制度一百多年的发展史，养老保险制度已成为各国社会经济政治体系中不可或缺的一项重要制度，在全球化时代下，各国互相融通，相互借鉴。中国目前正处于改革的攻坚时期，改革的重要任务和目标之一就是要建立一套与中国国情相适应的养老保险体系，而吸收和借鉴人类的先进文明成果是必然的选择。美国、瑞典及新加坡等成熟市场经济国家的养老保险制度的经验和教训对中国养老保险制度的改革与完善具有重要的启示意义。

（1）养老保险制度是调节收入分配的有效手段。世界上大多数国家的养老保险体系中都包含具有广泛收入分配调节效应的现收现付制公共养老金计划，并且都由国家强制实施，成为防止老年贫困的安全网。而且美国和瑞典的数据都表明养老保险等社会保障对缩小收入分配差距的贡献大于税收。毕竟税收只是在"收"这个单一环节调节收入分配，而养老保险则可以在"收"和"支"双环节调节收入分配。即便是少数几个实行强制储蓄型养老保险制度的国家，如新加坡，也引入了具有收入分配功能的各种辅助性计划，从个人储蓄计划发展为引入家庭保障及私营保险计划。从某种程度上来讲，这可以反证储蓄性养老保险制度有着本身不可克制的缺陷。因此，尽管各国养老保险制度模式并不统一，且同一国也并非始终如一，但从整个发展趋势上来看，具有收入分配调节功能的养老保险制度依然是当今世界的主体模式。虽然各国的养老保险制度变革正在努力寻求公平和效率的平衡，但养老保险作为防止老年贫困、调节收入分配的有效手段，无论是以前、现在还是在未来，都将发挥着重要的作用。

（2）养老保险覆盖面以及支出水平是养老保险有效调节收入分配的基础。养老保险制度是依据大数法则进行运转的，其收入分配调节作用的有效发挥，需要足够大的养老保险覆盖面和适度的养老保险支出水平。成熟市场经济国家都是通过扩大养老保险覆盖面并在此基础上提高养老保险支出水平来调节收入分配，缩小贫富差距的。养老保险覆盖范围越大，越有利于缩小收入分配差距。福利国家的瑞典，正是因为其养老保险制度实现了全民覆盖，才取得了良好的收入分配调节效果。而对于养老保险支出水平而言，并非越高越好。诚然，养老保险支出水平不足，会制约收入分配效应的发挥，甚至影响社会的稳定和经济的发展。但是，过高的养老保险支出水平也会给社会带来沉重的负担，制约经济发展。成熟市场经济国家在确定养老保险水平这一问题上，走过"提高→控制→维持→调整"的曲折道路，就足以证明这一点。因此，养老保险水平必须适度，即要和国情及各方面的承受能力相适应，才能防范养老保险支出危机。

（3）退休年龄是影响收入分配调节效应的重要因素。适当延长退休年龄，缓解人口老龄化压力。随着老龄化进程的加速，加之人们平均预期寿命的延长（美国人口的平均预期寿命约为78岁，其中男性为76岁，女性为81岁；瑞典人口的平均预期寿命约为81岁，其中男性为79岁，女性为83岁）[1]，瑞典将法定退休年龄提高到了65岁（男女一样），美国则提高到了66岁（男女一样），且还进行改革逐步推迟到67岁，并实行弹性退休制度，不仅有效地缓解了养老金支付压力，而且使养老保险缴费率稳定在比较合理的水平，企业并没有因缴费率的大幅提高而使其竞争力受到威胁，进而将缴费负担转嫁给劳动者，造成初次分配格局的恶化。中国目前仍实行的是新中国成立初期制定的退休政策，即男性60岁退休，女干部55岁退休，女职工50岁退休。因为当时中国人口平均预期寿命只有50岁左右，其退休政策是符合当时的情况的。而根据第六次全国人口普查详细汇总资料计算，2010年中国人口平均预期寿命已达74.83岁，其中男性人口平均预期寿命为72.38岁，女性为77.37岁。美国疾病控制和预防中心的报告称，美国人

---

① U. S. Social security administration：Social security programs throughout the world 2010.

口的平均预期寿命近 78 岁，其中男性的预期寿命平均为 75.3 岁，女性为 80.4 岁。可见，美国的法定退休年龄与平均预期寿命之间相差近 13 岁，其中男性相差 10.3 岁，女性相差 15.4 岁。而 2010 年中国的法定退休年龄与平均预期寿命之间相差近 15 岁，其中男性相差 12.38 岁，女干部相差 22.37 岁，女职工相差 27.37 岁，这与美国等成熟市场经济国家相距甚远，尤其对于女性来说。因此，中国首先应该适当逐步提高女性（包括女干部和女职工）退休年龄，择机逐步小幅提高男性的退休年龄，最后实现女性与男性退休年龄一致，并实行弹性退休制度。

（4）财政转移支付是养老保险实现收入分配调节的坚实后盾。成熟市场经济国家非常重视财政转移支付在养老保险收入分配调节效应中的作用，财政拨款成为养老保险资金的重要来源，财政性社会保障支出也是财政支出中最重要的支出项目。由于养老保险对收入分配的充分调节需要通过完善的转移支付体系来实现，没有财政转移支付介入的养老保险制度，其收入分配调节效应极其微弱，新加坡等储蓄型国家就是明证。瑞典等福利型国家由于转移支付力度较大，且更多地倾向于低收入人群，使得其养老保险制度的收入分配调节功能发挥得较充分。

（5）健全的养老保险法律制度是发挥收入分配调节功能的有力保证。从成熟市场经济国家养老保险发展历史来看，各国建立的社会法律制度历史悠久，大部分国家形成了较为完善的养老保险法律体系，建立了有效的法律监管机制。美国、瑞典及新加坡养老保险制度的典型特征就是法制化，通过一套完整的社会保障法律，将养老保险的对象、缴费、受益资格、给付标准以及基金的经营管理等方方面面，以法律的形式固定下来，保障了养老保险制度的有效运行。所以这些国家建立和完善养老保险制度的过程，无一例外是立法在先，操作在后。通过立法的形式一方面可以明确规定每个社会成员的基本权利和义务，另一方面也使养老保险的具体实施更为制度化和规范化，避免了主观随意性。因此，健全的养老保险立法为养老保险调节收入分配提供了法律依据，有力地保障了养老保险制度的有效实施，确保了养老保险各项功能的发挥。为此，养老保险实现对收入分配的调节必须健全和完善养老保险法律制度。

（6）养老保险对收入分配的调节受多种因素的综合影响。养老保险对收入分配的调节不仅仅受经济发展水平的影响，还与各国的传统文化、价值观念、政治环境和社会政策取向等密切相关。美国虽然是最发达的国家，经济发展水平最高，但由于美国十分崇尚个人奋斗，厌恶懒惰，他们认为财富的积累要靠个人的奋斗来获得，把贫困归因于个人的懒惰和无能，而不是社会的责任，所以美国政府财政对养老保险等社会保障的投入不如提倡互助共济的瑞典，对收入分配的调节效应也很有限。新加坡深受中国传统儒家文化思想的影响，而儒家文化最根本的精神就是"孝道"，家庭本位则是"孝道"的最好体现，所以新加坡十分重视家庭在社会中的作用，家庭养老成为新加坡社会养老保障中的重要组成部分，形成了正式制度安排与非正式制度安排的良性互动。因此，政府在拟定社会经济政策时，不仅仅要考虑经济发展状况，还必须考虑到本国的社会习惯和文化价值①。

总之，各国的经济、政治、社会以及文化习俗等具体国情存在差异，中国养老保险制度的重构和完善应该在尊重本国国情的基础上，从各种养老保险制度模式的经验和教训中得到启示，使之与本国的经济社会发展水平相适应，使增进公平和提高效率得到有机结合。

---

① 陈岳.李光耀：新加坡的奠基人［M］.北京：时事出版社，1990：67.

4 中国养老保险收入分配调节效应的
实证研究

从收入分配理论和国外的实践经验可以看出，养老保险等社会保障是调节收入分配、缩小收入差距的综合工具和有效手段，其调节效果在很多国家被证实强于税收。缓解中国居高不下的收入分配差距，亟待养老保险手段的介入。中国现行养老保险制度与政策安排到底产生了怎么样的收入分配效应，是否有利于缩小收入差距和促进社会公平发展以及在多大程度上实现了这一功能？由于养老保险水平从总体上决定并反映了养老保险的宏观收入分配调节效应的强弱，养老保险的缴费机制、待遇给付机制等政策传导工具则从企业、职工等微观主体层面影响着其收入分配调节效应（包括初次分配效应和再分配效应）。为此，本章主要从上述角度对中国现行养老保险调节收入分配的现实效应进行实证研究。

4.1 中国养老保险制度的历史进程与现状

4.1.1 中国养老保险制度的发展历程

同世界其他各国一样，中国养老保险制度的改革与发展不仅决定于其所依赖的经济基础，也受到其政治制度、社会体制以及历史文化传统等其他显性或隐性的制度性因素的强力制约。因此，中国的养老保险制度模式既与西方国家有相似之处，又保留着自身所独有的特色，其发展历程如表4.1所示。

表 4.1　中国养老保险制度发展历程

发展阶段	资金筹集	责任分担	管理体制	统筹范围	时间
劳动保险	企业缴纳工资总额 3% 的劳动保险金，其中 30% 上缴中华全国总工会，作为社会保障统筹基金，70% 留存在企业工会基层委员会	企业负担	工会管理	县、市、省乃至全国统筹	1951—1968 年
企业保险	国营企业一律提取劳动保险金，企业职工的退休金在营业外列支，福利基金提取工资总额的 11% 全部由企业负担	企业负担	企业直接管理	企业内部分配	1969—1985 年
社会保险	企业缴纳劳动合同制工资的 15% 左右，工人缴纳本人标准工资的 3%	企业和个人共同负担	设立退休费用统筹管理委员会	社会统筹	1986—1990 年
社会保险	要求国有企业职工（包括固定职工和合同工）都要以标准工资的 3% 为起征点向统筹机关缴费	国家、企业和个人共同负担	多部门管理	社会统筹	1991—1992 年
社会保险	企业缴纳比例一般不得超过企业工资总额的 20%，个人缴费比例 1997 年不得低于 4%，从 1998 年起每两年提高一个百分点，最终达到本人缴费工资的 8%；按本人缴费工资的 11% 为职工建立基本养老保险个人账户，随着个人缴费比例的提高，企业缴费比例要逐步下降到 3%	城镇职工养老保险金由单位和个人共同负担	民政部门负责农村保险；劳动部门负责城镇保险；人事部门负责公务员保险	实行社会统筹和个人账户相结合的多层次养老保险体系	1993—1997 年
社会保险	建立统账结合的城镇职工基本养老保险制度，进行自收自支事业单位养老保险制度社会化改革；部分省（区、市）试点做实养老金个人账户工作	自收自支事业单位养老保险由单位与个人分担；中央政府与地方政府分担个人养老金账户做实	组建了劳动和社会保障部，统一了社会保险管理体制	逐步做实个人账户	1998—2005 年

表4.1(续)

发展阶段	资金筹集	责任分担	管理体制	统筹范围	时间
社会保险	个人账户规模由本人缴费工资的11%调整为8%，全部由个人缴费形成，单位缴费不划入个人账户。国务院分别出台了《新型农村居民养老保险试点意见》和《城镇居民社会养老保险试点意见》	新型农村社会养老保险由个人缴费和政府补贴相结合，有能力的乡村集体经济适当补助	组建了人力资源和社会保障部	建立城乡统筹的养老保险体制	2006—2014年
养老保险并轨	2015年1月国务院发布《关于机关事业单位工作人员养老保险制度改革的决定》（国发〔2015〕2号），全面开启机关事业单位养老保险与企业职工养老保险制度的并轨改革。2016年城乡居民基本养老保险制度开始整合	进一步优化国家、集体与个人的缴费责任分担，2018年企业缴费率由20%调为16%	统一了养老金的管理；建立了机关事业单位职业年金制度	通过制度整合，形成了统一的城镇职工保险与城乡居民保险局面	2015年至今

资料来源：根据杨翠迎（2004）、胡晓义（2009）、胡秋明（2011）、吴永求（2012）相关研究整理而得。参见：杨翠迎.中国社会保障制度的城乡差异与统筹改革思路［J］.浙江大学学报（人文社会科学版），2004（5）：12-20；吴晓义.当代中国社会保障制度［M］.北京：中国劳动社会保障出版社，2009：26-43；胡秋明.可持续养老金制度改革的理论与政策研究［M］.北京：中国劳动社会保障出版社，2011：204-236；吴永求.中国养老保险扩面问题及对策研究［D］.重庆：重庆大学，2012：32-33。

可见，中国养老保险制度的变革经历了劳动保险制度→企业保险制度→社会保险制度这几个发展阶段；筹资模式由现收现付制（NDB模式）→部分积累制（NBD模式+FDC模式）；统筹方式由国家统筹→企业统筹→社会统筹→统账结合；责任分担由企业负担→企业和个人分担→国家、企业和个人三方共担；管理体制由工会管理→企业管理→多头管理→社保部门统一管理。

4.1.2　中国养老保险制度现状

中国养老保险制度从20世纪50年代初开始建立，与城乡二元社会经济结构伴随，中国养老保险制度在之后的改革与发展中也一直呈现出城乡二元结构，存在明显的制度性断裂①，并延续至今。中国现行基本养老保险制度"碎片化"严重，据"单位"而划、依"身份"而设，条块林立、人群分割。具体包括：城镇职工基本养老保险制度、机关事业单位职工养老保险制度、新型农村社会养老保险制度、城镇居民养老保险制度等。

4.1.2.1 现行城镇职工基本养老保险制度

2005 年 12 月，国务院颁布了《关于完善企业职工基本养老保险制度的决定》（国发〔2005〕38 号），明确了覆盖广泛、水平适当、结构合理、基金平衡的原则，指出通过完善政策、健全机制、加强管理建立起适合国情，实现可持续发展的基本养老保险制度。其主要任务是：确保基本养老金按时足额发放，保障离退休人员基本生活；逐步做实个人账户，完善社会统筹与个人账户相结合的基本制度；统一城镇个体工商户和灵活就业人员参保缴费政策，扩大覆盖范围；改革基本养老金计发办法，建立参保缴费的激励约束机制；根据经济发展水平和各方面承受能力，合理确定基本养老金水平；建立多层次养老保险体系，划清中央与地方、政府与企业及个人的责任；加强基本养老保险基金征缴和监管，完善多渠道筹资机制；进一步做好退休人员社会化管理工作，提高服务水平②。中国现行城镇职工基本养老保险制度按照国发〔2005〕38 号执行（见表 4.2）。

表 4.2　中国现行城镇职工基本养老保险制度

制度要求		制度内容
覆盖范围		城镇各类企业职工，个体工商户和灵活就业人员
参保方式		强制性
基本模式		社会统筹（现收现付制）和个人账户（基金制）相结合
基本原则		覆盖广泛、水平适当、结构合理、基金平衡
资金筹集	企业	企业缴费一般不超过企业工资总额的 20%，具体比例由省（区、市）人民政府确定，单位缴费不再划入个人账户
	个人	个人缴费工资的 8%，全部计入个人账户

---

① 王思斌. 断裂与弥合：社会转型与保障制度建设 [J]. 中国行政管理，2009（9）：23-26.

② 《国务院关于完善企业职工基本养老保险制度的决定》（国发〔2005〕38 号）。

表4.2(续)

制度要求			制度内容
养老金受益 资格条件			到退休年龄但缴费年限（含视同缴费年限，下同）不满 15 年的人员，不发给基础养老金，个人账户储存额一次性支付给本人，终止基本养老保险关系；缴费年限累计满 15 年的人员有资格享受基础养老金
养老金待遇标准	新人	基础养老金	国发〔1997〕26 号文实施后参加工作、缴费年限累计满 15 年的人员，退休时基础养老金月标准以当地上年度在岗职工月平均工资和本人指数化月平均缴费工资的平均数为基数，缴费每满 1 年发给 1%
		个人账户养老金	个人账户养老金月标准为个人账户储存额除以计发月数，计发月数根据职工退休时城镇人口平均预期寿命、本人退休年龄、利息等因素确定
	中人		国发〔1997〕26 号文实施前参加工作，国发〔2005〕38 号文实施后退休且缴费年限累计满 15 年的人员在发给基础养老金和个人账户养老金的基础上，再发给过渡性养老金
	老人		国发〔1997〕26 号文实施前已退休的人员仍按国家原来的规定发给基本养老金，同时执行基本养老金调整办法
调整机制			据职工工资和物价变动等情况，国务院适时调整企业退休人员基本养老金水平，调整幅度为省（区、市）当地企业在岗职工平均工资年增长率的一定比例

注：根据《国务院关于完善企业职工基本养老保险制度的决定》（国发〔2005〕38 号）整理。

4.1.2.2 机关事业单位与企业职工养老保险制度的统一

中国机关事业单位职工养老保险制度在 2014 年全面并轨以前，分为两类：一类是原机关事业单位职工养老保险制度；另一类是参与改革的事业单位职工养老保险制度。现行机关事业单位职工养老保险制度的基本内容如表 4.3 所示。2008 年 3 月 1 日，国务院原总理温家宝主持召开国务院常务会议，研究部署事业单位工作人员养老保险制度改革试点工作。会议讨论并原则通过了《事业单位工作人员养老保险制度改革试点方案》（国发〔2008〕10 号），初步确定山西、上海、浙江、广东、重庆五省市为试点城市。国发〔2008〕10 号文指出，"根据分类推进事业单位改革的需要，遵循权利与义务相对应、公平与效率相结合、保障水平与经济发展水平及各方面承受能力相适应的原则，逐步建立起独立于事业单位之外，资金来源多渠道、保障方式多层次、管理服务社会化的养老保险体系。"具体内容如表 4.4 所示。

表4.3　中国现行机关事业单位职工养老保险制度

制度要求		制度内容
覆盖范围		公务员、未参与事业单位工作人员养老保险制度改革的事业单位工作人员、机关技术工人和普通工人
资金来源		财政全额拨款
养老金受益资格条件		达到法定退休年龄和工作年限
养老金待遇标准	公务员	按本人退休前职务工资和级别工资之和的一定比例计发。其中，工作年限满35年的按90%计发；工作年限满30年不满35年的，按85%计发；工作年限满20年不满30年的按80%计发
	未参与事业单位工作人员养老保险制度改革的事业单位工作人员	按本人退休前岗位工资和薪级工资之和的一定比例计发。其中，工作年限满35年的按90%计发；工作年限满30年不满35年的，按85%计发；工作年限满20年不满30年的按80%计发
	机关技术工人和普通工人	按本人退休前岗位工资和技术等级工资之和、岗位工资的一定比例计发。其中，工作年限满35年的按90%计发；工作年限满30年不满35年的，按85%计发；工作年限满20年不满30年的按80%计发
调整机制		在职人员调整工资标准时，离休人员相应增加离休费，退休人员适当增加退休费

注：根据《关于机关事业单位离退休人员计发离退休费等问题的实施办法》（国人部发〔2006〕60号）整理。

表4.4　事业单位工作人员养老保险制度改革试点方案

改革方案要求		方案内容
覆盖范围		山西、上海、浙江、广东、重庆五省市为试点城市
基本模式		社会统筹和个人账户相结合
资金筹集	企业	单位缴费的比例一般不超过单位工资总额的20%，具体比例由试点省（市）人民政府确定
	个人	个人缴费的比例为本人缴费工资的8%，由单位代扣
	缴费基数上下限	个人工资超过当地在岗职工平均工资300%以上的部分，不计入个人缴费工资基数；低于当地在岗职工平均工资60%的，按当地在岗职工平均工资的60%计算个人缴费工资基数

表4.4(续)

改革方案要求			方案内容
养老金受益 资格条件			国发〔2008〕10号文实施后参加工作、个人缴费年限（含视同缴费年限，下同）累计满15年的人员，退休后按月发给基本养老金；国发〔2008〕10号文实施后达到退休年龄但个人缴费年限累计不满15年的人员，不发给基础养老金；个人账户储存额一次性支付给本人，终止基本养老保险关系
养老金待遇标准	新人	基础 养老金	退休时的基础养老金月标准以当地上年度在岗职工月平均工资和本人指数化月平均缴费工资的平均值为基数，缴费每满1年发给1%
		个人 账户 养老金	个人账户养老金月标准为个人账户储存额除以计发月数，计发月数根据本人退休时城镇人口平均预期寿命、本人退休年龄、利息等因素确定
	中人		国发〔2008〕10号文实施前参加工作、实施后退休且个人缴费年限累计满15年的人员，按照合理衔接、平稳过渡的原则，在发给基础养老金和个人账户养老金的基础上，再发给过渡性养老金。具体标准由各试点省（市）人民政府确定，并报劳动保障部、财政部备案
	老人		国发〔2008〕10号文实施前已经退休的人员，继续按照国家规定的原待遇标准发放基本养老金，参加国家统一的基本养老金调整
调整机制			据职工工资和物价变动等情况，国务院统筹考虑事业单位退休人员的基本养老金调整

注：根据《事业单位工作人员养老保险制度改革试点方案》（国发〔2008〕10号）整理。

2012年党的十八大报告与2013年11月党的十八届三中全会通过的《中共中央关于全面深化改革若干重大问题的决定》，都要求尽快推进机关事业单位养老保险制度的并轨改革。2014年12月，国务院副总理马凯在十二届全国人民代表大会常务委员会第十二次会议上做了《国务院关于统筹推进城乡社会保障体系建设工作情况的报告》，指出机关事业单位养老保险制度改革是要建立与城镇职工统一的养老保险制度，改革思路是"一个统一、五个同步"。"一个统一"指党政机关、事业单位建立与企业相同基本养老保险制度；"五个同步"指机关与事业单位同步改革，职业年金与基本养老保险制度同步建立，养老保险制度改革与完善工资制度同步推进，待遇调整机制与计发办法同步改革，改革在全国范围同步实施。这一思路体现了对前两次改革的经验和教训的总结。

2015年1月14日，国务院发布《关于机关事业单位工作人员养老保险制度改革的决定》（国发〔2015〕2号）（以下简称《决定》），全面开启机关事业单位养老保险制度与企业职工养老保险制度的并轨改革。《决定》明确了改革、原则和政策举措。确定实行统账结合的基本养老保险制度，并明确了基本养老金计发办法，要求建立基本养老金正常调整机制和职业年金制度，并对养老保险关系转移接续做了规定。

《决定》规定基本养老保险费由单位和个人共同负担。单位按缴本单位工资总额的20%缴纳保险费，个人以本人缴费工资的8%缴纳保险费。基本养老保险个人账户的规模为本人缴费工资的8%，全部由个人缴费形成。个人工资超过当地上年度在岗职工平均工资300%以上的部分，不计入个人缴费工资基数；低于当地上年度在岗职工平均工资60%的，按当地在岗职工平均工资的60%计算个人缴费工资基数。这使得以财政为主的供款方式变为单位和个人缴费、财政承担养老兜底责任的多渠道筹资，形成了与企业职工基本养老保险一致的三方共担机制，有利于制度间的衔接。

待遇计发标准也与企业职工基本养老保险制度基本一致。《决定》实施后参加工作、个人缴费年限累计满15年的人员，退休后按月发给基本养老金。基本养老金由基础养老金和个人账户养老金组成。基础养老金月标准以当地上年度在岗职工月平均工资和本人指数化月平均缴费工资的平均值为基数，缴费每满1年发给1%。这使得缴费与职工职务、工资变动相关联，具有激励作用。另外，个人账户养老金月标准为个人账户储存额除以计发月数，计发月数根据本人退休时城镇人口平均预期寿命、本人退休年龄、利息等因素确定。

《决定》实施前参加工作、实施后退休且缴费年限（含视同缴费年限）累计满15年的人员，还依据视同缴费年限长短增发过渡性养老金。《决定》实施后达到退休年龄但个人缴费年限累计不满15年的人员，其基本养老保险关系处理和基本养老金计发比照2011年的《实施〈中华人民共和国社会保险法〉若干规定》（中华人民共和国人力资源和社会保障部令第13号）可以延长缴费或者补缴至15年，享受相应的养老待遇。"老人"维持原有待遇不变，"新人"则完全适用于新制度。对"老人"原有待遇水平的保障和过渡政策的安排，有利于改革的平稳过渡。另外，机关事业单位基本养老保险基金单独建账，与企业职工基本养老保险基金分别管理使用。

《决定》指出应为其工作人员建立职业年金。随后，国务院于2015年3月27日印发了《机关事业单位职业年金办法》（国办发〔2015〕18号），构建起机关事业单位职业年金制度。依据规定，单位按工资总额的8%缴费，个人按本人缴费工资的4%缴费，采用个人账户的方式进行管理。工作人员退休时，依据其职业年金积累情况和相关约定按月领取职业年金待遇。另外，国务院还下发通知调整了工资结构和标准，使职工扣除个人应缴纳的基本养老保险费和职业年金后，工资略有上涨，这实质是财政承担了前期成本。职业年金制度的建立，有利于优化机关事业单位退休人员养老待遇结构，保障其退休后生活水平，同时有助于多层次养老保险体系的构建；职工工资的上涨也有利于改革的平稳推进。2017年1月12日，人社部与财政部联合印发了《关于机关事业单位基本养老保险关系和职业年金转移接续有关问题的通知》（人社部规〔2017〕1号），对机关事业单位工作人员基本养老保险和职业年金转移接续做了详细的规定。

4.1.2.3 新型农村养老保险制度

2006年中央一号文件《关于推进社会主义新农村建设的若干意见》（中发〔2006〕1号）中提出"探索建立与农村经济发展水平相适应、与其他保障措施相配套的农村社会养老保险制度"。2006年1月，劳动和社会保障部选择北京市大兴区、山东省烟台招远市、菏泽市牡丹区、福建省南平市延平区、安徽省霍邱县、山西省柳林县、四川省巴中市通江县、云南省南华八个县（市、区），启动了新型农村社会养老保险制度建设试点工作。这八个地区涵盖了经济发达地区和经济欠发达地区，代表了不同的经济发展水平的地区，具有较强的代表性。2008年10月12日，党的十七届三中全会通过的《中共中央关于推进农村改革发展若干重大问题的决定》提出"贯彻广覆盖、保基本、多层次、可持续原则，加强健全农村社会保障体系。按照个人缴费、集体补助、政府补贴相结合的要求，建立新型农村社会养老保险制度。创造条件探索城乡养老保险制度有效衔接办法。做好被征地农民社会保障，做到先保后征，使被征地农民基本生活长期有保障"①。2009年9月1日，国务院发布《关于开展新型农村社会养老保险试点的指导意见》（国发〔2009〕32号），从基本原则、参保范围、资金筹集、养老金待遇领取条件以及养老金待遇标准等方面对新型农村社会养老保险（以下简称"新农保"）试点工作提出若干指导意见，具体内容如表4.5所示。

---

① 胡秋明. 可持续养老金制度改革的理论与政策研究［M］. 北京：中国劳动社会保障出版社，2011：225-226.

表 4.5 新型农村养老保险试点方案

方案要求		方案内容
覆盖范围		满 16 周岁（不含在校学生）、未参加城镇职工基本养老保险的农村居民
参保方式		自愿
基本模式		社会统筹和个人账户相结合
基本原则		保基本、广覆盖、有弹性、可持续
资金筹集	个人缴费	参加新农保的农村居民应当按规定缴纳养老保险费。缴费标准目前设为每年 100 元、200 元、300 元、400 元、500 元 5 个档次，地方可以根据实际情况增设缴费档次。参保人自主选择档次缴费，多缴多得。国家依据农村居民人均纯收入增长等情况适时调整缴费档次
	集体补助	有条件的村集体应当对参保人缴费给予补助，补助标准由村民委员会召开村民会议民主确定。鼓励其他经济组织、社会公益组织、个人为参保人缴费提供资助
	政府补贴	政府对符合领取条件的参保人全额支付新农保基础养老金，其中中央财政对中西部地区按中央确定的基础养老金标准给予全额补助，对东部地区给予 50% 的补助；地方政府应当对参保人缴费给予补贴，补贴标准不低于每人每年 30 元；对选择较高档次标准缴费的，可给予适当鼓励，具体标准和办法由省（区、市）人民政府确定。对农村重度残疾人等缴费困难群体，地方政府为其代缴部分或全部最低标准的养老保险费
	个人账户	国家为每个新农保参保人建立终身记录的养老保险个人账户。个人缴费，集体补助及其他经济组织、社会公益组织、个人对参保人缴费的资助，地方政府对参保人的缴费补贴，全部记入个人账户。个人账户储存额目前每年参考中国人民银行公布的金融机构人民币一年期存款利率计息
养老金受益资格条件	新人	制度实施时，距领取年龄超过 15 年的，应按年缴费，累计缴费不少于 15 年
	中人	制度实施时，距领取年龄不足 15 年的，应按年缴费，也允许补缴，累计缴费不超过 15 年
	老人	制度实施时，已年满 60 周岁、未享受城镇职工基本养老保险待遇的，不用缴费，可以按月领取基础养老金，但其符合参保条件的子女应当参保缴费

表4.5(续)

方案要求		方案内容
养老金待遇标准	基础养老金	中央确定的基础养老金标准为每人每月55元。地方政府可以根据实际情况提高基础养老金标准,对于长期缴费的农村居民,可适当加发基础养老金,提高和加发部分的资金由地方政府支出
	个人账户养老金	个人账户养老金的月计发标准为个人账户全部储存额除以139(与现行城镇职工基本养老保险个人账户养老金计发系数相同)。参保人死亡,个人账户中的资金余额,除政府补贴外,可以依法继承;政府补贴余额用于继续支付其他参保人的养老金
调整机制		根据经济发展和物价变动等情况,适时调整全国新农保基础养老金的最低标准

注:根据《国务院关于开展新型农村社会养老保险试点的指导意见》(国发〔2009〕32号)整理。

4.1.2.4 城镇居民养老保险制度

2011年,国务院发布了《关于开展城镇居民社会养老保险试点的指导意见》(国发〔2011〕18号)指出,建立个人缴费、政府补贴相结合的城镇居民养老保险制度,实行社会统筹和个人账户相结合,与家庭养老、社会救助、社会福利等其他社会保障政策相配套,保障城镇居民老年基本生活。2011年7月1日启动试点工作,实施范围与新型农村社会养老保险试点基本一致,基本内容如表4.6所示。2016年新农保与城镇居民基本养老保险(以下简称"城居保")开始了制度整合。

表4.6 城镇居民养老保险试点方案

方案要求		方案内容
覆盖范围		年满16周岁(不含在校学生)、不符合职工基本养老保险参保条件的城镇非从业居民,可以在户籍地自愿参加城居保
基本模式		社会统筹和个人账户相结合
基本原则		保基本、广覆盖、有弹性、可持续
资金筹集	个人缴费	参加城居保的城镇居民应当按规定缴纳养老保险费。缴费标准目前设为每年100元、200元、300元、400元、500元、600元、700元、800元、900元、1 000元10个档次,地方人民政府可以根据实际情况增设缴费档次。参保人自主选择档次缴费,多缴多得。国家依据经济发展和城镇居民人均可支配收入增长等情况适时调整缴费档次

表4.6(续)

方案要求		方案内容
资金筹集	政府补贴	政府对符合待遇领取条件的参保人全额支付城居保基础养老金。其中,中央财政对中西部地区按中央确定的基础养老金标准给予全额补助,对东部地区给予50%的补助;地方人民政府应对参保人员缴费给予补贴,补贴标准不低于每人每年30元;对选择较高档次标准缴费的,可给予适当鼓励,具体标准和办法由省(区、市)人民政府确定。对城镇重度残疾人等缴费困难群体,地方人民政府为其代缴部分或全部最低标准的养老保险费
个人账户		国家为每个参保人员建立终身记录的养老保险个人账户。个人缴费、地方人民政府对参保人的缴费补贴及其他来源的缴费资助,全部记入个人账户。个人账户储存额目前每年参考中国人民银行公布的金融机构人民币一年期存款利率计息
养老金受益资格条件	新人	制度实施时,距领取年龄超过15年的,应按年缴费,累计缴费不少于15年
	中人	制度实施时,距领取年龄不足15年的,应按年缴费,也允许补缴,累计缴费不超过15年
	老人	制度实施时,已年满60周岁,未享受职工基本养老保险待遇以及国家规定的其他养老待遇的,不用缴费,可按月领取基础养老金
养老金待遇标准	基础养老金	中央确定的基础养老金标准为每人每月55元。地方人民政府可以根据实际情况提高基础养老金标准,对于长期缴费的城镇居民,可适当加发基础养老金,提高和加发部分的资金由地方人民政府支出
	个人账户养老金	个人账户养老金的月计发标准为个人账户储存额除以139(与现行职工基本养老保险及新农保个人账户养老金计发系数相同)。参保人员死亡,个人账户中的资金余额,除政府补贴外,可以依法继承;政府补贴余额用于继续支付其他参保人的养老金
调整机制		国家根据经济发展和物价变动等情况,适时调整全国城居保基础养老金的最低标准

注:根据《国务院关于开展城镇居民社会养老保险试点的指导意见》(国发〔2011〕18号)整理。

4.2 中国养老保险制度的宏观收入分配调节效应研究

改革开放以来，中国经济在高速增长的同时也面临收入分配差距扩大的问题。全国基尼系数从 1999 年开始就一直在 0.4 的国际警戒线之上且不断扩大（见图 4.1）。依据库兹涅茨（Kuznets）"倒 U 形"理论的解释，收入

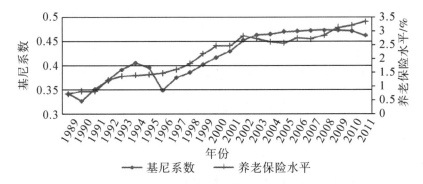

图 4.1 　1989—2011 年我国基尼系数与养老保险水平

差距扩大是经济增长过程中伴随的必然现象。而这种必然现象需要得到控制，将其调整到合理的范围内才能有利于经济的持续发展和社会的和谐稳定①。该理论获得了著名经济学家钱纳里（H. B. Chenery，1974）② 等的支持，并得到 Lewis（1954）③、和 Robinson（1976）④ 等学者从城市化的角度，通过两部门劳动力转移模型的论证。而中国学者李实（1999）⑤、杨俊、张宗益（2005）则通过实证研究认为，中国经济发展与收入分配差距并不存在自发的"倒 U 形"过程，即市场经济难以自动调节收入差距。因此，需

———————————

① KUZNETS S. Economic growth and income inequality ［J］. American economic review，1955，45（1）：1-28.

② CHENERY H B，AHLUWALIA M. Redistribution with growth ［M］. Boston：Oxford University Press，1974.

③ LEWIS W A. Economic development with unlimited supplies of labor ［J］. Manchester school of economics and social studies，1954，22（2）：139-191

④ Robinsons. A note on the U-hypothesis relating income inequality and economic development ［J］. American economic review，1976，66（3）：437- 440.

⑤ 李实. 中国居民收入分配再研究 ［J］. 经济研究，1999（4）：3-17.

要政府通过社会保障等政策进行收入再分配。何文炯（2011）[①] 也指出，养老保险的核心价值是追求社会公平，它是调节居民收入分配的重要手段。合理的养老保险制度能够促进国民财富的合理分配，为国民提供稳定的安全预期，促进国内消费需求，实现经济社会持续健康发展（郑功成，2010）[②]。中国养老保险水平（即养老保险总支出[③]占 GDP 的比重）由 1989 年的 0.52% 上升到 2011 年的 6.32%（见图 4.1）。从理论上讲，养老保险应该起到缩小居民收入差距的作用，但实际情况是否如此呢？本节将从宏观上对包括养老保险制度内与制度外人群的全体国民的收入分配效应进行研究，随后几节则将重点从微观层面分析城镇职工基本养老保险制度内的初次分配效应与再分配效应，以及制度间（城镇职工基本养老保险制度、机关事业单位养老保险制度与城乡居民养老保险制度之间）的收入分配效应。

4.2.1 基本模型与数据测度

收入分配不仅仅受养老保险等调节政策的影响，也受到经济增长等多种因素的影响。为此，本节使用扩展的库兹涅茨计量模型来对中国养老保险的宏观收入分配调节效应进行深入研究。

4.2.1.1 扩展的库兹涅茨计量模型

由于库兹涅茨"倒 U 形"理论论述的是经济增长与收入分配的关系，所以在许多实证研究中，通常使用如下回归方程：

$$Y = a_0 + a_1 GDP + a_2 GDP^2 + u \qquad (4.1)$$

其中，Y 表示收入分配不平等程度的指标，GDP 表示一个国家或地区的经济发展水平，u 表示随机误差项，a_0 表示截距项，a_1 和 a_2 为系数。为了考察养老保险水平、经济增长与收入分配的关系，本节使用如下扩展方程：

$$G_t = a_0 + a_1 PGDP_t + a_2 PGDP_t^2 + PL_t + u_t \qquad (t = 1989—2011[④]，下同)$$

$$(4.2)$$

---

① 何文炯."十二五"社会保障主题：增强公平性和科学性 [J]. 社会保障研究，2011，187-195.

② 郑功成. 社会保障：调节收入分配的基本制度保障 [J]. 中国党政干部论坛，2010（6）：19-22.

③ 养老保险总支出主要由两部分组成：一是来自社会统筹部分的养老保险基金支出；另一部分来自财政性养老保险支出项目。

④ 由于中国的养老保险基金在 1989 年才开始建立，所以所使用数据从 1989 年开始。

其中，G_t 表示全国总体基尼系数，用来衡量全国居民收入分配差距；$PGDP_t$ 表示人均 GDP，用来衡量经济增长；PL_t 表示养老保险水平，用养老保险总支出占 GDP 的百分比来度量[①]。

4.2.1.2　基尼系数的测度[②]

由于统计部门调查的收入数据都是城乡分离的，难以准确地计算全国总体基尼系数，为此，国内外许多学者做出了很多的努力和尝试。李实等（1998）根据两次全国性调查计算了 1988 年和 1995 年全国总体基尼系数；Thomas、Wangh 和 Fan（2000）提出了非等分组的基尼系数计算公式；陈宗胜、周云波（2002）[③] 利用"分层加权法"相对准确地测算了全国居民收入分配基尼系数，从而为正确理解和应用历年我国总体基尼系数做出了新的贡献。基于基尼系数是洛伦兹曲线图中不平等面积与完全不平等面积的比值，可以推导出如下计算基尼系数的公式：

$$G = 1 - \frac{1}{PW} \sum_{i=1}^{n} (W_{i-1} + W_i) \times P_i \qquad (4.3)$$

其中，P 为总人口，W 为总收入，P_i 和 W_i 分别为累积到第 i 组的人数和收入。可见，利用（4.3）式可以直接计算出全国城镇居民和农村居民收入基尼系数，然后利用 Sundrum（1990）提出的"分组加权法"计算全国总体基尼系数：

$$G = P_u^2 \frac{y_u}{y} G_u + P_r^2 \frac{y_r}{y} G_r + P_u P_r \left| \frac{y_u - y_r}{y} \right| \qquad (4.4)$$

其中，G_u、G_r 分别表示城镇居民和农村居民收入分配的基尼系数，P_u、P_r

---

① 度量养老保险水平一般有宏观、中观和微观三个层面，养老保险水平（宏观）=养老保险支出总额/GDP；养老保险水平（中观）=养老保险支出总额/财政支出总额；养老保险水平（微观）=养老保险支出总额/个人所在地社会平均工资水平。参见：穆怀中. 中国社会保障适度水平研究 [M]. 沈阳：辽宁大学出版社，1998. 由于本节所考察的是宏观层面，所以使用第一个公式。

② 中国国家统计局于 2013 年 1 月 18 日首次公布了中国 2003—2012 年的全国总体基尼系数，之前的数据仍然缺乏，而陈宗胜，周云波（2002）利用"城乡加权法"所测算出来的基尼系数与国家统计局公布的基尼系数相差不大，加之本节所使用的数据为1989—2011 年的，所以为了统一计算口径，本节运用"城乡加权法"对基尼系数进行测度。

③ 陈宗胜，周云波. 再论改革与发展中的收入分配 [M]. 北京：经济科学出版社，2002.

分别表示城镇居民和农村居民占全国总人口的比重，y_u、y_r 分别表示城镇居民和农村居民的人均收入，y 代表全国人均收入，并可通过下式计算而得

$$y = P_u \cdot y_u + P_r \cdot y_r \tag{4.5}$$

4.2.1.3 数据来源及处理

本节数据来源于历年《中国统计年鉴》《中国民政年鉴》《中国人力资源与社会保障年鉴》《中国财政年鉴》、2003—2007 年度《劳动和社会保障事业发展统计公报》以及 2008—2011 年度《人力资源和社会保障事业发展统计公报》。为得到实际的可比价格数据，人均 GDP 采用以 1978 年为基期的"平均 GDP 缩减指数"对其进行缩减，以消除价格（通胀）因素的影响。由于数据的自然对数变换不改变原序列的关系，并能使其趋势线性化，消除时间序列存在的异方差，所以对调整后的人均 GDP 及其平方项取自然对数，分别记为 LnPGDP_t 和 $(\mathrm{LnPGDP}_t)^2$[①]。

4.2.2 实证检验

向量自回归（VAR）模型由西姆斯（C. A. Sims，1980）提出，推动了经济系统动态性分析，可以预测相互联系的时间序列系统，分析随机扰动对变量系统的动态冲击，解释各种经济冲击对经济变量形成的影响。因此，以下基于 VAR 模型对中国养老保险的宏观收入分配调节效应进行实证分析。VAR（p）模型可以表示为

$$Y_t = \sum_{j=1}^{p} A_j Y_{t-j} + BX_t + \varepsilon_t \tag{4.6}$$

其中，Y_t 为 k 维内生变量向量；X_t 为 d 维外生变量向量，p 为滞后阶数，样本个数为 t。$k \times k$ 维矩阵 A_p 和 $k \times d$ 维矩阵 B 是待估系数矩阵。ε_t 为 k 维扰动向量，它们相互之间可以同期相关，但不与自己的滞后值相关及不与等式右边的变量相关。

4.2.2.1 单位根检验

由于时间序列大都是非平稳的，为了避免非平稳序列产生的"伪回归"现象，首先采用 ADF 法对所有变量进行单位根检验以验证各变量的平稳性，检验结果如表 4.7 所示，显示 G_t、LnPGDP_t、$(\mathrm{LnPGDP}_t)^2$ 和 PL_t 至少在 5% 的显著性水平下都是非平稳的，对其进行一阶差分后则都是平稳的，说明

---

① 由于基尼系数取对数后为负数，养老保险水平取对数后部分年份的值为负数，为了不影响经济含义，故不对它们取对数。

四个变量均为一阶单整 I（1）。因此，可以进行协整检验。

表 4.7　ADF 检验结果

变量	检验形式（c，t，k）	ADF 统计量	P 值	结论
G	(c, t, 0)	−1.670 816	0.729 7	非平稳
ΔG	(c, 0, 0)	−4.006 572	0.006 2***	平稳
PL	(c, t, 0)	−1.843 404	0.648 8	非平稳
ΔPL	(c, 0, 0)	−4.327 678	0.003 1***	平稳
LnPGDP	(c, t, 3)	−3.203 220	0.110 6	非平稳
ΔLnPGDP	(c, 0, 3)	−3.767 232	0.010 5**	平稳
$(LnPGDP)^2$	(c, t, 1)	−1.457 919	0.811 5	非平稳
$\Delta(LnPGDP)^2$	(c, 0, 1)	−3.611 179	0.014 6**	平稳

注：Δ 表示一阶差分，检验形式中的 c 和 k 分别表示检验式中有常数项和趋势项，k 表示滞后阶数；***、** 分别表示在1%和5%显著性水平下拒绝原假设。

4.2.2.2　协整检验

由于本节为多变量模型，因此采用 Johansen 协整检验法检验变量之间是否存在协整关系。Johansen 协整检验是基于 VAR 模型的检验方法，在协整检验之前先要确定 VAR 模型的最优滞后阶数。为保持合理的自由度同时消除自相关，用无约束 VAR 模型中的 AIC、SC 和 LR 等信息准则来选择最优滞后阶数，得到 VAR 模型的最优滞后阶数为 1，于是得到协整检验结果如表 4.8 所示（协整检验的最优滞后阶数比 VAR 模型的最优之后阶数少 1 阶）。

表 4.8　Johansen 协整检验结果

零假设	迹统计量	5%临界值	P 值**	最大特征值	5%临界值	P 值**
无 *	95.845 07	47.856 13	0.000 0	70.308 34	27.584 34	0.000 0
至多1个	25.536 74	29.797 07	0.143 1	18.259 33	21.131 62	0.120 4
至多2个	7.277 402	15.494 71	0.545 6	7.150 89	14.264 60	0.471 4
至多3个	0.046 970	3.841 466	0.722 1	0.126 512	3.841 466	0.722 1

注：* 表明在 5%的显著水平下拒绝原假设；** 表示 Mackinnon-Haug-Michelin（1999）p 值。

从表 4.8 可以看出，迹统计量和最大特征值统计量都表明在 1%的显著性水平下变量之间至少存在 1 个协整关系（即 r=1）。这说明全国总体基尼系数与上述三个宏观变量之间存在长期协整关系，则可以对模型4.2进行OLS估计得到长期协整如下（括号内的数值为t统计量，下同）[1]：

$$G_t = 0.024\,7PL_t + 0.742\,494LnPGDP_t - 0.044\,488\,(LnPGDP_t)^2 - 2.706\,955$$
$$(1.972\,242)\quad(2.260\,442)\qquad(-2.209\,325)\qquad\qquad(-2.149\,574)$$

$$(4.7)$$

$$R^2 = 0.918\,807;\ adjR^2 = 0.899\,702;\ F = 48.094\,14;\ DW = 1.754\,464$$

从估计结果可以看出模型拟合效果较好，同时F统计量也较高，DW统计量接近2，表明不存在序列相关问题，而且残差在5%显著性水平下是平稳的，从而更加证明了1989—2010年各变量之间存在长期均衡关系，因此模型的回归结果是可靠的。从（4.7）式可以看出，养老保险总支出水平的系数为正，说明中国养老保险制度不仅没有降低收入分配差距，反而在一定程度上加大了不平等程度，即存在"损不足补有余"的逆向调节效应。在其他条件不变的情况下，中国养老保险水平每上升1%，导致全国总体基尼系数上升0.0247%；此外，人均GDP一次项的系数为正，二次项的系数为负，说明中国居民收入分配差距与经济增长之间呈"倒U形"关系，即随着经济的增长，收入分配差距先上升后下降[2]。"倒U形"曲线的拐点位于人均GDP为4 208.6元处，（4.7）式对PGDP求导并令其等于0，得到PGDP=4 208.6）。中国2006年和2007年的人均GDP分别为3 792元和4 306.5元（以1978年为基期的不变价格计算），所以中国在2007年就已步入拐点阶段。

为了进一步验证中国经济发展水平在"倒U形"曲线中所处的阶段，依据上述方法对回归方程 $G_t = a_0 + a_1LnPGDP_t + a_2\,(LnPGDP_t)^2 + u$ 进行回归得到长期协整方程如下：

$$G_t = 0.889\,33LnPGDP_t - 0.051\,82\,(LnPGDP_t)^2 - 3.349\,961\qquad(4.8)$$
$$(2.513\,324)\qquad(-2.423\,124)\qquad(-2.425\,819)$$

$$R^2 = 0.913\,539;\ adjR^2 = 0.899\,128;\ F = 63.395\,19;\ DW = 1.592\,202$$

---

① 为了避免序列相关，在进行OLS估计的时候做了相应的AR（1）处理。
② 导致"倒U形"现象出现的主要原因是改革开放以来，城市化的加快使得由城乡人口流动导致的收入差距进入了缩小阶段，同时城市化使得收入差距比较小的城镇人口比重越来越大，从而对减缓总体收入差距的扩大、甚至缩小总体收入差距发挥了重要的作用。这对制定未来的收入分配政策有着非常重要的意义。参见：周云波. 中国居民收入分配差距实证分析［M］. 天津：南开大学出版社，2008：205-206.

从估计结果可以看出模型拟合效果同样较好，同时 F 统计量也较高，DW 统计量也表明基本不存在序列相关。根据（4.8）式得到的"倒 U 形"曲线的拐点处的人均 GDP 为 5 324.1 元，位于 2009 年与 2010 年的人均 GDP 之间（2009 年的人均 GDP 为 5 104.6 元，2010 年的人均 GDP 为 5 610.8 元）。结合（4.7）式与（4.8）式的分析则可以发现，中国居民总体收入差距与经济发展之间的变动关系确实符合库兹涅茨假说，呈现出"倒 U 形"格局，而且中国已经进入了"倒 U 形"曲线的拐点阶段，2007—2010 年前后即为中国居民总体收入差距变动出现转折的关键时期，这与周云波（2009）的研究不谋而合①。从图 4.2 中可以看出，通过检验得到的估计基尼系数在 2001 年以后就一直比实际所用基尼系数小，不过之后两者的差距呈现出短期先扩大尔后逐渐缩小的趋势，出现这种现象可以说明两点问题：一是步入拐点阶段之后，虽然经济增长有利于调节收入差距，但其他因素比如养老保险等却扩大了收入差距，抵消了经济增长的调节效应；二是中国养老保险等工具虽然对收入分配具有逆向调节效应，不过这种效应越来越弱，且有"转正"的倾向，从而使得估计基尼系数与实际所用基尼系数之间的差距越来越小，到 2011 年两者已基本相同了。这也反映出中国养老保险制度近年来取得了很大的发展，有效缓解了其拉大收入差距的幅度。

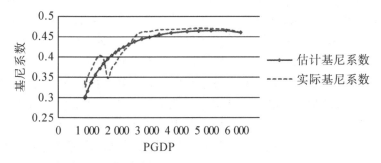

图 4.2　经济增长与收入差距的"倒 U 形"曲线关系

4.2.2.3　误差修正模型（VECM）

误差修正模型反映的是变量在短期波动中偏离它们长期均衡关系的程度，提供了分析长期动态关系的工具。通过前面的协整检验可知，各变量

---

① 周云波（2009）指出，2006—2009 年是中国居民总体收入差距变动出现转折的关键时期。参见：周云波. 城市化、城乡差距以及全国居民总体收入差距的变动—收入差距"倒 U 形"假说的实证检验 [J]. 经济学（季刊），2009（7）：1239-1256.

之间存在长期均衡关系，但就短期而言，它们之间可能是不均衡的。事实上，VECM 是包含协整约束条件的 VAR 模型，估计结果为

$$\Delta G = -0.032\ 435 ECM_{-1} + 0.005\ 478 \qquad (4.9)$$

其中，$ECM_{-1} = G_{t-1} - 0.089\ 602 PL_{t-1} - 0.144\ 578 \text{LnPGDP}_{t-1} + 0.008\ 55\ (\text{LnPG-DP}_{t-1})^2 - 1.849\ 305$

该 VECM 的 AIC 和 SC 值分别为 -15.232 12 和 -14.637 01，都非常小，说明 VECM 的整体解释力较强。误差修正项 ECM_{-1} 的估计系数为 -0.032，调整方向符合反向修正机制，但统计上不显著（$t = -1.267\ 6$）。表明当短期波动偏离长期均衡时，可以将不显著的调整到均衡状态，同时也说明除经济增长和养老保险之外，还有其他一些因素影响中国居民收入分配。

4.2.3 研究结论

本节利用中国 1978—2011 年的年度时间序列，通过运用向量自回归（VAR）模型对中国养老保险的宏观收入分配调节效应及其与经济发展水平之间的相互影响效应发现，中国养老保险水平、收入分配和经济增长之间存在长期均衡关系。中国现行养老保险政策并没有起到应有的缩小收入分配差距的作用，甚至存在逆向调节效应，即"损不足补有余"，不过随着养老保险制度的发展，这种逆向调节效应越来越弱，且有"转正"的倾向。居民收入分配差距与经济增长之间呈"倒 U 形"关系，且 2007—2009 年前后是全国居民收入分配差距变动出现转折的关键时期，即目前中国已进入"倒 U"形曲线的拐点阶段，是调节收入分配差距的黄金时期。但 2007—2009 年之后收入不平等程度并没有因此而显著下降，说明除经济增长之外，影响收入分配的因素还很多。其中，最关键的因素是调节政策没能有效地发挥作用，如应当以公平为核心理念的养老保险政策反而在一定程度上造成了收入分配不公[①]，而收入分配不公客观上又要求提高养老保险水平。因此，调节收入分配差距的黄金阶段，也理应是完善我国养老保险体系的战略机遇期，政府应从整体上把养老保险纳入社会经济发展规划，强化养老保险制度的顶层设计。

---

① 在影响收入差距的众多因素中，政策因素对"倒 U 形"曲线拐点持续时间的影响最为明显。好的政策应该使拐点出现得尽可能早，并且持续时间尽可能短，很快使收入差距进入下降阶段。反之，不良政策的效果则恰恰相反。参见：周云波. 城市化、城乡差距以及全国居民总收入差距的变动：收入差距"倒 U 形"假说的实证检验 [J]. 经济学（季刊），2009（7）：1239-1256.

4.3 城镇企业职工基本养老保险初次分配效应
及传导机制的实证研究

上文从宏观层面对包括养老保险制度内与制度外人群的全体国民的收入分配效应进行分析，结果表明中国现行的养老保险制度并没有很好地发挥社会"稳定器"的作用，反而在一定程度上造成了逆向调节效应，尽管这种效应近年来呈缓解趋势。然而，在微观层面上，中国城镇企业职工基本养老保险制度的收入分配调节效果如何，其具有调节收入分配作用的政策工具是否有利于缩小初次分配与再分配差距，促进社会公平，本章将对此展开实证研究。

4.3.1 各地区不同所有制企业养老保险缴费能力比较研究

从第 2 章的分析可知，养老保险对初次分配的影响主要体现在养老保险的缴费机制上。在中国现行社会保险制度下，企业是社会保险缴费的核心主体，而企业亦是吸纳就业、驱动国民经济增长的细胞，所以企业承担的社会保险缴费应该以不影响其正常经营为前提，即企业缴费负担应该与其缴费承受能力（以下简称"缴费能力"）相适应，保持在适度水平。若缴费负担高于缴费能力，将影响企业的生产经营状况，挫伤其参保的积极性，从而影响到缴费基金收入，进而不利于社会保险制度的可持续发展；相反，缴费负担过低，社会保险基金收入不足，同样会威胁社会保险制度的财务可持续性。

社会保险缴费是社会保险理论与实践中的一项重要内容，缴费水平是否适度，是否有利于健全社会保险体系和促进经济社会协调发展正日益引起关注。李珍（1999）[1]、周小川（2000）[2]、邓大松（2002）[3] 等认为中国社会保险企业缴费率过高，缴费负担过重，明显超过了其缴费承受能力。

---

① 李珍，王向红. 减轻企业社会保险负担与提高企业竞争力 [J]. 经济评论，1999（5）：56-60.

② 周小川. 社会保障与企业盈利能力 [J]. 经济社会体制比较，2000（6）：1-5.

③ 邓大松，刘昌平. 中国养老社会保险基金敏感性实证研究 [J]. 社会保障制度，2002（4）：52-57.

刘钧（2004）[①]、刘畅（2007）[②]、刘鑫宏（2009）[③]、王增文（2009）[④] 等通过运用 Cobb-Douglas（C-D）生产函数，对中国和天津市国有工业企业社会保险缴费水平进行实证分析后认为，当前企业社会保险缴费负担偏重。而孙雅娜、边恕、穆怀中（2009）[⑤] 从社会福利最大化的角度出发，根据 C-D 生产函数，运用 1991—2006 年中国国有工业企业相关数据模拟分析表明，现行社会养老保险制度企业缴费率是符合福利最大化的最优缴费率。

可见，上述学者都是基于国有工业企业衡量全国或者某一地区的缴费水平，而忽略了不同所有制企业以及不同地区的差异性。实际上，社会保险缴费对于企业而言是一种负担，企业缴纳的社会保险费是企业人工成本的重要组成部分，会对企业利润产生较大影响。也就是说，企业承担的社会保险费归根结底来源于企业利润。因此，企业社会保险缴费能力受企业劳动力成本和企业利润的共同制约。可见，在劳动力成本和企业利润存在差异的客观情况下，不同企业社会保险缴费能力也有所不同（孙博、吕晨红，2011）[⑥]。中国不仅区域间经济发展不平衡，而且国有企业、集体企业、私营企业和外资企业等不同所有制企业利润水平和工资收入也存在很大差异。因此，各地区不同所有制企业的社会保险缴费能力不能一概而论，有必要考虑其差异性进行深入比较分析。

基于中国各地区不同所有制企业的差异性和现有研究不足的现状，本节将运用丁伯根改进的 C-D 生产函数模型测算各地区不同所有制企业最大社会保险缴费承受能力的缴费率，并分析了其差异性。本节的研究有助于验证中国现行社会保险制度缴费率的合理性，同时也为社会保险制度的健

---

① 刘钧. 社会保险缴费水平的确定：理论与实证分析 [J]. 财经研究，2004（2）：73-80.

② 刘畅. 社会保障缴费与财政投入的对策研究 [J]. 中央财经大学学报，2007（2）：12-17.

③ 刘鑫宏. 企业社会保险缴费水平的实证评估 [J]. 江西财经大学学报，2009（1）：28-33.

④ 王增文，邓大松. 基金缺口、缴费比率与财政负担能力：基于对社会保障主体的缴费能力研究 [J]. 中国软科学，2009（10）：73-81.

⑤ 孙雅娜，边恕，穆怀中. 中国养老保险最优缴费率的实证分析：基于贴现因子和劳动增长率差异的分析 [J]. 当代经济管理，2009，31（7）：69-72.

⑥ 孙博，吕晨红. 不同所有制企业社会保险缴费能力比较研究：基于超越对数生产函数的实证分析 [J]. 江西财经大学学报，2011（1）：50-55.

展过程。丁伯根改进的 C–D 生产函数模型为

$$Y = A_0 e^{\lambda T} K^\alpha L^\beta \tag{4.11}$$

其中，A_0 表示初始技术水平；λ 表示技术进步参数；T 表示时期；$e^{\lambda T}$ 表示综合技术进步水平，包括生产和经营管理技术、引进先进技术等。该模型进一步受到实际经济周期理论（RBC）的支持，该理论是由 2004 年诺贝尔经济学奖获得者，挪威经济学家芬恩·基德兰德（Finn E. Kydland）与美国经济学家爱德华·普雷斯科特（Edward Prescott）提出来的，对动态宏观经济学做出了卓越的贡献。他们指出：经济波动产生的根源在于技术冲击，这种冲击决定了资本与劳动转变为产出的能力，引起了产出的波动[①]。

将（4.11）式两边取自然对数，得到：

$$\mathrm{Ln}Y = \mathrm{Ln}A_0 + \alpha \mathrm{Ln}K + \beta \mathrm{Ln}L + \lambda T$$

具体到本节采用的公式为

$$\mathrm{Ln}Y_{ijt} = c_{ij} + \alpha_{ij}\mathrm{Ln}K_{ijt} + \beta_{ij}\mathrm{Ln}L_{ijt} + \lambda_{ij}T + \mu_{ij} \tag{4.12}$$

其中，i 表示地区，j 表示各所有制性质企业，t 表示年份；c_{ij} 表示常数项，μ_{ij} 表示随机扰动项。由于中国私营企业工资统计调查制度于 2009 年首次建立，为了便于比较分析，我们统一口径，选取 2009—2011 年全国 31 个省（自治区、直辖市）以及东、中、西部的时序截面数据，运用(4.12)式将资本和劳动力对产出的贡献率 α 和 β 进行拟合分析。由于各地企业工业增加值数据只统计到 2007 年，所以产量 Y_{ijt} 用各地历年各所有制企业总产值替代，资本要素投入 K_{ijt} 为各地历年各所有制企业固定资产投资，劳动要素投入 L_{ijt} 为各地历年各所有制企业职工工资总额，用职工平均工资与从业人员年平均人数之积计算而得。则将(4.12)式进行回归分析可得各地不同所有制企业资本和劳动力对产出的贡献率 α_{ij} 和 β_{ij}。回归模型为双对数形式，有助于缓解各变量间的多重共线性和方程的异方差问题，而且资本与劳动力投入变量的系数为产出弹性，此弹性系数不受测量单位的影响[②]。

假设 γ_{ij} 为各地不同所有制企业的增加值率，则增加值 Y_{ij}^n 为：$Y_{ij}^n = \gamma_{ij} \cdot Y_{ij}$，则资本报酬和劳动力报酬分别为：$Y_{ij}^n \cdot \alpha_{ij}$ 和 $Y_{ij}^n \cdot \beta_{ij}$。

---

①　KYDLAND F. PRESCOTT E. Time to Build and Aggregate Fluctuations [J]. Econometrica，1982（50）：1345–1370.

②　JEFFREY M W. Introductory Econometrics：A Modern Approach[M]. South － Western College Publishing，2000：184 － 186.

则各地不同所有制企业最大社会保险缴费率为

$$C_{ijmax} = \frac{(1-\theta) \cdot Y_{ij}^n \cdot (1-I) \cdot \alpha_{ij}}{Y_{ij}^n \cdot \beta_{ij}} = \frac{(1-\theta) \cdot (1-I) \cdot \alpha_{ij}}{\beta_{ij}} \quad (4.13)$$

其中，θ 表示资本成本占资本报酬的比重，I 表示社会平均投资率。

（3）数据来源及说明。总产值和全部从业人员年平均人数数据来自历年《中国工业经济统计年鉴》，固定资产投资和平均工资数据来自历年《中国统计年鉴》；根据国际经验，资本成本约为资本报酬的40%[1]，所以我们取 θ 为40%；中国社会平均投资率 I 基本维持在企业利润的 30%~40%[2]，我们取下限30%。

4.3.1.2 实证结果及分析

为了进一步消除模型中可能存在的异方差和自相关，使回归结果更为可靠，我们使用 EGLS 方法对（4.12）式进行估计。估计结果如表4.9所示，表4.9是 C-D 生产函数模型回归结果，报告了在引入技术进步因子下全国以及东、中、西部地区的国有企业、集体企业、私营企业和外资企业资本与劳动力对其总产值的贡献率。估计结果显示各地区不同所有制企业模型拟合普遍较好，具有较强的解释力，且除了西部国有企业和集体企业的资本要素投入 K 在5%的水平上显著外，其他各地区各所有制企业的资本要素投入 K 和劳动力要素投入 L 都在1%的水平上显著，技术进步水平也基本在1%的水平上显著。从技术进步水平来看，各地区外资企业显著高于内资企业尤其是私营企业，这主要是因为中国外资企业主要是资本和技术密集型企业，而私营企业大都为劳动密集型企业；从回归系数 α 和 β 的值来看，除了东部外资企业和西部私营企业 $\alpha + \beta$ 小于1外，其他各地区各所有制企业的 $\alpha + \beta$ 都大于1，说明东部外资企业和西部私营企业规模报酬递减，其他的都是规模报酬递增。而且，东部外资企业 α 大于 β，即资本要素投入对产出的贡献大于人力要素投入，表明资金与劳动力相比产出效率更高。而各地区国有企业、集体企业和私营企业等内资企业 α 都小于 β，说明内资企业人力相对资金而言产出效率更高。此外，各地区国有企业和外资企

---

① 刘畅. 社会保障缴费与财政投入的对策研究 [J]. 中央财经大学学报，2007（2）：12-17.

② 刘钧. 社会保险缴费水平的确定：理论与实证分析 [J]. 财经研究，2004（2）：73-80.

业资本产出弹性都显著高于集体企业和私营企业，这与王德文等（2004）[1] 所指出的"资本的弹性系数在重工业部门和资本密集型部门远大于轻工业和劳动力密集产业"观点不谋而合。

表4.9　丁伯根改进的C-D生产函数模型回归结果

企业性质	全国				东部			
	α	β	λ	R^2	α	β	λ	R^2
国有企业	0.482 6 *** (33.828 3)	0.891 2 *** (46.175 3)	0.059 7 *** (5.559 9)	0.930 1	0.604 4 *** (39.626 8)	0.724 5 *** (32.509 4)	0.093 2 *** (11.792 2)	0.987 3
集体企业	0.339 5 *** (9.966 5)	0.806 9 *** (19.144 3)	0.162 4 *** (15.317 1)	0.969 4	0.361 *** (3.485 8)	0.802 3 *** (7.031 7)	0.141 9 *** (3.783 3)	0.920 7
私营企业	0.340 6 *** (5.769 2)	0.759 5 *** (16.461 4)	0.047 1 *** (3.475 6)	0.954 9	0.259 2 *** (4.732 4)	0.836 1 *** (18.853 7)	0.030 4 *** (2.840 1)	0.971 8
外资企业	0.463 *** (6.558 8)	0.641 5 *** (11.518 9)	0.234 2 *** (11.422 4)	0.917 9	0.484 *** (4.707 3)	0.471 9 *** (6.294 5)	0.32 *** (9.256 55)	0.920 4
企业性质	中部				西部			
	α	β	λ	R^2	α	β	λ	R^2
国有企业	0.481 8 *** (7.765 9)	0.624 8 *** (9.641 5)	0.147 5 *** (3.909 6)	0.912 5	0.436 9 ** (2.705)	0.856 9 *** (6.641 9)	0.106 8 *** (3.299 2)	0.842 9
集体企业	0.353 3 *** (5.013 8)	0.740 9 *** (6.857 2)	0.167 7 *** (5.256 4)	0.809 1	0.19 ** (2.362 9)	0.968 4 *** (11.676 2)	0.204 6 *** (8.944 4)	0.972 8
私营企业	0.386 7 *** (4.065 9)	0.631 4 *** (7.314 2)	0.119 *** (5.092 8)	0.978 3	0.171 2 *** (9.833)	0.817 6 *** (6.636 9)	0.091 1 * (1.798 3)	0.917 8
外资企业	0.686 1 *** (3.973 6)	0.841 2 *** (3.420 8)	0.254 6 (0.741)	0.735 1	0.380 2 *** (3.155 9)	0.831 8 *** (7.652 2)	0.217 6 *** (7.953 7)	0.957 1

注：***、** 和 * 分别表示在1%、5%和10%的水平上显著，括号中的值是相应的 t 统计量。由于私营企业和外资企业西藏的相关数据缺失，故在对私企和外企的回归分析中剔除了西藏的数据。

根据表4.9中的 α 和 β 值以及（4.13）式，可计算出各地区不同所有制企业的最大社会养老保险缴费率，计算结果如表4.10所示。从表4.10可以看出，不同所有制企业和不同地区社会养老保险缴费能力的确存在很大差异。从不同所有制企业的情况来看，各地区集体企业和私营企业社会养老保险缴费能力要明显低于国有企业和外资企业。其中，尤以集体企业社会养老保险缴费能力最弱（除东部外），最大缴费率仅为5.49%~13.36%；外

①　王德文，王美艳，陈兰. 中国工业的结构调整、效率与劳动配置［J］. 经济研究，2004（4）：41-49.

资企业社会养老保险缴费能力最强（除西部外），最大缴费率为 12.79% ~
28.71%。私营企业和国有企业最大社会养老保险缴费率分别为 5.86% ~
17.15% 和 14.27% ~ 23.57%。而中国现行养老保险法定名义企业缴费率为
20%，远远高出了所有集体企业和私营企业的缴费能力上限，这在一定程度
上解释了中国集体企业和私营企业养老保险覆盖面不足以及容易发生虚报
缴费基数和逃缴、漏缴、欠缴从而导致收缴率逐年下降的事实。

表 4.10　各地区不同所有制企业最大社会养老保险缴费率　　单位:%

企业性质	社会保险				养老保险			
	全国	东部	中部	西部	全国	东部	中部	西部
国有企业	22.74	35.35	32.39	21.41	15.16	23.57	21.59	14.27
集体企业	17.67	18.90	20.03	8.24	11.78	12.60	13.35	5.49
私营企业	18.84	13.02	25.73	8.79	12.56	8.68	17.15	5.86
外资企业	30.31	43.07	34.26	19.19	20.21	28.71	22.84	12.79

注：由于中国养老保险缴费率占社会保险份额的 2/3（中国现行社会保险法定名义企业缴费率
为 30%，基本养老保险法定名义企业缴费率为 20%），所以此表中最大养老保险缴费率也按最大社
会保险缴费率的 2/3 计算而得。

从区域来看，各所有制企业西部地区的社会养老保险缴费能力最弱，
即便是西部缴费能力最强的国有企业最大缴费率也仅为 14.27%，低于现行
养老保险法定缴费率近 6 个百分点。对于缴费能力较弱的集体企业和私营企
业而言，中部地区的缴费能力高于东部，且最大缴费率都远远低于法定缴
费率；而对于缴费能力相对较强的外资企业和国有企业而言，东部地区的
缴费能力高于中部，且最大缴费率都高于法定缴费率。也就是说，对于各
类企业而言，东、中部社会养老保险缴费能力远高于西部。而且，尽管国
家规定的养老保险企业法定名义缴费率为 20%，但实际上有不少省份并没
有严格执行，很多省份尤其是东部省份（超过 1/3 的东部省份）的养老保
险企业法定名义缴费率低于 20%，如广东（广州）只有 12%，浙江（杭州）
也只有 14% 等（如表 4.11 所示）。换言之，东部地区虽然缴费能力较强，
但是其名义缴费率却较低，这明显与养老保险制度的互助共济的本质属性
不相符，也反映出中国亟须提高养老保险统筹层次，从而促进地区之间的
收入转移与再分配。

表 4.11　各地区现行城镇职工基本养老保险企业法定名义缴费率

单位:%

中国	东部							中部	西部	其他省份
	上海	浙江	广东	福建	山东	深圳	厦门	黑龙江	重庆	
20	22；原小城镇 19	14	12	18	19	深户 11；非深户 10	本市 14；外来 12	22	18	20

注：本表中所列的各省份现行城镇职工基本养老保险企业法定名义缴费率为其 2012 年省会城市的缴费率。

综上可见，中国现行的法定名义养老保险企业缴费率对于各地区集体企业和私营企业来说明显偏高。这主要是因为 20 世纪 90 年代中后期以来，随着集体企业改制的不断深入，集体企业运营困难，而且目前有很一大部分企业仍处于倒闭、解体、停产或者严重亏损的状态；而由于私营企业多属于劳动密集型企业，职工人数多，在同一缴费率下以职工工资总额为缴费基数使得其承担的社会保险缴费额相对较大，而且私营企业利润水平普遍较低，从而导致其缴费能力较弱；东、中部地区国有企业基本上刚好能够承担当前的社会养老保险缴费水平，但西部地区却面临较大的缴费负担。因此，从全国范围来看，国有企业仍然面临着较大的社会养老保险缴费压力。这主要是因为国有企业尤其是西部国有企业历史包袱沉重，影响了其经济效益；由于东部外资企业最大缴费率远远高出东部地区规定的企业法定名义缴费率，完全有能力负担当前水平的社会养老保险缴费，中部地区也能够负担得起，所以即便西部地区难以承受缴费负担，总体而言，外资企业还是有一定能力负担当前的社会养老保险缴费。这主要是因为外资企业多为资本密集型企业，不仅利润水平较高，而且职工更年轻、人数较少，即劳动者报酬占企业增加值的比重较小，从而使得其社会养老保险缴费能力较强。

4.3.1.3　研究结论

本节基于丁伯根改进的 C-D 生产函数模型对中国各地区不同所有制企业养老保险缴费承受能力的实证研究发现，不同地区和不同所有制企业承受养老保险缴费负担的能力确实存在较大差异。从不同地区来看，东、中部不仅按规定需要承担的养老保险缴费负担较轻，且缴费能力明显强于西部。东、中部国有企业和外资企业（尤其是东部外资企业）能够承受的最大养老保险缴费率都在现行法定企业养老保险缴费率之上，但东、中部集体企业和私营企业却与之相反，且西部各所有制性质企业有能力承担的最大养老保险缴费率都远低于法定缴费率。从不同所有制企业来看，整体而言，集体企业、私营企业、国有企业和外资企业社会保险缴费能力依次由弱到强，且仅有外资企业能够勉强负担现行法定缴费率，而集体企业、私营企业和国有企业等内资企业都无力承担这一缴费水平。由此可见，中国现行养老保险缴费并没有考虑不同地区和不同企业承受能力的差异性，从而使得低收入地区企业因缴费能力有限而面临着沉重的缴费负担。而且中国现行养老保险缴费机制具有"累退性"，即收入越高，实际缴费率越低，实际缴费负担越轻；收入越低，实际缴费率越高，实际缴费负担越重。主要原因在于中国社会养老保险缴费规定了缴费基数的上下限，上限和下限分别为当地上年度在岗职工月平均工资的300%和60%，即超过上限的那部分工资可以不用缴费，而低于下限的却要以当地上年度在岗职工月平均工资的60%为缴费基数进行缴费。已有相关研究证实了中国不同地区和不同所有制企业社会养老保险缴费机制的确存在累退性[①]。因此，中国亟待改革优化现行企业社会养老保险缴费政策，提高养老保险统筹层次。

4.3.2 各地区不同所有制企业养老保险缴费对初次分配的影响效应分析

从以上分析可知，中国不同地区和不同所有制企业社会保险缴费能力和缴费负担严重背离，即越是缴费能力弱的地区和企业，其实际缴费负担可能越重。可以想象，在缴费能力不足而缴费负担沉重的现实情况下，作为自主经营、自负盈亏的企业，为了自身利益最大化，必然会想方设法转嫁缴费负担。限于国内国际产品市场竞争压力，企业难以通过提高产品价格将负担转嫁给消费者[②]。由于中国劳动力供给缺乏弹性，所以企业很容易将缴费负担转嫁给劳动者[③]。通行的做法为：①减少劳动者雇佣数量或者用

---

① 张璐琴. 劳资分配与养老保险 [M]. 北京：知识产权出版社，2011：244-250；孙博，吕晨红. 不同所有制企业社会保险缴费能力比较研究：基于超越对数生产函数的实证分析 [J]. 江西财经大学学报，2011 (1)：50-55.

② 周小川. 社会保障与企业盈利能力 [J]. 经济社会体制比较，2000 (6)：1-5.

③ 根据西方经济学理论，企业和劳动者负担大小取决于劳动力的供求弹性。在劳动力需求弹性一定的情况下，劳动力供给弹性越小，企业转嫁给劳动者的负担越多，企业负担越少；反之，劳动者负担越少，企业负担越多。相关实证研究结果显示，中国55.6%的劳动者劳动力供给弹性非常小，21.6%缺乏弹性，而且国有企业等养老保险制度覆盖的人群普遍缺乏供给弹性。

资本（机器）替代劳动力，甚至将企业转移到海外市场，从而使得国内就业需求下降①。在中国目前劳动力供过于求，就业形势依然异常严峻的现实情况下，这无疑加大了就业市场的压力。②降低劳动者的工资或工资增长率，使得劳动者报酬增长率下降，从而拉低了劳动报酬占 GDP 的比重，进而导致初次分配格局的进一步恶化②。这无疑与党和国家多次强调"提高劳动报酬在初次分配中的比重"的政策取向相悖，不利于经济的可持续发展和社会的和谐稳定。

社会统筹制公共养老保险是否会对劳动力市场上的工资和就业产生影响取决于劳动者是否将缴费视为一种收益（Feldstein，1995）③。如果工资有弹性，且雇主缴纳的工薪税④全部被雇员视同自己的收益时，工薪税的提高将通过降低工资的方式完全转嫁给雇员（Summers，1989；Gruber，1997）⑤。但由于受工资刚性和政府设立法定最低工资制度即所谓的"地板工资"（wage floor）的约束，工薪税的增加无法由雇主通过降低工资绝对额的方式转嫁给雇员，这种情况下将导致对就业需求或工资增长率的下降（Bell，1997；Maloney、Mendez，2001；杨俊，2008）⑥。

---

① BALASSA B. 1984. "The economic consequences of social policies in the industrial countries", Weltwirtschaftliches archiv, 2/84; ENTIN S J. Tax incidence, tax burden, and tax shifting: Who really pays the tax [J]. Review institute of public affairs. Melbourne, 2005, 57 (1): 121–135.

② 不管是降低工资（增长率）还是减少就业需求，最终都会影响到企业职工工资总额（企业平均工资与企业就业人数之积），从而导致劳动者报酬比重下降，进而导致初次分配中政府、企业和个人之间的利益格局更加不可能有效均衡。

③ FELDSTEIN M. Tax avoidance and the dead weight loss of the income tax. NBER Working Paper, No. 5055, 1995.

④ 工薪税包含社会保险税和个人所得税，对于大多数企业和员工来说，社会保险税是工薪税最主要的组成部分。也可以说，社会养老保险税（费）本质上是一种工薪税（参见 Edwards et al, 2002; Bert Brys, 2010; 白重恩, 2010）。

⑤ SUMMERS L. Some simple economics of mandated benefits [J]. American Economic Review, 1989: 177–183; GRUBER J. The incidence of payroll taxation: Evidence from chile [J]. Journal of labor economics, 1997, 15 (3): 72–101.

⑥ BELL J. The impact of minimum wages in colombia [J]. Journal of labor economics, 1997, 15 (3): 102–135; MALONEY, WILLIAM, JAIRO NúNEZ. Measuring the impact of minimum wages: Evidence from latin America. The world bank working paper, 2001; 杨俊. 养老保险和工资与就业增长的研究 [J]. 社会保障研究, 2008 (2): 132–141.

关于养老保险对就业与工资增长趋势的影响，国外学者也做了相应的实证研究。Holmulnd（1983）① 使用瑞典的数据进行估计，发现瑞典 1950—1970 年工薪税大幅上升所增加的成本大约 50% 被转嫁到了工人的工资上；由于未能完全转嫁，也造成了一定程度的就业需求减少。Gruber（1994）② 利用美国养老保险缴费与工资增长率的数据进行分析，发现雇主承担的养老保险缴费几乎全部转嫁为雇员工资增长率的下降，对就业没有显著的影响。之后，Gruber（2000）③ 还运用 1979—1986 年智利制造业的微观数据，并通过多种统计方法反复研究再次证实了企业缴费与工资增长率两者之间反向变化的幅度几乎一致的结论。而 Edwards（2000）④ 通过实证研究表明，智利 1981 年的养老保险私有化改革大幅度降低了税率，使得 1983—1995 年的年均实际工资增长率超过 5%，而失业率却从 17.3% 降低到 5.8%。Adriana Kugler 和 Maurice Kugler（2009）⑤ 通过对发展中国家的研究发现，20 世纪 80 年代哥伦比亚（当时其正进行工薪税改革）工薪税增加部分的 20% 以降低工资增长的形式规避给了职工，并且工薪税增加 10% 将会导致就业率降低 4%~5%。

可见，国外大量的理论与实证研究表明，减少就业需求与降低工资增长确实是企业转嫁养老保险缴费负担的普遍方式。然而，中国是否也存在这种现象，从而对初次分配造成影响呢？根据西方经济学理论，企业和劳动者负担大小取决于劳动力的供求弹性。在劳动力需求弹性一定的情况下，劳动力供给弹性越小，企业转嫁给劳动者的负担越多，企业负担越少；反之，劳动者负担越少，企业负担越多。相关实证研究结果显示，中国 55.6% 的劳动者劳动力供给弹性非常小，21.6% 缺乏弹性，而且国有企业等

① HOLMLUND B. Payroll taxes and wage inflation: the swedish experience [J]. Scandinavian journal of economics, 1983, 85 (1): 1–15.

② GRUBER J. Payroll taxation, employer mandates, and the labor market: theory, evidence, and unanswered questions [M]. Mimeo, MIT, 1994.

③ GRUBER J. The incidence of payroll taxation. SSAR working paper series, 2000.

④ EDWARD S. Alejandra cox edwards. economic reforms and labor markets: policy issues and lessons from chile [J]. Economic policy, 2000, 4: 183–228.

⑤ KUGLER A, KUGLER M. Labor market effects of payroll taxes in developing countries: evidence from colombia [J]. Economic development and cultural change, 2009, 57 (2): 335–356.

养老保险制度覆盖的人群供给弹性普遍缺乏[①]。可见，从理论上来讲，在中国劳动力供给普遍缺乏弹性，且企业养老保险缴费负担沉重的现实情况下，企业很容易通过降低工资增长率或者减少就业需求将缴费负担转嫁给职工，以达到降低成本，保证自身利益最大化的目的，下面将进行实证检验。

4.3.2.1 企业养老保险缴费对就业与工资增长的直观描述性分析

1991 年 6 月 26 日，国务院颁发了《关于企业职工养老保险制度改革的决定》（国发〔1991〕33 号），提出逐步建立基本养老保险、企业补充养老保险和个人储蓄性养老保险相结合的制度，养老保险费由国家、企业和个人三方共担。经过 30 多年的改革与发展，中国养老保险制度取得了很大的成就，养老保险体系不断健全，覆盖面不断扩大，基金规模日渐增加，养老保险缴费基金收入从 1991 年的 215.7 亿元增加到 2011 年的 16 894.7 亿元，年均增幅为 25.01%；但与此同时，城镇登记失业率却从 1991 年的 2.3%（23‰）上升到 2011 年的 4.1%（41‰）（如图 4.4 所示）。此外，虽然企业在岗职工工资绝对额在不断提高，但其相对额即工资增长率和 GDP 的增长率并不同步，导致劳动报酬占 GDP 的比重近年来不断下降。如图 4.4 所示，劳动报酬占 GDP 的比重在 1998 年之前相对较稳定，而从 1998 年之后开始快速下降，从 1998 年的 45.6% 下降到 2007 年的 39.2%[②]。而这段时期也正是中国企业养老保险制度深化改革的重点时期，企业养老保险缴费收入加速攀升，因为 1997 年国务院下发的《国务院关于建立统一的企业职工基本养老保险制度的决定》（国发〔1997〕26 号）标志着中国社会统筹和个人账户相结合的养老保险制度的全面确立，其中规定企业缴纳基本养老保险费的比例一般不得超过企业工资总额的 20%，这表明 1997 年中国企业养老保险缴费责任开始制度化[③]。

[①] 张璐琴. 工资水平与社保缴费：有关调整社会保险缴费标准的思考 [J]. 中国经济导刊，2010 (9)：25-26.

[②] 王岩中. 中国社会保障发展报告 (2012) NO.5 社会保障与收入再分配 [M]. 北京：社会科学文献出版社，2012：51-52.

[③] 杨俊. 养老保险和工资与就业增长的研究 [J]. 社会保障研究，2008 (2)：132-141.

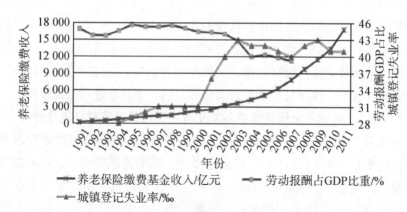

图 4.4　1991—2011 年养老保险缴费收入同失业率及劳动报酬 GDP 占比变化趋势

由图 4.4 可见，中国实行养老保险制度改革以来养老保险缴费收入同失业率的变化以及企业养老保险缴费责任开始制度化以来养老保险缴费收入同劳动报酬占 GDP 比率的变化趋势，使我们从直观上可发现中国企业养老保险缴费对就业与工资增长产生了影响。然而，企业的所有制情况是决定企业社会保险缴费的重要因素（Nyland et al，2006）[①]，而且，从上面的分析得知，东、中、西部地区国有企业、集体企业、私营企业和外资企业等不同所有制企业的养老保险缴费能力与缴费负担存在很大差异。因此，各地区不同所有制企业养老保险缴费对就业与工资增长的影响也应该不同。以下将针对此问题，结合相关数据，运用多元变量回归的方法进行计量分析，以研究各地区不同所有制企业对初次分配的影响效应。

4.3.2.2　各地区不同所有制企业养老保险缴费对就业与工资增长的计量分析

（1）变量选取。

首先，核心变量及其计算说明。由于分析的是养老保险缴费对就业与工资增长的影响效应，所以包括就业水平、工资增长率和企业养老保险实际缴费率[②]三个核心变量，其中前两个是被解释变量，最后一个是核心解释变量。

第一，各所有制性质企业就业水平。为了控制人口变化对就业的影响，将各类所有制性质企业全部从业人员年平均人数除以各地历年常住人口数

---

①　NYALND, SMYTH, ZHU. What determines the extent to which employers will comply with their social security obligations? evidence from chinese firm-level data ［J］. Social policy and administration，2006，40（2）：196-214.

②　如无特别说明，以下的实际缴费率都指的是企业实际缴费率。

得到各地历年各企业的就业水平 EL_{ijt}，其中，i 表示各个省（区、市）；j 表示各所有制性质企业；t 表示年份（下同）。

第二，各所有制性质企业平均工资增长率。采用各地历年各企业平均工资的对数形式表示平均工资增长率，这种选择能够更为便捷地把握工资增长率的变化情况[1]，记为 $LnWage_{ijt}$。

第三，各所有制性质养老保险实际缴费率。虽然我国各地都规定了企业需要承担的养老保险法定缴费率，但由于我国普遍存在劳动者报酬非货币化、货币收入非工资化、工资收入非缴费基数化，使得缴费工资基数不实（见图 4.5）[2]，加之转轨成本以及流动人口流动状况[3]的不同，导致养老保险实际缴费率与各地规定的法定名义缴费率存在差异。在法定缴费率的基础上，经过劳动力市场中缴费转嫁后形成了实际缴费率，所以实际缴费率中包含了缴费转嫁的信息（Gurber，2000)[4]，是本节建模的核心解释变量，记为 ACR_{ijt}。

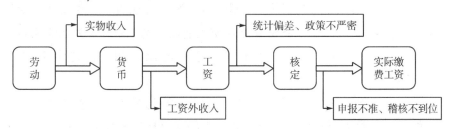

图 4.5　中国劳动报酬到实际缴费工资基数的变化

---

① 杨俊. 养老保险和工资与就业增长的研究 [J]. 社会保障研究，2008 (2)：132-141.

② 实物收入和工资外收入的存在，使得劳动报酬非货币化，货币收入非工资化；职工平均工资统计偏差，且缴费基数政策不严密，用上一年度职工工资来确定缴费基数，加之企业瞒报、漏报、少报缴费工资基数以及政府稽核监管不到位，使得工资收入非缴费基数化，从而导致缴费率存在差异。

③ 中国养老保险在由现收现付制向"统账结合"的部分积累制改革过程中必然会形成转轨成本，而在改革中并未对转轨成本做出合理安排，养老保险制度设计试图通过年轻人向老一代人的再分配来消化转轨成本，希冀通过企业缴费的社会统筹部分来承担，导致一些地区尤其是东北老工业基地由于历史包袱沉重使得实际缴费率偏高，加重了企业缴费负担；一些新兴地区如广东等珠三角地区不仅因为历史债务轻，而且由于很多流动人口只在那里缴费贡献，退休后大都回到原户籍地（老家），从而使得拉低了这些地区的实际缴费率。

④ GRUBER J. The incidence of payroll taxation. SSAR working paper series，2000.

此外，由于中国养老保险缴费规定了缴费基数300%的上限和60%的下限，从而导致低收入者的实际缴费率偏高，高收入者的实际缴费率偏低。因此，根据当年参保职工人均养老保险基金收入与职工平均缴费工资①之比测算实际缴费率的思路，得到各地历年各企业养老保险实际缴费率 ACR_{ijt} 的计算数理模型为

$$ACR_{ijt}\begin{cases} \alpha \cdot \dfrac{Y_{it}/P_{it}}{W_{it}} \cdot \dfrac{60\% \cdot W_{i(t-1)}}{W_{ijt}} & 0 < \dfrac{W_{ijt}}{W_{i(t-1)}} \leqslant 60\% \\[3mm] \alpha \cdot \dfrac{Y_{it}/P_{it}}{W_{it}} & 60\% < \dfrac{W_{ijt}}{W_{i(t-1)}} < 300\% \quad (4.14) \\[3mm] \alpha \cdot \dfrac{Y_{it}/P_{it}}{W_{it}} \cdot \dfrac{300\% \cdot W_{i(t-1)}}{W_{ijt}} & \dfrac{W_{ijt}}{W_{i(t-1)}} \geqslant 300\% \end{cases}$$

其中，Y_{it} 和 P_{it} 分别为各地历年养老保险基金收入和养老保险参保职工人数；W_{it} 为各地历年在岗职工平均工资；$W_{i(t-1)}$ 为各地历年上年度在岗职工平均工资；W_{ijt} 为各地历年各所有制性质企业的平均工资；α 为企业缴费率占总缴费率的比值，假定与法定缴费率中的比值相同，则为 71.43%（20%/28%）。

其次，控制变量及其说明。无论是就业水平还是平均工资增长率，都不可能只受缴费率的影响。因此，为了更好地分析养老保险对就业与工资增长的影响，避免"变量缺失"的问题，需要对其他可能影响就业与工资增长的变量进行控制。

第一，各所有制性质企业劳动生产率。根据边际生产力分配理论，在完全竞争条件下，劳动力价格即工资等于边际产出这一厂商最优均衡条件，工人的工资水平和雇佣数量由劳动的边际产品价值决定，劳动需求曲线为边际收益产品曲线。劳动生产率的变化会使边际收益产品相应变化，从而

---

① 实际上，社平工资普遍低于统计局公布的在岗职工平均工资，因为统计局公布的在岗职工平均工资只是城镇非私营单位在岗职工平均工资，即并不包括私营单位以及个体工商户。有些地方，如北京等从2010年起将个体工商户纳入职工平均工资统计范围，但全国大部分省份社平工资仍用的是统计局公布的城镇非私营单位在岗职工平均工资，为了统一口径，这里我们也使用该数据表示社平工资，所以实际测算所得的缴费率会低于真实缴费率。也就是说，企业实际将养老保险缴费负担转嫁给就业或工资增长的程度将比我们测算的还要大。

使劳动需求曲线发生移动，即改变了就业需求。在其他条件不变的情况下，均衡工资水平也会因此发生变化。可见，劳动生产率影响着就业与工资水平。因此，将劳动生产率纳为控制变量，用各地历年各所有制性质企业总产值除以其全部从业人员年平均人数来衡量，并以此作为劳动需求方代理变量，记为 PR_{ijt}。

第二，各所有制性质企业利润率。Weitzman（1984）[①] 最早提出了分享工资理论，他指出工人的工资与某种能够恰当反映厂商的经营指数（如厂商收入或利润）相联系。我们使用各地历年各所有制性质企业的利润总额占工业总产值的比重来衡量各所有制性质企业利润率，并以此作为劳动供给方代理变量，记为 PRR_{ijt}。

第三，经济发展水平。中国各地区经济发展不均衡，就业和工资水平往往会受到经济发展水平的影响，因此，需要对经济发展水平进行控制，这一变量用各地历年人均国内生产总值作为测量指标，记为 $AGDP_{it}$。

第四，通货膨胀。传统菲利普曲线理论认为在短期内通货膨胀与失业率存在此消彼长的关系。萨缪尔森发展了菲利普斯曲线，并提出了完全正相关、完全负相关和完全无关三种菲利普斯曲线变异情况；根据生存工资理论，工人的工资由工人及其家属为维持生活所必需的生活资料的价值所决定[②]。因此，劳动者所需的维持生活的工资要求随着物价的上涨也相应增长，即工资增长应与物价水平的变化相适应。我们使用各地历年居民消费价格指数来衡量通货膨胀，记为 CPI_{it}。

第五，时间增长趋势变量。由于就业存在持续性和工资黏性，为此引入年份变量 Year 用于控制就业和工资随时间的增长趋势。

此外，根据劳动供求理论，就业和工资水平之间存在着相互关系。一般来讲，工资的增长会带来用工成本提高，从而使得就业率下降。同样，剑桥学派均衡价格工资理论认为，劳动力市场的供求状况决定着工资水平。因此，我们在计量模型中还分别控制了工资增长对就业水平的影响以及就

① WEITZMAN M L. The share economy: conquering stagflation [M]. Cambridge: Harvard University Press, 1984.

② 蔡昉，都阳，高文书，等. 劳动经济学：理论与中国现实 [M]. 北京：北京师范大学出版社，2009：132.

业水平对工资增长的影响。

（2）计量模型的构建。

本研究采用省级面板数据分析方法，则各地历年不同所有制企业养老保险缴费对其就业水平的影响计量模型为

$$EL_{ijt} = \alpha_0 + \beta_{1j}ACR_{ijt} + \beta_{2j}PR_{ijt} + \beta_{3j}PRR_{ijt} + \beta_{4j}AGDP_{ijt} + \beta_{5j}CPI_{ijt} + \beta_{6j}LnWage_{ijt} + \beta_{7j}Year_{ijt} + u_{ijt} \tag{4.15}$$

各地历年不同所有制企业养老保险缴费对其工资增长的影响计量模型为

$$LnWage_{ijt} = \alpha_1 + \gamma_{1j}ACR_{ijt} + \gamma_{2j}PR_{ijt} + \gamma_{3j}PRR_{ijt} + \gamma_{4j}AGDP_{ijt} + \gamma_{5j}CPI_{ijt} + \gamma_{6j}EL_{ijt} + \gamma_{7j}Year_{ijt} + u_{ijt} \tag{4.16}$$

其中，α_0 和 α_1 为截距项，β 和 γ 为斜率项，即影响系数，其中 β_{1j} 和 γ_{1j} 是我们最为关心的变量系数，分别表示各企业养老保险实际缴费率对其就业水平和工资增长的影响程度；u_{ijt} 为随机扰动项，其他变量含义同上。为了消减异方差，在回归分析时对计量模型中的劳动生产率 PR_{ijt}、经济发展水平 $AGDP_{it}$ 和通胀水平 CPI_{it} 变量采用自然对数形式，分别记为 $LnPR_{ijt}$、$LnAGDP_{it}$ 和 $LnCPI_{it}$。

（3）数据来源及其说明。

虽然国务院于 1997 年下文建立全国统一的企业职工基本养老保险制度，但考虑到早些年养老保险覆盖面较小，不足以对劳动力市场造成重要的影响[①]，而且国务院于 2005 年下发的《关于完善企业职工基本养老保险制度的决定》将养老保险覆盖面进一步扩大到个体工商户和灵活就业人员，故本书采取 2006—2011 年 31 个省（区、市）国有企业、集体企业、私营企业和外资企业的面板数据进行实证分析。如无特殊说明，选用的数据均来自历年《中国统计年鉴》《中国劳动统计年鉴》和《中国工业经济统计年鉴》。

---

① 朱文娟，汪小勤，吕志明. 中国社会保险缴费对就业的挤出效应 [J]. 中国人口·资源与环境，2013（1）：137-142.

（4）全样本变量描述性统计结果，见表4.12。

表4.12　全样本变量的统计描述

变量	企业性质	样本	均值	标准差	最小值	最大值
就业水平 EL/%	国有企业	186	1.527 7	0.786 6	0.326 6	3.549 8
	集体企业	186	0.136 1	0.121 4	0.003 2	0.572 7
	私营企业	186	1.667	1.589	0.029 7	8.580 2
	外资企业	186	0.897 9	1.288 6	0.013 9	5.785 6
平均工资增长 LnWage	国有企业	186	10.347 6	0.355 7	9.632 6	11.332 8
	集体企业	186	9.86	0.363 3	9.091 4	10.847 8
	私营企业	90	9.880 3	0.193 3	9.470 8	10.441
	外资企业	180	10.256 5	0.362 1	9.311	11.569 2
企业实际缴费率 ACR/%	国有企业	186	17.027 8	4.487 5	6.461 9	32.481 7
	集体企业	186	17.731 8	6.623 1	6.461 9	56.109 4
	私营企业	90	17.237 4	4.691	6.461 9	32.481 7
	外资企业	180	17.027 8	4.487 5	6.461 9	32.481 7
劳动生产率 LnPR	国有企业	186	13.551 1	0.499 4	11.743 5	14.820 2
	集体企业	186	12.712 3	0.582 2	11.040 1	14.180 6
	私营企业	186	13.088 4	0.400 7	12.279 1	14.071 8
	外资企业	186	13.602 2	0.443 4	12.184	14.932 4
企业利润率 PRR/%	国有企业	186	7.966 3	5.049 8	−0.622 7	28.763
	集体企业	186	6.329 3	4.115 3	−5.263 2	21.568 6
	私营企业	186	6.925 5	5.037 2	1.132 6	43.488 9
	外资企业	186	8.181 5	3.711 5	−2.584 2	21.217 4
经济发展水平 LnAGDP	各类企业	186	10.082 3	0.543 9	8.754 4	11.332
通胀水平 LnCPI（2005年=100）	各类企业	186	4.719	0.157 8	4.613 2	4.919 2

注：平均工资、劳动生产率和人均GDP都是在单位统一为"元"的基础上取的对数。由于私营企业西藏平均工资数据缺失，故西藏私营企业实际缴费率数据缺失，而从其他各类企业来看，历年西藏企业实际缴费率最高，所以私营企业实际缴费率因缺乏西藏数据实际上被拉低了，因此表中私营企业的实际缴费率平均值才会低于集体企业。

各所有制性质企业变量的描述性统计结果如表 4.12 所示，由于这里使用的是 2006—2011 这 6 年 31 个省（区、市）（全样本）的面板数据，所以样本观测数为 186，但由于西藏地区私营企业和外资企业的平均工资数据缺失，加之中国私营单位企业工资统计调查制度于 2009 年首次建立，因此私营企业和外资企业的平均工资增长与实际缴费率样本观测数分别为 90 和 180；从平均就业水平可以看出，私营企业的就业人数最多，说明私营企业是吸纳劳动就业的主体；外资企业和国有企业的平均工资显著高于集体企业和私营企业，劳动生产率和企业利润率有同样的规律特性，但企业实际缴费率却恰恰与之相反，即越是低收入企业，其实际缴费率越高，缴费负担越重；越是高收入企业，实际缴费率越低，缴费负担越轻。这说明由于缴费基数上下限的存在，实际上使养老保险缴费机制具有"累退性"，弱化了制度的收入分配调节力度，违背了养老保险制度的公平属性。

（5）全样本估计结果

为了避免伪回归问题，首先对计量模型中各变量进行单位根检验，检验结果显示各变量均符合一阶单整即 I（1）过程，满足面板协整的前提。协整检验结果表明各变量间存在显著的长期均衡关系。根据模型中待估参数的不同特征，还可以将模型分成混合（pool）模型、固定效应（fixed effect）模型和随机效应（random effect）模型，如果模型形式设定不正确，估计结果将与所要模拟的经济现实偏离甚远①。因此，在回归估计之前，首先需要检验应该使用哪种模型。根据 F 检验和 Hausman 检验得出采用个体固定效应模型比较合理②，且这一模型能够消除不随时间变化的不可观测的企业异质性（unobserved heterogeneity）对估计结果所产生的影响。为了消除面板数据模型可能存在的截面异方差和自相关对回归结果造成的影响，我们使用截面加权方法 EGLS（cross-section weights）进行估计。估计结果如表 4.13 所示，各列分别报告了在控制时间增长趋势下国有企业、集体企业、私营企业和外资企业养老保险实际缴费率和其他解释变量对就业水平和工资增长水平的影响。估计结果显示模型拟合很好，具有较强的解释力，各所有制性质企业养老保险缴费负担都被显著地转嫁给劳动者了，不过转

① 高铁梅. 计量经济分析方法与建模 [M]. 北京：清华大学出版社，2006：85-91.
② F 检验是用来在混合模型和固定效应模型中做出选择，而 Hausman 检验是用来在固定效应模型和随机效应模型中做出选择。

嫁的方式及其程度有所差异。

表 4.13　各所有制企业养老保险缴费对就业与工资增长影响效应的回归结果

变量	国有企业		集体企业		私营企业		外资企业	
	EL	LnWage	EL	LnWage	EL	LnWage	EL	LnWage
ACR	0.000 6 (0.186)	-1.078*** (-5.26)	0.002*** (3.236)	-1.072*** (-4.361)	-0.014* (-1.744)	-0.454*** (-2.16)	-0.007*** (-2.82)	-0.249 (-0.72)
LnPR	-0.687*** (-11.97)	0.024 (1.282)	-0.015** (-2.487)	0.034* (1.835)	-0.988*** (-9.314)	0.462*** (3.163)	-0.116*** (-3.88)	0.121*** (3.231)
PRR	0.002 2 (0.883 5)	-0.153 (-1.12)	0.001** (2.282)	-0.163 (-1.001)	-0.009 8 (-1.113)	-0.108 (-1.31)	0.001 1 (0.789)	0.608*** (3.511)
LnAGDP	1.33*** (13.039)	0.45*** (7.29)	0.28*** (10.844)	0.231*** (2.857)	3.57*** (7.06)	-0.008 (-0.08)	0.427*** (6.006)	0.115 (1.41)
LnCPI	-0.099 (-0.341)	0.389** (2.487)	-0.26*** (-3.697)	0.906*** (4.021)	-15.096*** (-9.449)	1.813*** (5.045)	0.123 (0.653)	0.779*** (3.512)
YEAR	-0.022* (-1.685)	0.064*** (9.429)	-0.05*** (-14.92)	0.088*** (0.052)	0.187* (1.767)	0.083*** (4.573)	-0.05*** (-4.72)	0.063*** (6.596)
LnWage	-0.611 (-1.103)		0.017 (0.914)		0.37* (1.786)		0.016 (0.39)	
EL		-0.171 (-0.45)		0.047 (0.733)		-0.001 (-0.07)		-0.026* (-1.66)
R²	0.995 4	0.995 3	0.960 5	0.987 4	0.994 4	0.997 1	0.994 3	0.987 2
F 值	862.48	850.05	97.21	314.22	262.82	505.84	690.62	307.09
观测数	186	186	186	186	90	90	180	180

注：***、** 和 * 分别表示在 1%、5% 和 10% 的水平上显著，括号中的值是相应的 t 统计量。ACR 与 PRR 对 LnWage 的影响系数已经过百分数（%）处理。由于私营企业和外资企业西藏的平均工资数据缺失，故在对私营企业和外资企业的回归分析中将其剔除了西藏的数据。

对国有企业而言，养老保险缴费对平均工资增长的影响系数为-1.078，且在 1% 的水平上显著，但对就业水平的影响不显著，说明国有企业养老保险缴费负担只是转嫁给了劳动者工资，而对其就业水平影响不大，实际缴费率每增加 1%，国有企业平均工资增长率将下降 1.078%。外资企业则与之相反，养老保险缴费对工资增长的挤出效应不很明显，但对就业的挤出效应较显著。养老保险实际缴费率每提高 1 个百分点，外资企业的就业水平即外资企业全部从业人员年平均人数占当地常住人口数的比重将降低 0.007 个百分点。一方面可能与中国经济正处于高速发展阶段，外资企业可以通过更高的资本投资来替代劳动有关。现阶段中国外资企业大多集中在代工、制造环节，产出水平的提高更多地需要依靠资本投入与技术、设备等的更新；另一方面由于近年来中国劳动力成本的不断上升，失去了比较优势，所以外资企业很有可能会将业务转向印度、越南等低人力成本的国家，也可能会因为如美国等国实施再工业化战略鼓励制造业回归，从而使一定的外资回流，进而减少了国内的劳动力需求。

对私营企业而言，养老保险缴费负担不仅在 1% 的显著性水平上转嫁给了工资增长，而且在 10% 的显著性水平上转嫁给了就业。换言之，私营企业养老保险缴费"挤出"了劳动者就业需求与工资增长，养老保险实际缴费率每上升 1%，就业水平和平均工资增长率将分别下降 0.014% 和 0.454%。可见，养老保险缴费虽然在一定程度上"挤出"了私营企业的平均工资增长，但"挤出效应"大大低于国有企业，还不到其一半。一般而言，相对国有企业，私营企业不仅缴费负担较重，而且缴费承受能力较差，故养老保险缴费对私营企业平均工资增长的挤出效应理应高过国有企业才对，但结果却与之相左。这除了因为私营企业将缴费负担转嫁给了劳动者就业之外，还可能是因为私营企业还会通过虚报缴费基数甚至逃缴、漏缴等行为来缓解缴费压力。一方面由于私营企业工资长期被压低，且近年来最低工资标准不断上涨，所以私营企业将缴费负担转嫁给工资的空间相对有限；另一方面由于私营企业职工流动率较高、平均年龄偏低，且现有工资水平大都仅能维持温饱，所以参保意愿不强。加之地方政府"唯 GDP论"，即为了经济建设、招工引资、社会稳定等目的而实行地方保护主义，从而对私营企业的这种行为监管不严和惩罚力度不足，甚至会包庇纵容这种行为，这也在一定程度上解释了为何中国私营企业社会保险参保率不足以及扩面工作很难。而国有企业属于公共部门，相对私营企业而言，其员工工作稳定、工资普遍较高、参保积极性也较高，而且国有企业在很大程度上承担着稳定就业的责任义务，且政府部门对国有企业的控制程度和监管力度较强[1]。因而国有企业很难通过逃缴、漏缴、欠缴和减少就业来规避缴费负担，只能通过大幅压缩工资增长来缓解缴费压力。

对集体企业而言，养老保险缴费对工资增长与就业水平均有非常显著的影响。养老保险实际缴费率每上升 1%，平均工资增长率将下降 1.072%，

---

① JANE D, ARTHAR H. Tackling unemployment in China: state capacity and governance issues [J]. Pacific Review, 2008, 21 (2): 211-229.

而就业水平却上升0.002%。这是一个比较特殊的结论，即养老保险缴费虽然对工资增长具有明显的挤出效应，但对就业却表现出显著的创造效应，尽管程度较小。当然，出现这一特殊结论不排除其实际缴费率可能被低估了。此外，我们认为集体企业为了规避养老保险缴费负担，除了给其职工工资造成负面影响之外，很可能倾向于转向非正规部门。而且由于其职工工资水平普遍偏低，很多员工缴费意愿并不强，加之累退的缴费机制客观上使其难以承受与其缴费能力不匹配的过高缴费负担而"被迫"逃离养老保险体系，转向非正规部门就业正符合他们的要求，这样不仅没有明显减少劳动需求，反而刺激了有效劳动供给，从而有利于促进就业。这同时也为国有企业和私营企业养老保险缴费对其就业的挤出效应不显著提供了另外一个可能的解释。不过转向非正规部门会使得非正规就业人员上升，就业质量下降，加大劳动力市场的差异性，进一步加剧了收入分配差距。因而这一估计结果应该引起有关部门注意，在后续研究中值得深入研究。

各所有制企业劳动生产率对就业的影响系数都为负，且都在1%的水平上显著，说明劳动生产率增长对各企业就业具有非常明显的"替代效应"。这可能是因为目前中国正处于传统技术生产向现代技术生产转换的阶段，而Beaudry和Ccllard（2003）[①] 利用一个扩展的新古典增长模型证明，在这一阶段，技术的进步会形成资本积累和资本深化过程，从而出现劳动生产率对就业的替代现象。不过他们还指出，这种替代关系仅仅是阶段性的，大概要持续20~25年。然而值得注意的是，虽然劳动生产率对不同所有制企业工资都具有正向影响，但对国有企业统计上不显著，集体企业在10%的水平上显著，私营企业和外资企业在1%的水平上显著。这说明中国国有企业和集体企业相对私营企业和外资企业工资市场化程度较低。尤其是国有企业，主要是由于其工资分配的固有行政模式仍然起着决定作用。相对而言，私营企业和外资企业的工资作用机制更趋于市场化，劳动生产率每提高1%，其平均工资将分别上升约0.462%和0.121%，而OECD国家劳动生产率对工资的影响系数接近0.7[②]，说明中国劳动生产率与工资的联系仍不够充分，对工资影响程度较弱，远远落后于成熟市场经济国家的水平。

---

① BEAUDRY P, CCLLARD F. The employment productivity tradeoff around the 1980s. A case for medium run theory. Working Paper, 2003.

② 李红涛，党国英. 劳动生产率对工资的影响：基于动态面板数据的广义矩估计方法 [J]. 社会科学战线，2012（4）：66-73.

此外，利润率除了对外资企业平均工资增长有比较显著的促进效应外，对其他企业平均工资增长以及就业水平的正向影响都不明显，甚至还有负面影响的趋势，这一结果与分享工资理论相悖。这应该与中国劳动力供求状况有关，说明在中国劳动力供大于求的情况下，除了外资企业之外，劳动者不仅没有分享到企业利润增长带来的成果，而且企业在追求经济效益的过程中，不同程度地压制了职工工资水平，同时也表明中国"强资本弱劳动"的格局并没有得到根本转变。不过值得庆幸的是，经济增长带动了各企业就业水平的显著增长，且对私营企业尤为明显，而且国有企业、集体企业和外资企业的平均工资也都因经济的发展有所提高，可是提高幅度却无一不低于经济增长幅度，且私营企业平均工资的增长并未从经济增长中获益，这验证了中国平均工资增长率与人均 GDP 增长率并不同步。通货膨胀对低收入群体的影响较强，一方面显著推高了私营企业和集体企业的平均工资水平，这符合生存工资理论，而且工资增长本身存在着随时间显著增加的趋势，支持了工资黏性理论。然而，另一方面经济运行中出现的通货膨胀不仅没有带动就业水平的增长，相反却明显拉低了私营企业和集体企业的就业水平，说明传统的菲利普斯曲线理论在中国并不适用，而且就业水平本身基本存在着随时间显著下降的趋势，这意味着中国面临着高通胀与就业困难的双重压力，应该引起决策层高度重视。

就业水平与工资增长之间在大部分企业基本上不存在替代关系，这表明中国劳动力市场供求关系与工资决定机制联系不够紧密，再次验证了中国市场化改革不够彻底。不过值得一提的是，对于私营企业而言，工资的上升不仅没有降低就业水平，反而在 10% 的显著性水平上有利于促进就业。这一结论有助于解释中国"就业难"与"民工荒"并存的问题，正是由于私营企业工资水平长期被低估，因而适当的工资上涨短期内不仅不会明显减少劳动需求，而且还会刺激有效劳动供给，从而增加了就业。

（6）不同地区子样本变量描述性统计结果。

为了进一步比较分析中国东部、中部与西部地区不同所有制企业养老保险缴费对就业与工资增长的影响效应，还分别建立了各类所有制企业东、中、西部地区的面板数据模型。由于我们着重分析的是各地区不同所有制企业养老保险缴费的初次分配效应，所以简便起见，表 4.14 中只列出了东、中、西部地区各类所有制企业实际养老保险缴费率的描述性统计结果。从表 4.14 中可以明显看出，与全国一样，东、中、西部地区的国有企业和外资企业的实际缴费率也都小于集体企业和私营企业,而且不管是国有企业、集体企业、私营企业还是外资企业,都是东部地区的实际缴费率最低,西部地区的实际缴费率最高,中部地区的实际缴费率居于两者之间。这说明了中国养老保险缴费机制不仅在不同所有制企业之间具有累退性,而且在不同地区之间也存在着非常显著的累退性。

表 4.14　各地区各类所有制企业变量的统计描述

变量	企业性质	地区	样本	均值	标准差	最小值	最大值
企业实际缴费率 ACR/%	国有企业	东部	66	13.298 3	3.881	6.461 9	20.107 1
		中部	48	17.165 7	2.732 5	11.935 3	22.590 4
		西部	72	20.354 6	3.094	14.272 2	32.481 7
	集体企业	东部	66	13.506	3.776	6.461 9	20.107 1
		中部	48	17.165 7	2.732 5	11.935 3	22.590 4
		西部	72	21.982 9	7.82	14.272 2	56.109 4
	私营企业	东部	33	13.366 7	4.258 7	6.461 9	22.013 8
		中部	24	16.817 3	3.055 7	11.935 3	22.590 4
		西部	33	20.505 6	3.173	16.034 5	29.083 8
	外资企业	东部	66	13.298 3	3.881	6.461 9	20.107 1
		中部	48	17.165 7	2.732 5	11.935 3	22.590 4
		西部	66	20.354 6	3.094	14.272 2	32.481 7

(7) 不同地区子样本估计结果。

各地区子样本模型的估计方法与全样本模型相同,即使用 EGLS 方法进行估计。估计结果如表 4.15 所示,各列分别报告了在控制时间增长趋势下东、中、西部地区国有企业、集体企业、私营企业和外资企业养老保险实际缴费率对就业水平和工资增长水平的影响。估计结果显示各模型拟合很好,具有较强的解释力。

表 4.15　各地区不同所有制企业养老保险缴费对就业与工资增长

影响效应的回归结果

企业性质	变量	东部		中部		西部	
		EL	LnWage	EL	LnWage	EL	LnWage
国有企业	ACR	-0.003 7 (-0.401)	-1.285 *** (-3.254)	0.005 8 (0.425)	-1.253 ** (-2.047)	-0.002 (-0.596)	-0.912 *** (-3.064)
	R^2	0.997 2	0.997 3	0.991 3	0.989 9	0.993 9	0.986
	F 值	1 012.38	1 050.4	269.23	231.62	476.25	207.77
	观测数	66	66	48	48	72	72
集体企业	ACR	-0.002 1 (-0.573)	-0.979 8 * (-1.775)	0.003 7 * (1.716)	-0.486 (-0.363)	-0.000 9 ** (-2.293)	-1.191 *** (-3.518)
	R^2	0.972 6	0.992 9	0.910 5	0.984 9	0.961 9	0.972 9
	F 值	100.12	397.2	23.97	153.28	74.33	105.76
	观测数	66	66	48	48	72	72
私营企业	ACR	-0.074 * (-1.88)	0.301 (0.95)	-0.058 *** (-3.386)	-1.222 * (-1.85)	-0.007 (-0.901)	-0.677 ** (-2.24)
	R^2	0.999	0.998 2	0.995 5	0.999	0.992 6	0.993 6
	F 值	877.79	481.91	141.66	649.4	118.39	135.99
	观测数	33	33	24	24	33	33
外资企业	ACR	0.002 5 (0.126)	0.011 (1.092)	-0.002 8 (3.003)	-1.877 (-1.513)	-0.049 *** (-3.234)	0.687 (1.567)
	R^2	0.991 3	0.994 5	0.974 8	0.975	0.962 8	0.984 7
	F 值	322.5	508.93	91.08	92.14	73.13	181.43
	观测数	66	66	48	48	66	66

　　对国有企业而言，东、中、西部养老保险缴费对工资增长都具有挤出效应，且至少在 5% 的水平上显著，而对就业水平的影响都不显著。东、中、西部国有企业养老保险实际缴费率每提高 1%，则其平均工资增长率将分别下降 1.285%、1.253% 和 0.912%。可见，中国国有企业养老保险缴费对其工资增长的挤出效应，东、中、西部地区都有显著贡献，且贡献度依次递减。

　　对集体企业而言，东部养老保险缴费对工资增长有显著的挤出效应，但对就业的挤出效应不显著，东部养老保险实际缴费率每上升1%，其平均工资增长率将下降0.979 8%；中部养老保险缴费不仅对就业与工资增长不存在显著的挤出效应，还对就业具有显著的创造效应，中部养老保险实际缴费率每上升1%，其就业水平将上升0.003 7%；西部养老保险缴费对就业与工资增长都具有显著的挤出效应，西部养老保险实际缴费率每提高1%，其就业水平与平均工资增长率将分别下降0.000 9%和1.191%。可见，中部集体企业养老保险缴费对就业的创造效应大于西部养老保险缴费对就业的挤出效应，所以中国集体企业养老保险缴费对就业的确具有显著的创造效应，且这种创造效应主要来自西部；而中国集体企业养老保险缴费对工资增长的挤出效应主要来自东部和西部。

对私营企业而言，东部养老保险缴费对就业有显著的挤出效应，但对平均工资增长的基础效应不显著，东部养老保险实际缴费率每上升1%，其就业水平将下降0.074%；中部养老保险缴费对就业与工资增长存在显著的挤出效应，中部养老保险实际缴费率每上升1%，其就业水平与平均工资增长率将分别下降0.058%和1.222%；西部养老保险缴费对工资增长有显著的挤出效应，但对就业的挤出效应不显著，西部养老保险实际缴费率每提高1%，其平均工资增长率将下降0.677%。可见，中国私营企业养老保险缴费对就业的挤出效应主要来自东部和西部，而对工资增长的挤出效应主要来自中部和西部。

对外资企业而言，只有西部养老保险缴费对就业具有显著的挤出效应，其他地区不管是对就业还是对平均工资增长，其影响效应都不显著。这也表明中国外资企业对就业的挤出效应主要来自西部，西部外资企业养老保险实际缴费率每上升1%，其就业水平将下降0.049%。

可见，不管是国有企业、集体企业、私营企业还是外资企业，西部地区养老保险缴费对就业或工资增长都具有显著挤出效应。很显然，这与各类企业西部养老保险缴费承受能力不足有关。

4.3.2.3　研究结论

受政治、经济、社会和文化等各方面因素的影响，一个"放之四海而皆准"的理论和制度政策难以在不同国家有效推行，因而各国有着不同的养老保险制度安排，其对工资和就业水平的影响也有不同的表现。即便是在同一国家，由于不同地区、不同所有制企业的劳动力结构、工资以及利润水平等均有所差异，故其养老保险对工资和就业水平的影响也表现各异。

通过对中国东、中、西部地区国有企业、集体企业、私营企业和外资企业2006—2011年的省级面板数据分析发现，由于养老保险制度缴费率过高，各所有制性质企业养老保险缴费负担都被不同程度或以不同方式显著转嫁给了劳动者。养老保险对就业的挤出效应主要作用于东部和西部私营企业以及西部外资企业上，对平均工资增长的挤出效应主要作用在各地区国有企业、东部和西部集体企业以及中部和西部私营企业上。尽管养老保险对集体企业就业具有较小程度的创造效应，但仍远远小于对其平均工资增长的挤出效应，且这一创造效应很可能是转向非正规部门就业而带来的，而非正规就业部门工资水平低，劳动者权益缺乏保障。

可见，中国养老保险缴费机制的设计与实施，使得收入低、缴费能力不足的地区和企业的名义缴费率与实际缴费率都高于收入较高、缴费能力较强的地区和企业，从而导致越是弱势困难的地区和企业，其养老保险缴费负担越重，进而对就业与工资增长的挤出效应越显著。因此，中国（尤其是西部等低收入地区企业）养老保险缴费率的提高，最终都会对工资总额和劳动者报酬的增长产生不利影响，从而使得中国初次分配中政府、企业和个人之间的利益格局更难达到均衡。党和政府多次强调要提高劳动报酬在初次分配中的比重，因此，政府这一阶段的有为举措就是要改革优化中国现行企业养老保险缴费政策，减轻企业尤其是困难企业的缴费负担，并提高统筹层次，强化地区间的互助共济功能。

4.4 城镇企业职工基本养老保险再分配效应及传导机制的实证研究

收入再分配功能是政府介入养老保险业务的主要理由之一（Diamond，1977）[1]。关于养老保险收入再分配效应问题，国内外有不少研究，但主要集中于基本养老保险代际、代内、地区、性别以及不同收入群体之间的收入再分配效应，而缺乏从不同所有制企业角度进行研究。事实上，我国收入分配差距不仅体现在城乡、地区、行业和不同群体之间，还体现在不同

---

① DIAMOND, PETER. A frame work for social security analysis [J]. Journal of public economics, 1977 (3): 143-165.

所有制企业之间。Démurger et al.（2007）[①] 发现不同所有制企业的收入差距有扩大的趋势，特别是最具特权的部门与市场化程度最高的部门之间的工资差距在显著增加。邢春冰（2005）[②] 等认为不同所有制企业差异化的工资决定机制是导致收入差距不断扩大的潜在原因。如前所述，养老保险对职工工资水平有显著的影响。可见，养老保险对不同所有制企业职工的收入再分配效应可能存在差异，以下将基于不同所有制企业视角进一步分析城镇职工基本养老保险收入再分配效应。

4.4.1 测算方法与精算模型

4.4.1.1 测算方法与指标选取

中国现行养老保险制度采取社会统筹与个人账户相结合的模式，按照国务院于 2005 年 12 月 3 日颁布的《国务院关于完善企业职工基本养老保险制度的决定》（国发〔2005〕38 号）的最新规定，城镇职工参加养老保险的缴费由单位和个人共同负担，单位缴费比例不超过其工资总额的 20%，个人缴费比例占其工资的 8%。同时，该决定规定了领取养老金的最低缴费年限为 15 年，缴费年限累计不满 15 年的，个人账户储存额在达到退休年龄时一次性支付给本人，终止基本养老保险关系。缴费年限累计满 15 年的，退休后按月发给基础养老金和个人账户养老金。其中，基础养老金以当地上年度在岗职工月平均工资和本人指数化月平均缴费工资的平均值为基数，缴费每满一年发给 1%。且根据职工工资和物价变动等情况，国务院适时调整企业退休人员基本养老金水平，调整幅度为省（区、市）当地企业在岗职工平均工资年增长率的一定比例。个人账户养老金月标准以个人账户余额除以计发月数计算，计发月数根据职工退休时城镇人口平均预期寿命、本人退休年龄和利息等因素确定。

本节将运用终生收入法构建基础养老金的精算模型[③]，通过测算不同所

---

① DÉMURGER, SYLVIE, MARTIN FOURNIER, et al. Economic liberalization with rising segmentation in China's urban labor market［J］. Asian economic papers, 2006, 5（3）: 58-101.

② 邢春冰. 不同所有制企业的工资决定机制考察［J］. 经济研究, 2005（6）: 16-26.

③ 很多文献常常以年度数据为基础来研究再分配效应（Muffels, Nelissen, Nuyens, 1988），但年度再分配稳健性较低，而终生收入要稳定得多（Friedman, 1957; Pestieau, 1990; Nelissen, 1998），因此本节使用运用终生收入法构建精算模型。

有制企业职工基本养老保险的净收益（包括净收益额与净收益率)[①] 来比较分析养老保险收入再分配效应。其中，净收益额为终生养老金待遇给付精算现值与终生养老金缴费累计精算现值之差。正的净收益额表示缴费精算现值小于领取的养老金精算现值，即获得净收益。相反，负的净收益额表示该企业职工对养老保险制度的净贡献大于零，即遭受净损失。净收益越大，表明再分配程度越大；净收益额为零，表明不存在再分配效应。净收益额是个绝对量，容易受量纲的影响，存在一定缺陷。而净收益率表示收益的相对程度，可以看作一个标准化了的具有可比性的数值，可以消除量纲和收入规模的影响。为此，又使用了净收益率来衡量养老保险的收入再分配效应，净收益率为净收益额与缴费额之比，表示单位缴费得到的净收益[②]。

4.4.1.2　精算模型构建[③]

设 T 为参加养老保险制度的年份，R 为退休年份，D 为死亡年份，r_s 为年平均利率，$\overline{W}_{is}$ 为 i 类所有制性质企业在 s 年份在岗职工年平均工资（以下简称平均工资），g_{is} 为第 i 类所有制性质企业 s 年的实际工资增长率，C 为缴费率，P_{is} 为第 i 类所有制性质企业职工活到 s 年的生存概率。

根据国发〔2005〕38 号文件，则第 i 类所有制性质企业在 s 年的基础养老金为[④]

$$B_{is} = 0.5\overline{W}_{R-1}(1 + I_{is})(R - T) \times 1\% \times (1 - \rho_{is}g_{is})^{s-R} \qquad (4.17)$$

其中，$\overline{W}_{R-1}$ 为企业参保人员退休前一年当地在岗职工平均工资；ρ_{is} 为第 i 类所有制性质企业基础养老金根据当地上年度企业在岗职工平均工资增长率进行调整的比例；I_{is} 为第 i 类所有制性质企业职工本人 s 年平均缴费工资指数，即：

---

① 以下提到的"净收益"同时包括净收益额和净收益率，比如净收益为正即表示净收益额和净收益率都为正；同理，"净损失"同时包括净损失额和净损失率。

② 衡量再分配效应的指标除了包括净收益额与净收益率，还有内部收益率，即净收益率等于零时的利率。由于根据净收益率和内部收益率得到的结论是一致的，如果某个职工的净收益率高于其他职工，那么内部收益率也高于其他职工；反之亦然（张勇，2010)。因此，本节就只分析净收益额与净收益率。

③ 许志涛. 不同所有制企业职工基本养老保险收入再分配效应 [J]. 财经论丛，2014 (4)：34-40.

④ 为了处理方便，将按月发生的情况折算成年，1 期为 1 年。

$$I_i = \sum_{x=1}^{R-T} (W_{ix}/\overline{W}_x)/(R-T) \tag{4.18}$$

式中，W_{ix} 是第 i 类所有制性质企业职工本人在第 x 年的缴费工资；$\overline{W}_x$ 是退休前第 x 年当地在岗职工平均工资。

第 i 类所有制性质企业基础养老金终生缴费精算现值为

$$FVC_i = \sum_{s=T}^{R-1} C \times \overline{W}_{iT} \times P_{is} \times \frac{(1+g_{is})^{s-T}}{(1+r_s)^{s-T}} \tag{4.19}$$

第 i 类所有制性质企业基础养老金终生待遇给付精算现值为

$$PVB_i = \sum_{s=R}^{D-1} \frac{P_{is}B_{is}}{(1+r_s)^{s-T}} \tag{4.20}$$

则净收益额 $NE_i = PVB_i - FVC_i$；净收益率 $NER_i = NE_i/FVC_i$。

4.4.2　再分配效应的实证分析

4.4.2.1　假设方案

本节同样选取了国有企业、集体企业、私营企业以及外资企业四大所有制企业类型进行研究。在以上四类所有制企业中均选取一位有代表性个体作为测算对象，假定测算对象是从 2011 年开始参加养老保险的 20 岁新人[①]，且于 60 岁退休[②]，退休后预期余命为 20 年[③]；由于不同地区可能存在差异，本节在以全国为分析对象的基础上，同样还对东、中、西部三个地区分别进行了测算。在实际计算过程中，为了简化处理，I_{is} 用 2011 年第 i 类所有制性质企业职工本人缴费工资与当地社会平均工资之比来表示，这一方法具有一定的合理性（王亚柯，2008）[④]。假定各地区不同所有制企业缴

---

①　根据郑功成在《中国社会保障制度变迁与评估》中的测算，中国男性的初始就业年龄是 19.2 岁，女性的初始就业年龄是 19.1 岁，本节假定男女初始就业年龄均为 20 岁，且开始参加养老保险。

②　中国法定的正常退休年龄为男满 60 周岁、女干部满 55 周岁、女工人 50 周岁，考虑到未来男女退休年龄逐步延长的可能性，且为了便于计算，这里统一退休年龄为 60 岁。这样，平均缴费年限则为 40 年。

③　60 岁男性人口和女性人口的预期余命分别为 17.7 年和 19.6 年（王晓军、康博威，2009），同时考虑到人口预期寿命不断延长的可能性，设这些对象人均养老金平均领取年限为 20 年。这样也就相当于忽略了生存概率，对结果的影响并不大。

④　王亚柯. 中国养老保险制度改革的经济绩效：再分配效应与储蓄效应 [M]. 上海：上海人民出版社，2008.

费工资等于当地各类企业平均工资（见表4.16）。

表4.16　各地区不同所有制企业的平均工资　　　　　单位：元

	城镇企业	国有企业	集体企业	外资企业	私营企业
全国	42 452	43 483	28 791	48 869	24 556
东部	48 604	55 170.91	32 622.18	48 875.55	26 144.45
中部	36 150.25	35 933.13	25 970.75	37 134	20 492.5
西部	39 947.7	40 694.08	29 034.33	37 077.92	21 934.09

数据来源：根据《中国统计年鉴（2012）》计算而得。

　　由表4.16可知，从企业所有制性质来看，中国不同所有制企业之间工资收入差距较大。其中，各地国有企业及外资企业平均工资较高。总体来看，外资企业平均工资最高，为4.89万元；私营企业和集体企业平均工资都低于全部企业的平均水平，其中尤以私营企业最低，只有全部企业在岗职工平均水平的53.79%~57.84%，而东部私营企业平均工资还不到国有企业的一半，仅为46.69%（见表4.17）；从地区来看，只有东部地区各所有制性质企业平均工资高于全国平均水平，其他地区各所有制性质企业平均工资都低于全国平均水平，其中除了外资企业之外，中部其他所有制企业平均工资水平最低，其中私营企业仅为20 492.5元。

表4.17　各地区不同所有制企业平均工资与当地在岗职工平均工资之比

单位：%

	国有企业	集体企业	外资企业	私营企业	私企/国企
全国	1.024 286	0.678 201	1.151 159	0.578 442	0.564 726
东部	1.135 11	0.671 183	1.005 587	0.537 907	0.466 855
中部	0.993 994	0.718 411	1.027 213	0.566 87	0.563 627
西部	1.018 684	0.726 809	0.928 162	0.549 07	0.539 000

注：根据表4.16中的相关数据计算而得。

　　由于工资增长率g、养老金待遇调整比例ρ及利率r等宏观经济参数经常发生变动，为了体现其变动对养老保险收入再分配效应的影响及影响的敏感程度，本节设计了六种方案（见表4.18）。

表 4.18 养老保险收入再分配效应方案设计

	方案 1	方案 2	方案 3	方案 4	方案 5	方案 6
g	4%	3%;3.5%;4.5%;5%	3.5%	4.5%	4%	4%
ρ	100%	100%	100%	100%	120%	100%
r	3%	3%	3%	3%	3%	4.5%
ρg	4%	3%;3.5%;4.5%;5%	3.5%	4.5%	4.8%	4%

注：方案 2 中 g 和 ρg 从左到右依次为国有企业、外资企业、集体企业与私营企业的工资增长率和养老金增长率。

党的十八大报告首次明确提出国民收入倍增目标：到 2020 年城乡居民人均收入比 2010 年翻一番。根据有关测算，要达到这个目标，人均收入年均增长率需达 7%。假定物价水平基本呈稳定态势，即通货膨胀率基本保持 3% 的水平，则平均工资实际年增长率为 4%。为此，方案 1 即假设各所有制企业平均工资年增长率为 4%，同时把 4% 作为基准工资增长率。由于中国一年期存款利率长期稳定在 3% 左右，因此设年平均利率为 3%。根据国发〔2005〕38 号文，需要建立基本养老金正常调整机制，这里将基础养老金的年增长率定义为与各企业平均工资实际增长率相同，即调整比例为 100%；此外，各方面证据表明，中国不同所有制企业工资增长率存在差异，近年来私营企业工资涨幅居前，其次是集体企业，国有企业涨幅相对较小（杨娟、Sylvie Démurger、李实，2011）[①]。一方面正如表 4.16 所示，不论从全国抑或是分地区来看，私营企业工资都最低，其次是集体企业，工资也相对较低，涨幅空间大；而国有及外资企业工资相对较高，涨幅空间较小。另一方面由于私营企业大都是劳动密集型企业，受最低工资标准上调和劳动力短缺等的影响，被动涨薪的幅度较大。这说明不同所有制企业的收入差距呈递减趋势，也符合中国收入分配体制改革的方向。《2010—2012 年中国薪酬白皮书》中数据显示，近年来中国不同所有制企业工资涨幅差异基本维持在 1%~2%，假定这种趋势会延续下去，方案 2 正是在围绕基准工资增长率的基础上体现出了这种差异趋势；为了分析工资增长率变动对再分配程度的影响及敏感性，设计了方案 3 和方案 4，即保持 ρ 和 r 不变，分析 g 围绕基准工资增长率变动的再分配效应；一般来讲，基本养老金待遇调整

---

① 杨娟，Sylvie Démurger，李实. 中国城镇不同所有制企业职工收入差距的变化趋势 [J]. 经济学（季刊），2011（10）：289-308.

具有刚性，即只能向上调整，不能向下调整，方案 5 即在基准工资增长率和 r 一定的情况下，考察 ρ 的增加对再分配程度的影响及敏感性。从方案 1 ~ 方案 5 可以看出，其养老金增长率 ρg（即 $\rho * g$）均大于利率 r，为了进一步分析 ρg 小于 r 会出现怎样的情况，在方案 6 中保持基准工资增长率和 ρ 不变，提高了利率 r 并使之大于 ρg [①]。

4.4.2.2 再分配效应分析

净收益额与净收益率测算结果如表 4.19 所示，从不同所有制的企业来看，方案 1 显示在现行制度下，各地区国有企业和外资企业基本养老保险净收益均为负，即净贡献大于零，都是损失者，且整体上外资企业平均损失额最大，为 9.74 万元，相当于缴费额的 14.65%。各地区集体企业和私营企业基本养老保险净收益均为正，即都为受益者，且各地区私营企业净收益都比集体企业高，其中全国平均收益额为 8.23 万元，相当于缴费额的 24.63%。结合表 4.16 发现，基本养老保险收入再分配流向由高收入企业流向低收入企业，且收入越高，净贡献越大；收入越低，受益程度越大，即具有正向再分配效应；从地区间来看，不同地区养老金的净收益与净损失存在差异，各地区之间并没有产生养老金净转移，说明养老保险在地区之间不存在收入再分配作用。这主要是因为中国现行养老保险制度统筹层次偏低，未实现全国统筹，且缺乏全国统一的基础养老保险。

方案 2 进一步支持了方案 1 的结论，且发现国有企业与外资企业的净贡献都比方案 1 大，集体企业与私营企业的净收益均比方案 1 高，而且私营企业净收益增幅基本高于集体企业。全国私营企业净收益额与净收益率增幅分别为 210.2% 和 152.7%，集体企业增幅分别为 147.7% 和 123.8% [②]。这说明在当前中国不同所有制企业间工资收入差距较大的现实情况下，企业间工资收入增幅差异越大，即不同所有制企业的收入朝着更加公平的方向发展，养老保险也就越能有效发挥其收入分配调节功能，即强化了养老保险制度的公平性。也就是说，不同所有制企业间公平差异化的工资增长率由

---

① 其实笔者已以 0.5% 的变动幅度对 r 的变动进行了一一测算，测算结果显示当 r 大于 ρg 的时候，只存在一种结果，为了简化并避免篇幅过长，这里以方案 7 为代表。此外，之所以没详细列出在 r 小于 ρg 的前提条件下，r 的变动幅度对养老保险再分配效应的影响，是因为根据净收益额与净收益率精算模型可知，r 的影响与 g 相反。所以既然之前方案已对 g 的变动影响做了详细的分析，从中则可推测出 r 变动的影响。

② 根据表 4.18 中相关数据测算而得。

于对工资收入差距具有收敛作用而会对养老保险正向收入再分配产生"乘数效应"。

表 4.19 各地区不同所有制企业净收益额（NE）与净收益率（NER）

方案	地区	国有企业		集体企业		外资企业		私营企业	
		NE/万元	NER/%	NE/万元	NER/%	NE/万元	NER/%	NE/万元	NER/%
方案1	全国	-5.76	-9.74	5.10	13.02	-9.74	-14.65	8.23	24.63
	东部	-10.58	-14.09	6.09	13.72	-5.92	-8.91	10.88	30.58
	中部	-4.10	-8.38	3.27	9.25	-4.98	-9.86	7.32	26.25
	西部	-5.25	-9.49	3.36	8.52	-2.58	-5.12	8.61	28.86
方案2	全国	-15.33	-31.47	12.63	29.14	-15.38	-25.52	25.53	62.26
	东部	-21.49	-34.78	14.71	29.94	-12.36	-20.51	30.57	70.00
	中部	-12.25	-30.44	9.71	24.83	-9.77	-21.35	22.02	64.35
	西部	-14.26	-31.29	10.49	23.99	-7.86	-17.20	24.82	67.76
方案3	全国	-11.38	-21.23	-0.49	-1.38	-15.38	-25.52	2.65	8.76
	东部	-17.03	-25.03	-0.31	-0.76	-12.36	-20.51	4.50	13.95
	中部	-8.88	-20.05	-1.49	-4.67	-9.77	-21.35	2.57	10.16
	西部	-10.55	-21.02	-1.90	-5.31	-7.86	-17.20	3.36	12.44
方案4	全国	2.06	3.14	12.63	29.14	-1.82	-2.48	15.68	42.41
	东部	-1.52	-1.84	14.71	29.94	3.01	4.09	19.37	49.21
	中部	2.54	4.69	9.71	24.83	1.67	2.99	13.65	44.25
	西部	2.10	3.42	10.49	23.99	4.70	8.42	15.60	47.24
方案5	全国	18.55	31.35	25.25	64.46	16.09	24.19	27.18	81.36
	东部	18.77	25.01	29.06	65.48	21.65	32.55	32.02	90.01
	中部	16.29	33.32	20.84	58.97	15.74	31.16	23.34	83.70
	西部	17.55	31.70	22.87	57.90	19.20	38.07	26.11	87.50
方案6	全国	-18.34	-41.30	-7.79	-26.50	-22.21	-44.49	-4.75	-18.94
	东部	-24.87	-44.13	-8.68	-26.04	-20.35	-40.76	-4.03	-15.07
	中部	-14.83	-40.41	-7.68	-28.95	-15.70	-41.38	-3.75	-17.89
	西部	-17.10	-41.14	-8.73	-29.43	-14.50	-38.29	-3.63	-16.20

方案 3 和方案 4 表明工资增长率对养老保险收入再分配效应的敏感性较高。方案 3 中其他条件保持与方案 1 相同，各所有制企业工资增幅同时下降 0.5%，国有企业和外资企业仍是养老保险的损失者，且损失程度较之前有所提高。集体企业则由受益者变成了损失者，损失程度相对国企和外资企业较低，全国平均净损失额为 0.49 万元，占缴费额的 1.38%。虽然私营企业仍是受益者，不过受益程度较之前大大降低，平均净收益额为 2.65 万元，占缴费额的 8.76%，只有之前平均净收益额的 32.2%（2.65/8.23）；方案 4 中工资增幅同时上升 0.5%，集体企业和私营企业仍是受益者，且受益程度较之前均有所提高。值得注意的是，大部分地区国有企业和外资企业都由损失者成了受益者，且在地区之间产生了养老保险收入再分配。就国企而言，形成了东部地区向中、西部地区的再分配，而私企和集体企业仍然不存在地区之间的再分配。从不同所有制的企业来看，中部和西部所有企业都是养老保险的受益者，且企业收入越低，受益程度越大。东部地区形成了国有企业向其他企业的再分配，全国形成了外资企业向其他企业的再分配，且也都是收入越低，获得的净收益越大。

对比方案 5 与方案 1，发现养老金待遇调整比例对养老保险的再分配效应有非常显著的影响。待遇调整比例提高 20%，各地区所有企业都成了养老金的受益者，且受益大幅增加。平均工资越低的净收益越高，相反则越低。东部私营企业净收益率最高，相当于缴费额的 90.01%。即便是净收益率相对较低的国有企业和外资企业，各地区净收益额也都在缴费额 20% 以上。这同时也说明他们的净收益将由财政承担，或由下一代来支付，产生代际收入再分配。

方案 6 代表养老保险养老金增长率小于利率时的收入再分配状况。结果显示，若 ρg 小于 r，各企业职工参加养老保险都将遭受损失，且企业平均工资越高，损失越大。在 r 为 4.5% 的情况下，全国国有企业和私营企业分别损失 18.34 万元和 4.75 万元，分别占其缴费额的 41.3% 和 18.94%。也就是说，当利率高于养老金增长率时，企业参加养老保险制度都不是一种明智的选择，且对高收入企业来说尤为不利。

4.4.2.3 收入再分配效应的修正——来自缴费基数的上下限限制

上文对收入再分配效应的分析并没有考虑中国养老保险制度缴费基数的上下限限制，实际上，各地区私营企业平均工资收入都低于 60% 的下限，导致其实际缴费率高于法定缴费率。因此，考虑缴费基数上下限限制后测算出各方案私营企业养老金净收益状况如表4.20所示。①当平均工资增长率 g 为4%时（方案1），私营企业净收益额与净收益率都为正，是养老保险收入再分配的受益者，但净收益下降，表明养老保险的正向收入再分配功能被弱化。②当 g 为3.5%时（方案3），全国、中部和东北地区私营企业养老金净收益也有下降，东部和西部私营企业的养老金净收益则由正转负，意味着实际缴费基数和实际缴费率的增加不仅弱化了养老保险的收入再分配功能，而且导致逆向收入再分配效应。③方案2和方案4~方案6与法定缴费率下的结论基本相同，只是由于实际缴费基数和实际缴费率的上升增加了私营企业的缴费负担，导致其净收益比法定缴费率下的低，净损失较高。

表4.20　私营企业养老金净收益额（NE）与净收益率（NER）

	全国		东部		中部		西部	
	NE/万元	NER/%	NE/万元	NER/%	NE/万元	NER/%	NE/万元	NER/%
方案1	6.98	20.91	6.78	18.83	5.74	20.26	5.84	19.58
方案2	24.00	58.53	25.84	58.45	20.33	58.51	21.42	58.48
方案3	0.61	1.99	-0.32	-0.90	0.28	1.04	-0.38	-1.26
方案4	14.30	38.68	14.96	37.55	12.01	38.33	12.54	37.96
方案5	25.94	77.63	28.30	78.57	22.06	77.92	23.35	78.23
方案6	-5.69	-22.67	-7.32	-27.06	-5.11	-24.04	-5.71	-25.47

4.4.3　研究结论

基于不同所有制企业的视角运用终生收入法构建了基础养老金的精算模型，通过测算净收益额与净收益率来反映养老保险的收入再分配效应。结果发现：在实现收入倍增计划，维持利率和通货膨胀率基本稳定的基础上，中国现行养老保险制度在不同所有制企业之间具有一定的正向收入再分配效应，即养老金能够从收入较高的所有制性质企业转入收入相对较低的所有制性质企业，且越是低收入企业越能够获得更高的养老金净收益，而且不同所有制企业间公平差异化的工资增长率（即低收入企业工资增长率高于高收入企业）有助于强化养老保险制度的收入再分配效应。但是，现行缴费机制的"累退性"加大了私营企业的缴费负担，从而弱化了养老保险的收入再分配效应，甚至会导致其逆向再分配；而且，由于统筹层次偏低，现行养老保险制度基本不存在地区之间的收入再分配，不过工资增长率的提升有可能使部分性质企业产生地区间的再分配；此外，工资增长率和养老金待遇调整比例越高，受益企业越多且受益程度越大，且代际再分配效应在增强。相反，损失企业越多，且损失程度越大；如果利率大于养老金增长率，养老保险参与者都将遭受损失，且对高收入企业来说尤为不利。

值得注意的是，本节研究的对象是养老保险制度内的群体，而实际上中国有很大一部分农民工、灵活就业人员等非正规就业人员被排斥在养老保险制度之外。全国农民工的社保参保率只占农民工总数的 13.57%（成静，2012）①，流动人口中参加养老保险的比例仅为 27.8%②。而这些人员多数来自个体私营企业，收入较低而且不稳定，也是最需要保障的群体，游离于养老保险制度之外会使其与制度内人群的收入差距越来越大。因此，要有效发挥养老保险再分配功能，缩小收入差距，当务之急是要扩大覆盖面，实现全民覆盖。

4.5 养老保险"多轨制"对不同群体的收入分配效应及公平性比较

以上基于不同所有制企业视角探讨了中国城镇职工养老保险制度的初次分配与再分配效应，实际上，正如 4.1 中所论述的那样，中国现行养老保险制度"碎片化"严重，具有明显的"身份"特征，主要表现在两个方面：一是单位制，即不同工作单位的职工参加不同的养老保险制度，如公务员与事业单位工作人员参加机关事业单位职工养老保险制度③，企业职工参加

---

① 成静. 收入倍增易，分配公正难 [N]. 中国经济导报，2012-11-24 (05).

② 国家人口和计划生育委员会流动人口服务管理司. 中国流动人口发展报告 [M]. 北京：中国人口出版社，2011：3-8.

③ 虽然 2009 年公布了事业单位养老保险制度改革方案，并在山西、上海、浙江、广东、重庆五省市试点，但四年多的试点改革进展一直非常缓慢。直到 2015 年 1 月我国才开始正式启动了机关、事业单位的养老保险制度改革。但这里事业单位养老保险制度仍沿用 2014 年前旧的机关事业单位职工养老保险制度进行分析。

城镇职工基本养老保险制度，也就形成了人们通常所说的机关事业单位与企业单位的"退休双轨制"。二是户籍制，即城镇户籍人员与农村户籍人员参与不同的养老保险制度，城镇职工依单位不同可参与上述两种之一的单位养老保险制度；自 2011 年起，城镇居民可参加城镇居民养老保险制度；中国现阶段农村居民可自愿参加新型农村社会养老保险制度（以下简称"新农保"）。当然，有不少地方还专门为农民工等灵活就业人员建立了农民工养老保险制度，所以实际上中国的养老保险制度并非仅仅是所谓的"双轨制"那么简单，而是"多轨制"（"三轨制""四轨制"甚至更多），且每种制度的模式并不相同，各群体享受的养老保险待遇给付水平不同，从而不同制度的收入分配效应有所差异。由于农民工养老保险制度不具有普遍性和代表性，且城镇居民养老保险制度从 2011 年才开始进行试点，相关数据不充分，因此，以下着重比较分析中国企业职工基本养老保险制度、机关事业单位职工养老保险制度与新型农村社会养老保险制度的收入分配效应。

4.5.1　不同养老保险制度覆盖面比较分析

在制度筹资模式上，企业实行的是社会统筹与个人账户相结合的基本养老保险制度，基金来源于企业和个人缴费，属于部分积累制；2014 年前机关事业单位既未实行社会统筹，也未建立个人账户，而仍实行的是福利性质的退休养老制度，个人并不用缴费，其养老保险待遇给付水平与本人退休前的工资收入挂钩，属于现收现付制；新农保实行完全积累制，个人缴费完全进入其个人账户进行积累，且地方政府根据其缴费档次的不同给予相应水平的财政补贴，这部分也纳入个人账户，在此基础之上，为了体现养老保险的"保障"作用及再分配功能，中央政府还给符合条件的农村老人发给基础养老金。

养老保险制度覆盖面是决定其收入分配调节效应的基石，一般而言，覆盖面越广，调节效应越好，制度公平性越强；反之，收入分配调节效应越差，制度公平性越弱。企业职工基本养老保险制度、机关事业单位职工养老保险制度与新农保参保人数如表 4.21 所示。

表 4.21　2000—2011 年我国不同养老保险制度参保人数比较

	城镇企业职工		机关事业单位职工		新农保	
	人数/万人	增长率/%	人数/万人	增长率/%	人数/万人	增长率/%
2000	12 486.4	6.51	1 131.0	48.33	—	—
2001	12 904.3	3.35	1 278.2	13.02	—	—
2002	13 278.6	2.90	1 458.0	14.06	—	—
2003	13 881.4	4.54	1 625.3	11.47	—	—
2004	14 678.9	5.75	1 674.0	3.00	—	—
2005	15 715.8	7.06	1 772.1	5.86	—	—
2006	16 856.6	7.26	1 909.7	7.76	—	—
2007	18 234.6	8.17	1 902.3	-0.39	—	—
2008	19 951.4	9.42	1 939.7	1.97	—	—
2009	21 567.0	8.10	1 983.0	2.23	—	—
2010	23 634.4	9.59	2 072.9	4.54	10 276.8	—
2011	26 284.0	11.21	2 108.0	1.69	32 643.5	217.6

数据来源：选自 2011 年和 2012 年《中国统计年鉴》，增长率经计算整理而得。

注：对于农民参保情况，表中只列出了新农保的参保情况，由于新农保于 2009 年才开始试点，所以 2009 年之前的数据为空，下同。

从表 4.21 中可以看出，中国机关事业单位职工参加养老保险的人数近几年增长非常缓慢，基本维持在 2 000 万人左右，这主要是因为机关事业单位职工养老保险制度早已成型，参保人群比较稳定，且覆盖率已达到了很高的水平，基本实现了全覆盖；城镇企业职工参保人数呈现出明显的逐年上涨趋势，且上涨率也呈上升趋势，这主要是因为中国城镇职工基本养老保险制度正处于逐步完善阶段，也从侧面反映了仍有很大一部分企业职工未被城镇职工基本养老保险制度所覆盖，扩面工作还将任重道远；新农保参保人数大幅增加，远远高于城镇职工基本养老保险制度，主要是新农保于 2009 年才开始试点，同时也说明了新农保制度受到了很多农民的欢迎，取得了很大的进展，但也说明了目前覆盖率还相当低，有较大的上升空间。由此可见，现行中国养老保险的覆盖率从大到小依次为机关事业单位职工养老保险制度、城镇职工基本养老保险制度和新农保。换言之，由于"身份"不同导致养老保险制度覆盖面的差异，且进入制度覆盖范围的时间存在先后，这实际上造成了不公平的问题，形成了不同人群参加养老保险制度的起点不公。

4.5.2　绝对差距：不同群体养老保险待遇水平比较分析

从表4.22中可以看出，在2000—2004年期间，机关事业单位退休人员年均养老金水平呈现出明显的上升趋势，从2000年的9 481元增加至2004年的14 374元，年均增幅高达11.71%；城镇企业退休人员年均养老金虽然也呈上升趋势，但仅从2000年的6 531元增加至2004年的8 030元，年均增幅仅为5.38%。因此，在此期间，机关事业单位与企业退休人员之间的养老金水平差距越来越大，到2004年高达1.79倍。为了抑制二者的养老金水平差距的进一步扩大，国务院自2005年以来每年都大幅上调企业职工的基本养老保险待遇给付水平，企业退休人员的年均养老金水平从2005年的8 727元上升至2011年18 096元，年增幅高达12.96%，而机关事业单位退休人员的年均养老金水平从2005年的15 043元上升至2011年26 107元，年增幅为9.99%，尽管低于企业退休人员的年均养老金增幅，但两者的养老金差额依然呈逐渐拉大趋势，从2005年的6 316元上升至2011年的8 011元，不过这种差距拉大的幅度较之前明显放缓了，2000—2004年两者差距的年均增幅为25.03%，而2005—2011年两者差距的年均增幅仅为7%。可见，国务院通过对企业职工基本养老保险待遇给付水平的连续上调，在一定程度上提高了企业退休人员的生活水平，有效地减缓了机关事业单位与企业退休人员之间的养老金差距拉大的幅度，从而使两者的年均养老金比值从2004年的1.79下降至2011年的1.44。尽管如此，但并没有完全实现养老金待遇调整的目标，即缩小不同群体之间的养老金差距。而且，随着事业单位绩效工资改革的逐步推进，其退休人员的养老金水平很有可能会得到大幅提高，从而致使养老金差距再次被拉大，形成新的不公。因此，仅仅从养老保险待遇调整政策入手无法从根本上缩小不同群体之间的养老金差距，要从根本上解决这一问题亟须改革优化养老保险制度，消除制度的"碎片化"。

表 4.22　2000—2011 年我国不同群体养老金水平

	城镇企业/元	机关事业单位/元	新农保/元	差额/元	比值
2000	6 531	9 481	—	2 950	1.45
2001	6 674	9 764	—	3 090	1.46
2002	7 473	13 153	—	5 680	1.76
2003	7 636	13 383	—	5 747	1.75
2004	8 030	14 374	—	6 344	1.79
2005	8 727	15 043	—	6 316	1.72
2006	10 115	15 358	—	5 243	1.52
2007	11 342	19 802	—	8 460	1.75
2008	13 368	20 248	—	6 880	1.51
2009	14 747	21 957	—	7 210	1.49
2010	16 192	23 209	700	7 017	1.43；23.1
2011	18 096	26 107	659	8 011	1.44；27.5
2000—2004 年均增幅/%	5.38	11.71	—	25.03	—
2005—2011 年均增幅/%	12.96	9.99	−5.86	7.00	—

数据来源：根据 2011 年和 2012 年《中国统计年鉴》计算整理而得；2000—2009 年养老金比值为机关事业单位职工养老保险与城镇企业职工基本养老保险人均基金支出的比值；2010—2011 年养老金比值为机关事业单位职工养老保险与城镇企业职工基本养老保险人均基金支出的比值和城镇企业基本养老保险与新农保人均基金支出的比值；差额为机关事业单位职工养老保险与城镇职工基本养老保险人均养老金的差额。

　　实际上，中国养老保险制度的不平衡性不仅仅体现在城镇企业与机关事业单位之间，更表现为城乡之间的养老金待遇差距。在中国，广大农民的养老保险等社会保障问题一直遭到忽视，新农保于 2009 年才开始试点，这也标志着农民养老保险问题从 2009 年开始受到国家的高度重视。然而，新农保的保障水平远不及城镇企业职工养老保险水平，就更不用说与机关事业单位职工的养老金水平相比了。2011 年，城镇企业职工养老保险水平为新农保水平的 27.5 倍，仅其待遇调整幅度 1 904 元（18 096−16 192）就高过了新农保的养老金数额 659 元，即便是加上中央与地方政府的财政补贴（最高档）1 260 元（如表 4.23 所示），新农保的全部养老金数额也仅为

1 919 元，与城镇企业职工养老金待遇上调幅度基本相当。当然不可否认的是，这种差距异源于城乡参保者的缴费差异，但这仅是部分事实。财政对企业职工基本养老保险的大量补贴远远高于新农保，从而进一步拉大了城乡之间的差距。这些情况都反映出中国养老保险不仅未能给高风险的农村居民提供应有的保障，反而拉大了他们与城镇居民的差距，形成了逆向再分配。

表 4.23　2000—2011 年我国不同群体养老保险财政补贴　　单位：元

	城镇企业	新农保	比值
2000	299	—	—
2001	343	—	—
2002	517	—	—
2003	530	—	—
2004	614	—	—
2005	651	—	—
2006	971	—	—
2007	1 157	—	—
2008	1 437	—	—
2009	1 646	—	—
2010	1 954	1 020～1 260	1.55～1.92
2011	2 272	1 020～1 260	1.8～2.23

数据来源：2008—2011 年财政补贴数据来自 2008—2011 年《人力资源和社会保障事业发展统计公报》；2003—2007 年财政补贴数据来自 2003—2007 年《劳动和社会保障事业发展统计公报》；2000—2002 年财政补贴数据来自《中国财政统计年金》；新农保的财政补贴为（55+30）×12～（55+50）×12。

4.5.3　相对差距：不同群体养老金替代率比较分析

养老金替代率指劳动者退休后所获得的养老金待遇给付水平与其在职时工资收入的比值，是比较劳动者退休前后生活保障水平的重要指标[①]。由

---

① 根据国际经验，养老金替代率大于 70%，则可维持退休前现有的生活水平；替代率为 60%～70%，则可维持基本生活水平；若替代率低于 50%，则生活水平较退休前会有大幅下降。

于个体养老金替代率有所差异，所以这里研究的为平均替代率，即退休劳动者人均基本养老金与当期在岗职工平均工资收入的比值。中国不同群体养老金替代率如表4.24所示，2000—2011年，城镇企业离退休人员养老金替代率呈现出明显的下降趋势，从2000年的69.69%下降为2011年的42.63%，且从2004年开始就一直位于50%以下，也就是说，城镇企业职工退休后的生活水平较退休前有大幅度的下降。机关事业单位离退休人员养老金替代率虽然也呈下降趋势，但远远高于企业职工，且一直维持在60%以上，足以维持其基本的生活水平。可见，机关事业单位与城镇企业职工离退休人员养老金替代率虽然都在下降，两者之间的差距有所收窄，但即便如此，2011年仍相差近19个百分点。而且，机关事业单位职工还可获得各种福利收入，如果将其计算在内，则差距更为悬殊。此外，机关事业单位职工在职期间并不需要缴纳养老保险费，且其工资收入显著高于企业职工。换言之，工资收入越高的机关事业单位职工，不仅无需缴纳养老保险费，

表4.24　2000—2011年我国不同群体养老金替代率比较

	城镇企业		机关事业单位		新农保	
	在岗职工平均工资/元	养老金替代率/%	在岗职工平均工资/元	替代率/%	人均纯收入/元	替代率/%
2000	9 371	69.69	9 828	96.47	2 253	—
2001	10 870	61.40	11 808	82.69	2 366	—
2002	12 422	60.16	13 626	96.53	2 476	—
2003	14 040	54.39	15 150	88.34	2 622	—
2004	16 024	50.11	17 178	83.68	2 936	—
2005	18 364	47.52	19 776	76.07	3 255	—
2006	21 001	48.16	22 310	68.84	3 587	—
2007	24 932	45.49	26 833	73.80	4 140	—
2008	29 229	45.74	31 814	63.64	4 761	—
2009	32 736	45.05	35 725	61.46	5 153	—
2010	37 147	43.59	38 481	60.31	5 919	11.83[1]；29.06-33.11[2]
2011	42 452	42.63	42 701	61.14	6 977	9.44[1]；28.46-32.42[2]

数据来源：平均工资数据来自2001—2012年《中国劳动统计年鉴》，替代率经计算整理而得。

注：机关事业单位在岗职工平均工资为机关单位在岗职工平均工资与事业单位在岗职工平均工资的平均值；新农保替代率①为没有财政补贴的替代率，②为加入了财政补贴的替代率。

而且其养老金替代率远远高于工资收入相对较低，且需要个人缴费的企业职工，这明显有违养老保险制度的公平属性，反而造成了养老保险的逆向收入分配。

新农保于 2009 年才开始试点，所以这里只能测算其 2010 年和 2011 年的替代率。从表 4.24 可以看出，即便是农民以最高的缴费档次（每年缴纳 500 元）进行参保，其 2011 年的养老金替代率也仅仅为 32.42%，与城镇企业离退休人员养老金替代率还有十多个百分点的差距。更何况由于中国大部分农民收入水平偏低，所以基本都按最低的缴费档次（每年缴纳 100 元）进行参保，这样城乡之间的养老保险待遇给付水平差距就更大了。可见，中国现行养老保险制度间的公平性严重缺失。

此外，从表 4.25 中可以看出，2001—2011 年，中国养老金支出水平年均增长率普遍低于其工资收入与 GDP 年均增长率，尤其是农村居民。以上分析再次证明了在中国经济高速发展的过程中，退休人员尤其是农村老人并没有完全享受到其发展带来的成果。

表 4.25　2000—2011 年我国不同群体养老保险水平与工资、GDP 增长率比较

单位：%

	城镇企业职工		机关事业单位		农民		人均GDP
	人均养老金	平均工资	人均养老金	平均工资	人均养老金	人均纯收入	
2001	2.19	16.00	2.99	20.15	—	5.02	9.72
2002	11.97	14.28	34.70	15.40	—	4.65	9.00
2003	2.19	13.03	1.75	11.18	—	5.90	12.17
2004	5.15	14.13	7.41	13.39	—	11.98	17.02
2005	8.68	14.60	4.65	15.12	—	10.87	14.99
2006	15.90	14.36	2.09	12.81	—	10.20	16.32
2007	12.13	18.72	28.94	20.27	—	15.42	22.24
2008	17.87	17.23	2.25	18.56	—	15.00	17.55
2009	10.31	12.00	8.44	12.29	—	8.23	8.01
2010	9.80	13.47	5.70	7.71	—	14.87	17.21
2011	11.76	14.28	12.49	10.97	-5.86	17.87	17.21

数据来源：根据 2000—2012 年《中国统计年鉴》计算整理而得。

总而言之，中国养老保险制度并非仅仅呈现出人们通常所说的机关事业单位养老保险制度与企业职工基本养老保险制度的"二元"局面，而更应该是加上新农保的"三元"局面。无论是覆盖面还是养老金待遇水平，抑或是养老保险替代率，都是机关事业单位职工养老保险大于企业职工基本养老保险更大于新农保。造成这一局面的根源源于中国养老保险制度的"碎片化"。当然我们不可否认，这样的制度有一定的历史合理性，但随着经济的快速发展，中国已步入中等偏高收入国家行列，其养老保险制度的主要职能是调节收入分配，缩小不同群体尤其是城乡之间的养老金待遇差距并使其维持在一个合理的水平，使全体社会全员共享经济社会发展成果，而不应在缩小城镇内部群体养老金待遇差距的同时，反而扩大了城乡之间的养老金待遇差距。因此，职工当前不仅需要上调城镇企业职工基本养老保险待遇，更需要大幅提高农村居民的养老保障水平，而要从根本上解决这一问题，则亟须改革优化养老保险制度，消除制度的"碎片化"。

5 新型城镇化进程中养老保险制度并轨对收入分配差距的影响

早在 2005 年,《国务院关于完善企业职工基本养老保险制度的决定》(国发〔2005〕38 号)已将非公有制企业、城镇个体工商户和灵活就业人员纳入城镇职工基本养老保险覆盖范围。2009 年,人力资源和社会保障部出台《农民工参加基本养老保险办法》,制度模式参照的依然是城镇职工基本养老保险。近年来,我国城镇职工基本养老保险覆盖面不断扩大,但个体工商户、灵活就业人员和农民工依然是扩面的重点和难点。虽然我国养老保险从制度上已实现了全覆盖,但在实际覆盖人群上问题较多,尤其是具有较强流动身份的城镇个体工商户、灵活就业人员和农民工应参保未参保、在城镇职工和城乡居民养老保险之间重复参保现象突出。从目前的实际来看,制度整合是实现法定人员全覆盖的前提条件(王震,2016)。以新型农村社会养老保险制度和城镇居民社会养老保险制度合并建立全国统一的城乡居民基本养老保险制度为标志,制度并轨与统一开启了新征程,养老保险改革进入崭新阶段(卢海元,2014)。

2015 年 1 月,国务院发布《关于机关事业单位工作人员养老保险制度改革的决定》(国发〔2015〕2 号),机关事业人员将与城镇企业职工采取同一个制度,也宣告中国养老金制度消灭"碎片化"向"大一统"迈出了关键的一步(郑秉文,2015)。至此,我国基本形成城镇职工基本养老保险和城乡居民基本养老保险"两大制度平台"。随着经济社会的发展和"以人为核心"新型城镇化的深入推进,越来越多的农村居民迁移向城镇,成为个体工商户、灵活就业人员或农民工。这种亦工亦农群体在城乡之间游离,其基本养老保险成为城镇职工和城乡居民基本养老保险之间的"夹心层",既是构建基本统一的社会保障制度的"短板",也是政策制定者关注的重点之一。

党的十八届五中全会《中共中央关于制定国民经济和社会发展第十三个五年规划的建议》提出"坚持共享发展,实施全民参保计划,建立更加公平更可持续的社会保障制度,缩小收入差距"。目前,我国个体工商户、灵活就业人员、农民工等群体虽已被纳入城镇职工基本养老保险,但基于收入水平、缴费能力等现实差距的考量,在缴费水平、待遇计发等方面与城镇企业职工之间也存在差异,实际上依然存在着制度内的"双轨",养老金方面的差异也使得收入差距无法有效缩小。随着《国家新型城镇化规划(2014—2020 年)》的出台,农民市民化进程必将加速,个体工商户、灵活就业人员、农民工等群体规模将日益壮大、收入来源多元化和水平将不断提高。在新型城镇化背景下,以个体工商户、灵活就业人员为代表的非正规就业群体参加城镇职工基本养老金制度能提升自身的福利水平吗?以农民工为代表的农民市民(农民进城)参加城镇职工基本养老金制度会成为"庞氏游戏"的接棒者吗?他们的养老金与城镇职工并轨①有利于缩小不同群体间的收入差距吗?本书尝试利用动态的世代交叠模型和我国养老金制度的实际进行政策仿真测算,以期对上述问题做出回答,并对机关事业单位人员养老金改革是否能够缩小收入差距进行探讨,以更好地深化我国基本养老保险制度改革。

5.1　相关研究的文献综述

从世界范围看,养老金"双轨制"并不为我国所特有,许多国家和地区都存在养老金"双轨制",主要是公职人员和私营部门人员实行不同的养老金制度。Robert Palacios 和 Edward Whitehouse (2006) 对全世界 158 个国家养老金制度研究中指出,有大约 1/2 的国家或地区为公职人员建立了单独的养老金制度。并且公职人员养老金支出占据养老金总支出的较大比例,OECD 国家中大约 50% 的养老金支出支付给了公职人员,并且越是欠发达国家,公职人员养老金支出比例越高。Pinheiro (2005) 研究了公共部门和私

---

　① 早在 2011 年,重庆市人力资源和社会保障局出台《关于农民工养老保险和城镇企业职工基本养老保险并轨有关问题的处理意见》(渝人社发〔2011〕331 号),开始探索农民工与城镇职工基本养老保险完全并轨,实行相同的缴费率和待遇计发办法。

营部门养老金的差异。结果认为由于国家是公职人员最大的雇主，工作相对稳定并且较易获得外部赞助，建立公职人员较大规模的养老金拥有坚实基础，并且公职人员养老金占据了国家金融资产的较大比例。相反，政府拥有更多的手段来解决私营部门养老金潜在的偿付能力问题，用以确保养老基金财务的稳健。此外，对公私部门之间养老金差距进行研究的还有Cleal（2013），其通过公私两部门在经验、资历、性别和区域位置等方面具有显著差异劳动力的薪酬以及退休金比较认为，公共部门中低收入人员从退休金计划中获得的养老金比私人部门中同样收入人员获得的养老金要高。从国外现有研究来看，"双轨制"也会造成不同群体间一定的收入差距。

在我国，"双轨"一般指机关事业单位和城镇企业职工实行不同的养老金制度。由于退休后机关事业单位人员待遇远高于企业职工，"双轨制"备受诟病。在机关事业单位人员退休待遇由财政兜底且与企业职工差距不断拉大的现实下，机关事业单位人员和企业职工养老金并轨几乎成了社会各界共同的呼声。但目前学术界关于制度并轨能够缩小收入差距的研究则未达成一致。有学者从理论上进行了分析，认为实现并轨要付出经济成本、机会成本等行政成本，还可能面临经济风险、社会风险和政治风险，社会上的"并轨"呼声是追求结果平等的乌托邦（唐钧，2014），而杨燕绥（2015）、郑秉文（2015）也指出了并轨后可能存在着财务风险、养老金结构缺陷风险以及相应的改革成本风险等，但总体上肯定了并轨的意义。有学者从实证角度探讨了"双轨制"改革的效应。白重恩等（2014）通过中国城镇住户调查数据和事业单位养老保险改革试点的实证分析认为，事业单位养老保险改革却显著提高了企业职工参加养老保险的概率。童素娟等（2014、2015）认为养老金双轨制改革有助于发挥社会保障的收入再分配正向效应。而余桔云（2015）的研究表明，养老金并轨改善了机关事业单位人员养老待遇的公平性，但在企业不同收入水平群体间易形成新的"双轨"。

实际上，在机关事业单位和企业职工之间存在"双轨制"外，城乡间、不同群体间也存在着"双轨"，对其研究可归纳以下几个方面：①城乡居民之间的"双轨"及其效应。睢党臣（2014）认为目前城乡居民养老保险制度并轨在政策衔接和融合方面还缺乏具体的实施条例支撑，还存在并轨工作量大、经办主体多元化等诸多问题。丁芳（2015）认为城乡居民养老保险统一对于打破碎片化有一定的积极意义，但并未扩大受保障主体的覆盖面，对缩小城乡收入分配差距并无显著的积极影响。而黄丽等（2012）运用保险精算和制度经济学的分析方法分别从财政和政府行为两个角度对城乡基本养老保险制度并轨的历程进行实证分析，得出了并轨实践同时具有财政可持续性和政治可持续性的结论。李时宇（2014）通过一个多阶段世代交叠的可计算一般均衡模型，对城乡居民社会养老保险制度的经济效应进行了量化分析，结果发现：城乡居民社会养老保险制度的最重要意义在于实现了非参保人群（城镇就业人员）向参保人群（农村居民和城镇非就业人员）的转移，减轻了社会保障的城乡"二元"差异，有效缩小了城乡收入差距并提高了社会总福利。②不同群体间的"双轨"及其效应。主要集中在灵活就业人员和农民工参加城镇职工养老金制度的利弊分析。杨翠迎（2014）通过实证研究发现，城镇基本养老保险覆盖面扩大有助于缩小城乡居民收入差距。其国家再分配的力度要远大于城乡居民养老保险，未参加制度的灵活就业人员、农民工与参加的相比，其再分配利益是受损的（侯慧丽，2015）。但目前灵活就业者难以参加城镇职工基本养老保险囿于自身缴费能力有限（叶宁，2013）。蒋云赟（2013）利用代际核算方法，对我国农民工养老保险进行了系统模拟分析。结果认为如果农民工按照城镇职工平均缴费工资的100%缴费，农民工的退休工资能上涨近40%。农民工退休工资的上涨完全是个人和企业的贡献，并且会为养老保险统筹账户做出额外的贡献。如果按照城镇平均工资的60%缴费，企业缴纳10%，个人缴纳8%，政府的负担与支持农民工参加"新农保"相比并不增加。穆怀中（2014）构建了农民工养老保险统筹收入再分配系数总模型和分系数模型，提出了农民工养老保险全国统筹"两类型"和"五方案"。结果表明全国平均工资统筹模式的收入再分配水平差额最高，收入再分配系数最大，实现了生存公平最大化，但不能确保现实条件下的劳动公平。替代率10%的中央统筹模式收入再分配水平通过了生存公平和劳动公平检验，是现实收入差距条件下农民工养老保险全国统筹起步的最优方案。

从上述文献看，对于机关事业单位人员与企业职工之间、城乡居民之间制度并轨效应讨论较多，但并未取得一致的研究结论。目前关于城镇职工养老金制度有两点值得关注：一是城镇职工养老金制度是我国各类群体养老金制度的"蓝本"，而且覆盖面越来越广，参保群体越来越多元化，对参保后各群体福利水平变化关注较少；二是在机关事业单位养老金改革及并轨的背景下，对目前参加城镇职工养老金制度的城镇企业职工、灵活就业人员以及农民工等群体在缴费水平、待遇计发等方面的并轨与统一研究较少。随着养老金制度改革的不断深化和建立更加公平可持续的养老保险制度，有必要对上述问题做进一步的探讨。本章将在以下两个方面做出探索尝试：一是借助动态世代交叠模型，引入我国城镇职工基本养老金制度模式和政策参数，构建一般均衡分析模型，研究城镇企业职工、灵活就业者①和农民工等群体参保后的福利水平状况以及制度并轨统一后的收入差距变动情况；二是在实证研究基础上，讨论我国机关事业单位养老金制度改革的缩差效应。

5.2　模型选择与建立

借鉴世代交叠模型（Overlapping Generation Model，OLG），建立跨期的异质性一般均衡动态模型分析我国养老金并轨对不同群体收入差距的影响。假设经济体主要由个人、企业和政府组成。个人追求效用最大化；企业追求利润最大化；而政府主要为社会提供管理服务。

本书视城镇企业职工、灵活就业者和农民工三类群体为三种不同类型的劳动者，且假定每个群体内的劳动者是无差异的，即用每个群体内代表性劳动者表示不同类型的劳动者，用人力资本水平区别。我国城镇职工基本养老保险制度实行"统账结合"，即建立了社会统筹账户和个人账户。社会统筹账户为公共基金，但目前执行是现收现付，用 $t+1$ 期年轻人缴纳的养老费支付给 t 期退休者。个人账户为劳动者个人基金积累。

本书参考杨俊（2009）的计算方法，假设月基础养老金计发标准为当地上年度在岗职工月平均工资和本人指数化月平均缴费工资的平均值，然后乘以替代率得到社会统筹养老金。

5.2.1　个人效用最大化

劳动者的生命周期分为年轻时期和年老时期，每个时期的效用随收入、消费不同而不同。劳动者通过消费获得效用，可分为当期和下一期两期，其对数表达式为

①　为了研究方便，本书将"城镇个体工商户和灵活就业人员"统称为"灵活就业者"。

$$U_i = U(C_{i,\,t};\ C_{i,\,t+1}) = \ln C_{i,\,t} + \beta \ln C_{i,\,t+1} \qquad (5.1)$$

上式中，记类型 $i(i = 1,\ 2,\ 3)$ 劳动者在 t 期（年轻时期）的消费为 $C_{i,\,t}$；在 $t + 1$ 期（年老时期）的消费为 $C_{i,\,t+1}$，β 为消费折算率，从 $t + 1$ 期折算到 t 期。

劳动者年轻时期付出劳动获得工资（养老保险缴费前），记为 w_t。不同类型劳动者的人力资本水平记为 h_i，则不同劳动者获得的工资水平为 $h_i w_t$。工作时期劳动者将工资分为消费和储蓄两部分。预算约束表达式为

$$C_{i,\,t} = h_i w_t - S_{i,\,t} \qquad (5.2)$$

（5.2）式中，$S_{i,\,t}$ 为劳动者在年轻时期的储蓄，老年退休时期的消费为

$$C_{i,\,t+1} = (1 + r_{t+1}) S_{i,\,t} \qquad (5.3)$$

（5.3）式中 r_{t+1} 为 $t + 1$ 期利率。

劳动者追求个人效用最大化，因此，两期总消费等于其总收入。综合上述（5.1）～（5.3）式，劳动者个人效用最大化的最优线性规划为

$$\max_{C_{i,\,t};\ C_{i,\,t+1}} U_i = U(C_{i,\,t};\ C_{i,\,t+1}) = \ln C_{i,\,t} + \beta \ln C_{i,\,t+1} \qquad (5.4)$$

$$\text{s.t.} \quad C_{i,\,t} = h_i w_t - S_{i,\,t}$$

$$C_{i,\,t+1} = (1 + r_{t+1}) S_{i,\,t} \qquad (5.5)$$

将（5.5）式带入（5.4）式并对 $S_{i,\,t}$ 求一阶导数得到个人效用最大化的消费和储蓄水平：

$$-1/C_{i,\,t} + \beta(1 + r_{t+1})/C_{i,\,t+1} = 0 \qquad (5.6)$$

（5.6）式表明：若当期单位消费减少造成效用损失用下一期 $(1 + r_{t+1})$ 单位消费被折现率 β 折现到当期增加的效用，可以进行弥补，进而达到消费效用最大化。根据上述公式可求得储蓄和消费函数。

劳动者参加基本养老保险，要缴纳社会统筹（用 τ_T 表示）和个人账户（用 τ_P 表示）两种费用，之后才能用于储蓄和消费。因此，年轻时期（t 期）i 类型劳动者的消费函数就可表达为

$$C_{i,\,t} = (1 - \tau_T)(1 - \tau_P) h_i w_t - S_{i,\,t} \qquad (5.7)$$

劳动者年老时期（$t + 1$ 期）有两大部分收入来源：一部分是个人年轻时期的储蓄；一部分是社会统筹和个人账户养老金，提到：

$$C_{i,\,t+1} = (1 + r_{t+1}) S_{i,\,t} + (1 + R_P) \tau_P (1 - \tau_T) h_i w_t + e_t \frac{(h_i w_t + \overline{w_{t+1}})}{2}$$

$$(5.8)$$

（5.8）等式右边第一部分内容为 t 期储蓄，第二部分内容为个人账户养老金额，第三部分内容为社会统筹账户养老金额。上式中，R_p 表示个人账户养老

金记账率；e_t 表示养老金替代率。

在基本养老保险制度下，劳动者个人效用最大化表达式为

$$\max_{C_{i,t};\,C_{i,t+1}} U_i = U(C_{i,t};\ C_{i,t+1}) = \ln C_{i,t} + \beta \ln C_{i,t+1} \tag{5.9}$$

将（5.7）式、（5.8）式代入（5.9）式并对 $S_{i,t}$ 求一阶导数，得到最优储蓄率：

$$S_{i,t} = \frac{\beta(1-\tau_T)(1-\tau_P)h_i w_t}{(1+\beta)} - \frac{(1+R_P)\tau_P(1-\tau_T)h_i w_t}{(1+r_{t+1})(1+\beta)} -$$

$$\frac{\tau_T(1+n)\dfrac{(h_i w_t + H_t w_t)}{2}}{(1+r_{t+1})(1+\beta)} \tag{5.10}$$

将（5.10）式分别代入（5.7）式和（5.8）式可得到两期消费式。

$$C_{i,t} = (1-\tau_T)(1-\tau_P)h_i w_t - S_{i,t}$$

$$= (1-\tau_T)(1-\tau_P)h_i w_t - \frac{\beta(1-\tau_T)(1-\tau_P)h_i w_t}{(1+\beta)} +$$

$$\frac{(1+R_P)\tau_P(1-\tau_T)h_i w_t}{(1+r_{t+1})(1+\beta)} + \frac{\tau_T(1+n)\dfrac{(h_i w_t + H_t w_t)}{2}}{(1+r_{t+1})(1+\beta)} \tag{5.11}$$

$$C_{i,t+1} = \frac{(1+r_{t+1})\beta(1-\tau_T)(1-\tau_P)h_i w_t}{(1+\beta)} + \frac{\beta(1+R_P)\tau_P(1-\tau_T)h_i w_t}{(1+\beta)} +$$

$$\frac{\beta\tau_T(1+n)\dfrac{(h_i w_t + H_t w_t)}{2}}{(1+\beta)} \tag{5.12}$$

5.2.2 企业利润最大化

假设企业处于完全竞争的市场状态，追求利润最大化，其产出由投入的资本和劳动要素决定，并假定技术进步单位化，即 A=1，企业生产函数为 C-D 生产函数：

$$Y_t = K_t^\alpha L_t^{1-\alpha} \tag{5.13}$$

其中，α 为资本产出份额，$1-\alpha$ 为有效劳动产出份额。L 为总有效劳动，即：

$$L_t = h_1 L_{1t} + h_2 L_{2t} + h_3 L_{3t} \tag{5.14}$$

式中，h_1，h_2，h_3 分别为三类劳动者的有效人力资本水平。假设不同类型劳动者人力资本水平占人力资本总水平的比例为 φ_1，φ_2，$1-\varphi_1-\varphi_2$，同时

假设劳动力增长率为 n，人力资本水平和劳动力可表达为

$$H = \varphi_1 h_1 + \varphi_2 h_2 + (1 - \varphi_1 - \varphi_2) h_3 \qquad (5.15)$$

$$L_{t+1} = (1 + n) L_t \qquad (5.16)$$

$$H_{t+1} = H_t \qquad (5.17)$$

由欧拉定理可知，当企业利润为零时，资本和有效劳动得到边际报酬，进而就决定了资本利息率和有效劳动工资率。目标函数为

$$\max \Pi_t = Y_t - r_t K_t - (h_1 L_{1t} + h_2 L_{2t} + h_3 L_{3t}) w_t \qquad (5.18)$$

（5.18）式分别对资本、劳动一阶求导即可得出资本、劳动的价格。即

$$r_t = \frac{\partial \Pi_t}{\partial K_t} = \frac{\alpha K_t^{\alpha-1}}{(h_1 L_{1t} + h_2 L_{2t} + h_3 L_{3t})^{\alpha-1}} = \alpha k_t^{\alpha-1} \text{①} \qquad (5.19)$$

$$w_t = \frac{\partial \Pi_t}{\partial L_t} = \frac{(1-\alpha) K_t^{\alpha}}{(h_1 L_{1t} + h_2 L_{2t} + h_3 L_{3t})^{\alpha}} = (1-\alpha) k_t^{\alpha} \qquad (5.20)$$

人均资本存量可表达为

$$k_t = \frac{K_t}{H_t} = \frac{\sum_{i=1}^{3} S_{i,t} + \sum_{i=1}^{3} \tau_P(1-\tau_T) h_i w_t}{H_t} = \frac{\sum_{i=1}^{3} S_{i,t} + \tau_P(1-\tau_T) H_t w_t}{H_t}$$

$$(5.21)$$

由上式知，经济中总资本量为储蓄和个人账户养老金之和。

5.2.3 政府公共服务管理

政府介入养老保险事务的主要功能和目的就是为养老保险基金提供管理，为所有参保人和退休人员提供公共服务。政府在 $t+1$ 期收取的养老金缴费总额为

$$T_t = \sum_{i=1}^{3} \tau_T h_i L_{i,t+1} w_{t+1} \qquad (5.22)$$

社会平均工资记为

$$\overline{w_t} = \frac{H_t W_t}{L_t} = H_t w_t = \sum_{i=1}^{3} \varphi_i h_i w_t \qquad (5.23)$$

（5.23）式中社会平均工资为 t 期总工资除以总劳动人口。所以，类型 i 劳动者得到的养老金为 $e_t \times \dfrac{(h_i w_t + \overline{w_{t+1}})}{2}$，其中 e_t 为替代率水平。三类劳动

---

① k 为人均资本存量。

者得到的养老金水平为

$$B_t = \sum_{i=1}^{3} e_t \times \frac{(h_i w_t + \overline{w_{t+1}})}{2} \tag{5.24}$$

由（5.22）式与（5.24）式相等，并代入（5.23）式得到替代率水平

$$e_t = \frac{\sum_{i=1}^{3} \tau_T (1+n) h_{i\,t} w_{t+1}}{(\sum_{i=1}^{3} h_i w_t + \sum_{i=1}^{3} \overline{w_t})/2} = \tau_T (1+n) \quad ① \tag{5.25}$$

5.2.4　均衡经济系统

整个经济系统均衡需要消费者、企业资本和政府收支三个系统的同时平衡。

消费者均衡
$$\begin{bmatrix} -1/C_{i,\,t} + \beta(1+r_{t+1})/C_{i,\,t+1} = 0 \\ C_{i,\,t} = (1-\tau_T)(1-\tau_P) h_i w_t - S_{i,\,t} \\ C_{i,\,t+1} = (1+r_{t+1}) S_{i,\,t} + (1+R_P)\tau_P(1-\tau_T) h_i w_t \\ + e_t \times \frac{(h_i w_t + \overline{w_{t+1}})}{2} \end{bmatrix} \tag{5.26}$$

企业均衡
$$\begin{bmatrix} r_t = \frac{\partial \Pi_t}{\partial K_t} = \frac{\alpha K_t^{\alpha-1}}{(h_1 L_{1t} + h_2 L_{2t} + h_3 L_{3t})^{\alpha-1}} = \alpha k_t^{\alpha-1} \\ w_t = \frac{\partial \Pi_t}{\partial L_t} = \frac{(1-\alpha) K_t^{\alpha}}{(h_1 L_{1t} + h_2 L_{2t} + h_3 L_{3t})^{\alpha}} = (1-\alpha) k_t^{\alpha} \\ k_t = \frac{K_t}{H_t} = \frac{\sum_{i=1}^{3} S_{i,t} + \sum_{i=1}^{3} \tau_P (1-\tau_T) h_i w_t}{H_t} = \frac{\sum_{i=1}^{3} S_{i,t} + \tau_P (1-\tau_T) H_t w_t}{H_t} \end{bmatrix} \tag{5.27}$$

政府均衡
$$\begin{bmatrix} e_t = \frac{\sum_{i=1}^{3} \tau_T (1+n) h_i w_{t+1}}{(\sum_{i=1}^{3} h_i w_t + \sum_{i=1}^{3} \overline{w_t})/2} = \tau_T (1+n) \end{bmatrix} \tag{5.28}$$

依据上述动态均衡模型，赋予相关参数值可计算出不同类型劳动者的均衡水平。

---

① 当经济达到长期均衡时，所有变量也达到均衡水平，这时所有的变量取值保持不变。

5.2.5　收入指标的表达式及含义

本书主要考察不同类型劳动者的养老金福利水平及收入差距，主要用两个指标表示，其中总收入用总收入值表示，养老金收入用养老金值表示。

（1）总收入——总收入值。总收入值是指劳动者终生收入的现值。不同类型劳动者的终生收入值可以表示为

$$TI_i = (1 - \tau_{iT})(1 - \tau_{iP})h_i w_t + \frac{(1 + R_{t+1})\tau_{iP}(1 - \tau_{iT})h_i w_t}{(1 + r_{t+1})} +$$

$$\frac{\tau_{iT}(1 + n)\dfrac{(h_i w_t + H_t w_t)}{2}}{(1 + r_{t+1})} \tag{5.29}$$

（5.29）式右边第一部分为年轻时期养老保险缴费后的工资现值，第二部分为个人账户养老金现值，第三部分为统筹账户养老金现值，三者之和表示总收入现值。

（2）养老金收入——养老金值。养老金值是指养老金收入现值除去养老保险缴费额后的净余值。其公式为

$$PI_i = \frac{(1 + R_{t+1})\tau_{iP}(1 - \tau_{iT})h_i w_t}{(1 + r_{t+1})} + \frac{\tau_{iT}(1 + n)\dfrac{(h_i w_t + H_t w_t)}{2}}{(1 + r_{t+1})} -$$

$$[\tau_{iT} + \tau_{iP}(1 - \tau_{iT})]h_i w_t \tag{5.30}$$

（5.30）式第一部分为个人账户养老金现值，第二部分为社会统筹账户养老金现值，第三部分为养老保险缴费额。如果 PI 为正，说明参保实现了养老金向内转移，且数值越大获得转移额越多，参保缩小了与其他劳动者的收入差距[1]；若 PI 为负，则说明参保后养老金向外转移，数值越小向外转移额越大，参保后则扩大了与其他劳动者的收入差距。

为了更好地表现收入差距，本书进一步利用总收入比、养老金值比两个指标分别考察统账缴费率变动及并轨前后不同类型劳动者之间的总收入和养老金值差距变动情况[2]。

---

① 受郑伟（2005）研究的启发，根据本书的参数进行了调整。

② 目前，为了进一步降低企业各参保群体的负担，降低社会保险费率的呼声较高，而且企业和劳动者对缴费率的敏感性较高。因此，本书主要通过缴费率的变动来考察收入差距情况。

5.3 参数估值与实证测算

5.3.1 基本参数估值

本小节将以我国三种类型劳动者的实际情况及权威部门发布的相关数据为依据，对各个变量进行赋值。

（1） H 、 h_i 和 φ_i ： H 为三类劳动者总人力资本水平； h_i 第 i 类劳动者人力资本水平； φ_i 为各类劳动者人力资本水平占总人力资本水平的份额。各类劳动者人力资本水平拟用平均受教育年限表示。计算公式为： $EDU = \dfrac{\sum\limits_{i=1}^{n} x_i y_i}{TL_t}$ ， x_i 表示某一种受教育年限就业人数； y_i 表示不同水平的教育获得的教育年数， n 为各类教育， TL_t 为全国总受教育年限就业人数[①]。本书假设城镇企业职工人力资本水平用高中及以上就业人员的平均受教育年限表示；灵活就业者使用全部就业人员的平均受教育年限表示；农民工用初中及以下就业人员平均受教育年限表示。通过计算，可得城镇企业职工受教育年限为 13.04 年；灵活就业者为 8.60 年；农民工为 8.10 年。因此，城镇企业职工人力资本所占总人力资本的份额为 $\varphi_1 = 43.85\%$ ，同理， $\varphi_2 = 28.92\%$ ， $\varphi_3 = 27.23\%$ 。

（2） β ：折现率水平。表示年老时期消费折现到年轻时期（当期）的效用水平。我们根据 Pecehenino 和 Pollard （2002） 的研究将效用折现率设为 0.98，所以 $\beta = 0.55$ [②]。

（3） R ：个人账户记账利率。我国政策规定个人账户记账利率为每年银行一年期活期存款利率，本章将历年人民银行公布的一年期利率的平均值作为个人账户记账利率，即 $R = 3\%$ 。

---

① 我们采用通用的受教育年限，分别为：未上学 0 年，小学 6 年，初中 9 年，高中 12 年，大专 14 年，大学本科 16 年，研究生 19 年。《中国劳动统计年鉴》中全国就业人员受教育构成统计：未上学 4.8%，小学 26.3%，初中 48.7%，高中 12.8%，大学专科 4.7%，大学本科 2.5%，研究生 0.23%。

② 我们将两代人的生命周期间隔设为 30 年作为一期。

(4) n: 人口增长率。根据赡养率与人口增长率的关系 $DB = \dfrac{1}{1+n}$ [①]，可得适龄劳动人口的增长率为 $n = 0.067$。

(5) τ_T: 社会统筹账户缴费率。城镇企业职工为 $\tau_{1T} = 0.20$；灵活就业者为：$\tau_{2T} = 0.12$；农民工为：$\tau_{3T} = 0.12$。

(6) τ_P: 个人账户缴费率。城镇企业职工为 $\tau_{1P} = 0.08$；灵活就业者为 $\tau_{2P} = 0.08$；农民工为 $\tau_{3P} = 4\%$，5%，6%，7%，8%。

(7) α: 资本产出份额。根据相关研究，本书采用 0.3，即 $\alpha = 0.3$。

各参数整理如表 5.1 所示。

表 5.1　模型参数估值

参数名称	参数符号	参数赋值	经济内涵
共同参数值	H	10.41	人力资本总和
	β	0.55	折现率水平
	R	0.03	个人账户记账率水平
	n	0.067	劳动人口增长率
	α	0.30	资本产出份额
城镇企业职工各变量参数值	h_1	13.04	人力资本水平
	τ_{1T}	0.20	社会统筹账户缴费率
	τ_{1P}	0.08	个人账户缴费率
灵活就业者各变量参数值	h_2	8.6	人力资本水平
	τ_{2T}	0.12	社会统筹账户缴费率
	τ_{2P}	0.08	个人账户缴费率
农民工各变量参数值	h_3	8.1	人力资本水平
	τ_{3T}	0.12	社会统筹账户缴费率
	τ_{3P}	0.04	个人账户缴费率
		0.05	
		0.06	
		0.07	
		0.08	

---

① 据统计，2013 年我国赡养率为 13.1%。

5.3.2 实证测算

5.3.2.1 养老金并轨前收入差距比较

本章讨论在国家规定三类劳动者总缴费率范围内，不同统账缴费率组合变化致使总收入值、养老金值及其差距的变动情况，如表 5.2 所示（括号内为灵活就业者、农民工的社会统筹缴费率）。

表 5.2 养老金并轨前各群体收入差距比较

类型		统账缴费率/%						
		17 (9)	18 (10)	19 (11)	20 (12)	21 (13)	22 (14)	23 (15)
		11 (11)	10 (10)	9 (9)	8 (8)	7 (7)	6 (6)	5 (5)
城镇企业职工	总收入值 (TI_1)	4.080	3.980	3.881	3.784	3.689	3.595	3.503
	养老金值 (PI_1)	-0.068	-0.071	-0.076	-0.080	-0.084	-0.087	-0.090
灵活就业者	总收入值 (TI_2)	3.280	3.204	3.129	3.056	2.983	2.912	2.841
	养老金值 (PI_2)	0.044	0.047	0.048	0.049	0.051	0.052	0.053
农民工	总收入值 (TI_3)	3.096	3.025	2.954	2.885	2.817	2.750	2.684
	养老金值 (PI_3)	0.054	0.056	0.059	0.061	0.063	0.065	0.067
总收入值比	TI_1/TI_2	1.244	1.242	1.240	1.238	1.237	1.235	1.233
	TI_1/TI_3	1.318	1.316	1.314	1.312	1.310	1.307	1.305
	TI_2/TI_3	1.059	1.059	1.059	1.059	1.059	1.059	1.058
养老金值比	PI_1/PI_2	1.545	1.511	1.583	1.633	1.647	1.673	1.698
	PI_1/PI_3	1.259	1.268	1.288	1.311	1.333	1.338	1.343
	PI_2/PI_3	0.815	0.839	0.814	0.803	0.810	0.800	0.791

总收入值。随着社会统筹账户缴费率提高，个人账户缴费率降低，城镇企业职工、灵活就业者与农民工三类群体的总收入值都在减少。从三者的总收入值变动情况看，社会统筹账户缴费率越高，总收入值减少的速度越来越快。

养老金值。城镇企业职工的养老金值为负，说明发生了收入向外转移，为养老金统筹账户做出了额外的贡献，且贡献额随着社会统筹缴费率的提高而增加。而灵活就业者和农民工的养老金值为正，说明发生了收入向内转移，转移额随着社会统筹缴费率的提高而增加，且农民工获得的养老金转移额要大于灵活就业者。

总收入值比。随着社会统筹账户缴费率提高，个人账户缴费率降低，城镇企业职工与灵活就业者、城镇企业职工与农民工的总收入值比都在降低，而灵活就业者与农民工的总收入值比处于稳定状态。这说明社会统筹账户的扩大有利于缩小不同群体间总收入比。之所以出现这种情况，原因在于社会统筹缴费率的提高会产生两种效应：一是工资水平下降不同。城镇企业职工收入水平高，缴费基数和比例高，缴费额较大，与灵活就业者、农民工相比工资下降较多，缩小了差距。二是社会统筹账户养老金的增加。灵活就业者、农民工从社会统筹账户中获得了好处，而城镇企业职工利益受损，也缩小了差距。

养老金值比。随着社会统筹账户缴费率提高，个人账户缴费率降低，城镇企业职工与灵活就业者、城镇企业职工与农民工的养老金值比都在提高，而灵活就业者与农民工的养老金值比总体上处于降低状态。这说明社会统筹账户的扩大并不利于缩小不同群体间的养老金差距，也即社会统筹账户未充分发挥收入再分配功能。究其原因，退休时的基础养老金标准与在岗职工社会平均工资和本人指数化月平均缴费工资挂钩，个人账户养老金与缴费工资关联，并且建立了多缴多得的激励机制，将待遇确定型和缴费确定型两种模式结合起来，一方面弱化了待遇确定型较为明显的缩小收入差距效应，另一方面也强化了缴费确定型维持一定差距的效应。总体上看，目前的养老金制度并未有效缩小单纯的养老金收入差距。

5.3.2.2 养老金并轨后收入差距比较

本部分讨论三类劳动者缴费率并轨情形下，不同统账缴费率组合变化致使总收入值、养老金值及其比率的变动情况，如表5.3所示。

总收入值。随着社会统筹账户缴费率提高，个人账户缴费率降低，城镇企业职工、灵活就业者与农民工三类群体的总收入值都在减少。且社会统筹账户缴费率越高，总收入值减少的速度越来越快。

表 5.3　养老金并轨后各群体收入差距比较

类型		统账缴费率/%						
		17	18	19	20	21	22	23
		11	10	9	8	7	6	5
城镇企业职工	总收入值（TI_1）	4.080	3.980	3.881	3.784	3.689	3.595	3.503
	养老金值（PI_1）	− 0.068	− 0.071	− 0.076	− 0.080	− 0.084	− 0.087	− 0.090
灵活就业者	总收入值（TI_2）	2.746	2.681	2.617	2.554	2.492	2.430	2.370
	养老金值（PI_2）	0.064	0.066	0.067	0.068	0.069	0.069	0.070
农民工	总收入值（TI_3）	2.596	2.535	2.475	2.415	2.338	2.299	2.242
	养老金值（PI_3）	0.080	0.081	0.083	0.084	0.085	0.088	0.088
总收入值比	TI_1/TI_2	1.486	1.485	1.483	1.482	1.480	1.479	1.478
	TI_1/TI_3	1.572	1.570	1.568	1.567	1.578	1.564	1.562
	TI_2/TI_3	1.058	1.058	1.057	1.058	1.066	1.057	1.057
养老金值比	PI_1/PI_2	1.063	1.076	1.134	1.176	1.217	1.261	1.286
	PI_1/PI_3	0.850	0.877	0.916	0.952	0.988	0.989	1.023
	PI_2/PI_3	0.800	0.815	0.807	0.810	0.812	0.784	0.795

养老金值。城镇企业职工的养老金收入向外转移，为养老金统筹账户做出了额外的贡献，且贡献额随着社会统筹缴费率的提高而增加。而灵活就业者和农民工的养老金值收入向内转移，转移额随着社会统筹缴费率的提高而增加，且农民工获得的养老金转移额要大于灵活就业者。

总收入值比。城镇企业职工与灵活就业者、城镇企业职工与农民工的总收入值比都在降低，而灵活就业者与农民工的总收入值比处于稳定状态。这说明社会统筹账户的扩大有利于缩小不同群体间总收入比。

养老金值比。城镇企业职工与灵活就业者、城镇企业职工与农民工的养老金值比都在提高，而灵活就业者与农民工的养老金值比处于波动降低状态。这说明社会统筹账户的扩大并不利于缩小不同群体间的养老金差距，也即社会统筹账户未充分发挥收入再分配功能。

5.3.2.3 养老金并轨前后收入差距比较

表 5.4 反映了养老金并轨前后各群体收入差距比较情况（括号内数字为并轨前结果）。

表 5.4 养老金并轨前后各群体收入差距比较

类型		统账缴费率/%						
		17 (9)	18 (10)	19 (11)	20 (12)	21 (13)	22 (14)	23 (15)
		11 (11)	10 (10)	9 (9)	8 (8)	7 (7)	6 (6)	5 (5)
城镇企业职工	总收入值 (TI_1)	4.080 (4.080)	3.980 (3.980)	3.881 (3.881)	3.784 (3.784)	3.689 (3.689)	3.595 (3.595)	3.503 (3.503)
	养老金值 (PI_1)	-0.068 (-0.068)	-0.07 (-0.071)	-0.07 (-0.076)	-0.08 (-0.080)	-0.08 (-0.084)	-0.08 (-0.087)	-0.09 (-0.090)
灵活就业者	总收入值 (TI_1)	2.746 (3.280)	2.681 (3.204)	2.617 (3.129)	2.554 (3.056)	2.492 (2.983)	2.430 (2.912)	2.370 (2.841)
	养老金值 (PI_1)	0.064 (0.044)	0.066 (0.047)	0.067 (0.048)	0.068 (0.049)	0.069 (0.051)	0.069 (0.052)	0.070 (0.053)
农民工	总收入值 (TI_1)	2.596 (3.096)	2.535 (3.025)	2.475 (2.954)	2.415 (2.885)	2.338 (2.817)	2.299 (2.750)	2.242 (2.684)
	养老金值 (PI_1)	0.080 (0.054)	0.081 (0.056)	0.083 (0.059)	0.084 (0.061)	0.085 (0.063)	0.088 (0.065)	0.088 (0.067)
总收入值比	TI_1/TI_2	1.486 (1.244)	1.485 (1.242)	1.483 (1.240)	1.482 (1.238)	1.480 (1.237)	1.479 (1.235)	1.478 (1.233)
	TI_1/TI_3	1.572 (1.318)	1.570 (1.316)	1.568 (1.314)	1.567 (1.312)	1.578 (1.310)	1.564 (1.307)	1.562 (1.305)
	TI_2/TI_3	1.058 (1.059)	1.058 (1.059)	1.057 (1.059)	1.058 (1.059)	1.066 (1.059)	1.057 (1.059)	1.057 (1.058)
养老金值比	PI_1/PI_2	1.063 (1.545)	1.076 (1.511)	1.134 (1.583)	1.176 (1.633)	1.217 (1.647)	1.261 (1.673)	1.286 (1.698)
	PI_1/PI_3	0.850 (1.259)	0.877 (1.268)	0.916 (1.288)	0.952 (1.311)	0.988 (1.333)	0.989 (1.338)	1.023 (1.343)
	PI_2/PI_3	0.800 (0.815)	0.815 (0.839)	0.807 (0.814)	0.810 (0.803)	0.812 (0.810)	0.784 (0.800)	0.795 (0.791)

总收入值和养老金值。与并轨前相比，并轨后灵活就业者和农民工的总收入值分别减少了，但两者的养老金值却分别增加了。

总收入值比和养老金值比。并轨后，城镇企业职工与灵活就业者、城镇企业职工与农民工的总收入值比值较并轨前都有所增加，即并轨后的总收入差距更大，灵活就业者与农民工的比值相对降低，总收入差距缩小；而城镇企业职工与灵活就业者、城镇企业职工与农民工、灵活就业者与农民工的养老金值比值较并轨前都分别降低了，即并轨后的养老金收入差距缩小。

通过比较可以发现，养老金并轨后各群体间的总收入值差距大于并轨前，产生此结果的原因主要在于灵活就业者和农民工工资水平保持不变的情况下，养老金并轨使社会统筹缴费率和个人缴费率都相应提高，带来了两方面的效应。一是社会统筹和个人账户缴费率的提高使得缴费后的工资现值降低，造成收入下降；二是随着缴费率的提高，工资降低带来储蓄水平降低，引起资本量（k_t）随之减少，资本量的下降导致资本回报率（r_t）上升，进一步引起统筹账户和个人账户养老金现值减少。工资下降和养老金现值减少均导致总收入值的减少，因此拉大了与城镇企业职工总收入值的差距。

养老金并轨后各群体间的养老金值差距小于并轨前，其主要原因是随着社会统筹缴费水平的提高，灵活就业者与农民工从社会统筹账户中获得的向内收入转移增加，即养老金值增加。因此，缩小了与城镇企业职工养老金值的差距。

5.3.2.4 敏感性检验与分析

本章对折现率（β）、个人账户记账率（R）、劳动人口增长率（n）和资本产出份额（α）等参数的取值范围进行了敏感性检验，表 5.5 反映了敏感性检验的结果。

①折现率（β）与总收入值呈正向变动，与养老金值呈反向变动，β 变动对总收入值的影响要比养老金值更明显。

②个人账户记账率（R）与总收入值正向变动，与养老金值反向变动，R 的变动对两者的影响作用不明显。

③劳动人口增长率（n）与总收入值和养老金值都是呈反向变动，n 变动对两者的影响较小。

④资本产出份额（α）与总收入值呈反向变动，与养老金值呈正向变动，α 变动对两者的影响均不明显。

总体上看，参数估值范围变动引起的总收入值和养老金值变动与基准模型中值的差异不大，表明本书参数赋值是稳健的，模型估计的结果是可靠的。

表 5.5　参数敏感性检验结果①

取　值		指标			
		总收入值		养老金值	
		结果	弹性系数	结果	弹性系数
当 $R=0.03$ $n=0.067$ $\alpha=0.30$ 时的折现率（β） /%	0.45	3.721	—	−0.072	—
	0.50	3.763	0.011 3	−0.076	−0.055 6
	0.55	3.784	0.005 6	−0.080	−0.052 6
	0.60	3.792	0.002 1	−0.082	−0.025 0
当 $\beta=0.55$ $n=0.067$ $\alpha=0.30$ 时的个人账户记账率（R） /%	0.02	3.780		−0.083	
	0.03	3.784	0.001 1	−0.080	−0.036 1
	0.04	3.787	0.000 8	−0.077	−0.037 5
	0.05	3.790	0.000 8	−0.074	−0.039 0
当 $\beta=0.55$ $R=0.03$ $\alpha=0.30$ 时的劳动人口增长率（n） /%	0.010	3.787		−0.083	
	0.012	3.784	−0.000 8	−0.080	−0.036 1
	0.015	3.782	−0.000 5	−0.078	−0.025 0
	0.020	3.779	−0.000 8	−0.074	−0.051 3
当 $\beta=0.55$ $R=0.03$ $n=0.067$ 时的资本产出份额（α）	0.25	3.789		−0.075	
	0.30	3.786	−0.000 8	−0.078	0.040 0
	0.35	3.784	−0.000 5	−0.080	0.025 6
	0.40	3.781	−0.000 8	−0.083	0.037 5

5.4　对机关事业单位养老金改革的讨论

　　国务院国发〔2015〕2 号文（《决定》）确立了"一个统一、五个同步"改革的基本思路②。不仅在缴费形式、缴费比例以及退休金计发办法等方面

---

　　① 敏感性分析以社会统筹缴费率和个人账户缴费率为国家规定的 20% 和 8% 的基准情形。

　　② 2014 年 12 月 23 日，国务院副总理马凯向十二届全国人大常委会第十二次会议报告统筹推进城乡社会保障体系建设工作情况［EB/OL］.（2014-12-24）［2020-10-28］. http://www.npc.gov.cn/npc/padb/2014-12/24/content_1892953.htm.

与城镇企业职工一致，并且还提出了与基本养老金同步建立职业年金的配套措施。本书上述实证研究结果也对机关事业单位养老金改革与并轨提供了一定的启示。

5.4.1 统账结合改革有利于缩小基础养老金差距

首先，本章研究结果显示，社会统筹账户会使高收入群体的收入向低收入群体转移。机关事业单位人员人力资本水平和工资水平较高，一方面参保后社会统筹账户的熨平作用将会发生收入向外转移，另一方面实行新的计发办法将使原有的基础养老金替代率水平降低，缩小了与城镇企业职工等群体的差距。但个人账户主要用于积累，多缴多得、长缴多得又维持了个人参保的积极性（丁少群、李培，2015）。其次，退休金由原来按本人工资的一定比例计发向与自身缴费基数、缴费年限挂钩的计发办法转变会使不同性质机关事业单位和同一单位内的不同岗位员工的基础养老金基本趋同，内部差距将会缩小。总体来看，机关事业单位养老金制度改革降低了原有的基础养老金替代率水平，有利于缩小收入差距。

5.4.2 养老金改革配套措施发挥积极作用

在"五个同步"的思路中明确了改革的配套措施，职业年金与基本养老保险制度同步强制性建立，即凡是参加机关事业单位基本养老保险的必须要建立职业年金，这种方式与企业自愿性建立并且附有前提条件[①]相比具有"天然的优势"。补充性职业年金的强制建立不但弥补了基础养老金替代率水平的降低，反而可能会形成更具弹性的正向的激励机制（郭瑜，2015）。在宏观经济下行趋势明显，企业成本逐渐加大，基本养老保险欠逃费、中断参保等问题日益严重的情况下，自愿性建立企业年金无疑会遭受更多的"挫折"和"障碍"，而强制性职业年金则保证了机关事业单位人员的利益分配。机关事业单位养老金改革配套措施的出台并未降低原有的养老金水平。

---

① 根据 2004 年 1 月劳动和社会保障部第 20 号令，企业建立企业年金要符合三项条件：依法参加基本养老保险并履行缴费义务；具有相应的经济负担能力；已建立集体协商机制。

5.4.3　养老金并轨并非能有效缩小总收入差距

本章的实证研究结果显示：养老金制度并轨虽然能缩小不同群体间养老金收入差距，但不利于缩小总收入差距。机关事业单位人员通常被认为具有较高的人力资本水平和收入水平，但实际上事业单位类型复杂，人员身份构成也相对复杂，自然地，其人员工资水平也存在着较大差距，因而对其改革并轨的难度要高于机关单位。正如我们的研究显示，灵活就业者、农民工等低收入群体目前并不宜进一步提高统账缴费率与城镇企业职工完全并轨。目前事业单位分类改革并不彻底，一是未有效区分财政拨款单位和自收自支单位的缴费资金来源和单位实际运行情况，二是未充分考虑事业单位编制内外人员在工资福利等方面"同工不同酬"的差异。这就模糊了养老金制度改革中财政支持的适度边界和个人缴费的责任边界。养老金制度改革将其人员一次性全部纳入制度，并且实行与企业统一的缴费基数和费率，实际上公共财政承担了绝大部分的缴费责任和并轨成本。缴费来源的单一性不仅会增加改革和并轨的财政压力，也会造成公共财政资源和国民收入分配格局的再调整，并非能有效缩小收入差距，还可能存在收入分配的"隐性双轨制"（薛惠元，2015）。

5.5　结论与政策建议

本章运用动态世代交叠模型，引入我国城镇职工基本养老金制度模式和政策参数，构建一般均衡分析模型实证测算了新型城镇化过程中我国城镇职工养老金并轨前后不同参保群体收入差距变动情况以及讨论我国机关事业单位养老金制度改革的缩差效应，得出以下主要结论：

（1）养老金并轨前，城镇企业职工、灵活就业者和农民工的总收入值都随着社会统筹缴费率提高、个人账户缴费率降低而减小，而养老金值却逐渐增加。"大统筹、小账户"缩小了不同群体的总收入差距，但未能缩小养老金收入差距。

（2）虽然发生了从城镇企业职工向灵活就业者和农民工的养老金转移，城镇企业职工为社会统筹账户做出了额外的贡献，但社会统筹账户的养老金再分配作用并不明显。农民市民化参加城镇职工养老金制度也不会成为"庞氏游戏"的接棒者。

（3）养老金并轨后，不同群体间的总收入值差距大于并轨前，也即养老金并轨扩大了总收入的差距；但并轨后各群体间的养老金值差距小于并轨前，也即养老金并轨缩小了养老金收入的差距。

（4）机关事业单位改革有利于缩小基础养老金差距，但职业年金的建立弥补了收入的下降。

养老金制度并轨并不一定能缩小总体收入差距。为更好地深化养老金制度改革，可从以下方面着手：

第一，继续扩大基本养老保险覆盖面。虽然我国已实现了养老保险制度的城乡全覆盖，但是离法定人员全覆盖的目标还有一定的距离。目前，外出农民工参加城镇职工养老保险的仅为 20%，大部分还游离于制度外。相关部门应加强对中小企业、私营企业、劳务派遣单位人员，城镇自由职业者及灵活就业人员的参保监管及征缴，同时，做好农民市民化人员的养老保险参保工作，进一步扩大覆盖面，真正实现人群全覆盖。

第二，尽快建立全国统一的社会统筹基金。本书的研究显示，社会统筹账户在一定程度上发挥了缩小养老金差距的作用。国家应尽快提升养老金统筹层次，出台基础养老金统筹方案，建立全国统一的社会统筹基金和基础养老金计发、待遇调整机制，通过财政转移专项支付、国有资产划转等多渠道筹资扩大统筹基金规模，充分发挥社会统筹的调节作用，降低养老金差距。

第三，适时将职业年金和企业年金并轨推行。本研究认为，机关事业单位养老金改革后职业年金的强制建立与城镇企业职工年金的自愿建立相比无疑又使收入差距维持在改革前。因此，国家在整合社会保险，降低社保费率的基础上，应统筹考虑基本统一的补充性养老保险，通过税收减免、财政贴息、定向转移支付等优惠政策和措施鼓励企业为员工建立企业年金。可在基础养老金全国统筹后，适时将企业年金和职业年金并轨推行，推动其法制化，实现强制性，以缩小收入差距。

第四，实施养老保险基本统一制度下的分类管理政策。本书研究显示，不同群体间的养老金制度并轨并非是改革的上策。因此，国家可将基本养老金制度整合成"社会统筹+个人账户"的基本制度模式，优化"大统筹、小账户"结构，根据不同群体的实际缴费能力，继续实施不同的费率政策，为不同收入水平的人员建立差异化的费率账户，形成"社会统筹保基础促公平、个人积累提水平增效率"的养老金分配格局，并根据经济社会发展、各类单位实际运行情况对缴费机制和待遇计发进行适当调整，以保持养老金的可持续性和再分配性。

6 农村医疗保险政策调节收入分配的效果衡量与问题分析

高质量的医疗保障应把确保每一位社会成员的基本生存、基本发展和基本尊严作为政策目标，社会医疗保险作为一项政府以国家公权力实施的基本保障项目，应该为全体社会成员提供结果均等的医疗费用风险保护（何文炯，2019）。这就要求社会医疗保险必须遵循一致性原则，帮助受苦的人、困境中的人和处于劣势地位的人，着力关注医疗弱势群体的基本保障权益，充分发挥制度的"济贫"和"防贫"效应。因此，良好的减贫效应既是社会医疗保险的逻辑和实践必然，也是构建高质量医疗保障制度的发力点。

现有部分研究认为我国农村医疗保险的减贫效果不佳（Sun X. Y. et al.，2010；李实，2016），并将其原因主要归结为两个方面：一是医疗费用不断上涨与报销比例较低导致自付负担较重；二是制度建立时间不长，制度的整体保障水平不高（鲍震宇，赵元凤，2018）。基于以上原因提出的增强减贫效果的策略主要包括：通过制度整合形成统一的全民医疗保险制度，以提高制度的保障水平（郑功成，2018）；实行差异化的补偿政策，对低收入群体进行"倾向照顾"（任志江，苏瑞珍，2019）；通过政策参数调整，提高制度补偿水平（方黎明，2013）；改善影响制度利用的外部环境等（王晓亚 等，2018）。但有关研究亦表明，制度整合后的城乡居民医疗保险并未有效改善城乡医疗服务利用的公平性（刘小鲁，2017），进而制约农村医疗保险的减贫效应。尽管实行了城乡居民大病保险制度以提高保障水平，实施健康扶贫工程对贫困人口进行"倾向照顾"，但有关数据显示农村医疗保险体系呈现更为明显的逆向再分配。以山西省为例，2013—2017 年，低收入户报销医疗费占医疗保健支出之比由 2.78% 上升到 8.26%；中等收入户由

7.72%上升到18.01%；高收入户由20.63%上升到29.1%。低收入户与其他收入户相比，报销医药费占医疗保健支出之比不仅差距大，而且增幅小，2017年中等收入户和高收入户所报销医药费分别是低收入户的6倍和13倍。产生这一问题的原因之一是农村医疗保险可能存在不利于穷人的递减结构，即穷人向非穷人的再分配机制（Ramesh Mishra，1984），这种"逆向"再分配推动医疗资源向中高收入群体流动，削弱了制度的"亲贫"效应，是导致农村医疗保险减贫效果不佳的内在机制之一。

目前主要基于减少现金自付医疗支出和灾难性医疗支出发生率的减贫效果评估研究对收入及其分配状况是不敏感的（杨红燕 等，2018），并不能反映医疗保险减贫对象的群体分布情况，即可能存在减贫对象对低收入群体的偏见和排除。Wagstaff 等（2009）就指出中国新农合并未对贫困者的医疗服务利用产生显著影响，这可能导致医疗保险无法实现最大化帮助社会境况最差群体的制度初衷，进而削弱减贫效应。如果社会医疗保险对低收入群体的福利改善低于高收入群体，则制度仅具有"涓滴"减贫效应①。若能够不断缩小福利改善的群体间差距，或者福利改善较为均衡，则制度具有较好的亲贫性，有利于推动公平减贫，增强减贫效应。

综上所述，社会医疗保险减贫不仅依赖于制度保障水平提高，亦需要通过收入再分配机制增强亲贫性，推动公平减贫。我国于2003年试点并全面实施新农合制度（2016年实行城乡居民基本医疗保险制度），2012年建立、试点并于2015年全面实施大病保险制度，2003年开始实施农村医疗救助制度（2015年整合为城乡医疗救助制度），2016年开始实施健康扶贫工程。覆盖农村居民的基本医疗保险和大病保险是农村医疗保险体系的主体，鉴于医疗救助与医疗保险的衔接实施（资助参加基本医保和对医疗保险补

---

① 涓滴效应，又称"滴漏效应""滴漏理论""渗漏理论"等，原意是指在经济发展过程中并不给予弱势群体或贫困地区特别的优待，而是通过优先发展起来的富裕群体或地区通过增加消费、吸纳就业等方式逐渐惠及贫困阶层或地区，带动其发展和富裕。该术语最早起源于美国幽默作家威尔·罗杰斯（Will Rogers），在经济大萧条时，他曾说："把钱都给上层富人，希望它能一滴一滴地流到穷人手里。"（Money was all appropriated for the top in hopes that it would trickle down to the needy）。该词最初并非学术术语，含有讽刺意义。目前，在美国，越来越多的经济学家认为，"滴漏理论"加剧了美国的贫富差距。本书中"涓滴效应"，是指社会医疗保险的制度设计因缺乏对低收入群体的针对性和特别优待，使得高收入患者能够从制度中获取比低收入患者更多的医疗保障资源，导致医疗保障的"逆向"收入再分配结果，扶贫减贫效应脆弱。

偿后的自付费用进行补助），可以认为其是农村医疗保险体系的组成部分。就减轻医疗负担、降低因病致贫风险的制度目标而言，基本医保应具有亲贫性，大病保险应能够改善亲贫性，医疗救助应能有效纠正医疗保险的逆向再分配。因此，本章从再分配实现机制视角阐述农村医疗保险体系减贫效应的实现路径，并以山西省为例，对政策效果进行了实证评估和深入分析，进而提出改善亲贫性以增强减贫效应的政策建议。

6.1　我国农村医疗保险体系减贫效应的实现路径

收入再分配被普遍认为是一种对弱势群体进行补差的实现机制（朱富强，2016），社会医疗保险作为一项国家在社会成员面临疾病风险冲击时提供基本保护的制度安排，体现了社会成员之间的互助共济和收入再分配（何文炯，2017），是一种实现社会公平正义和共享发展的综合性收入再分配手段（郑功成，2010）。国家医疗保险体系应当快速有效地对收入进行再分配，为患病贫民提供服务（玛丽亚·康西安和谢尔登·丹齐革，2014），通过发挥收入再分配功能改善低收入群体的初始禀赋劣势，放松收入约束以提高医疗服务利用，提高医保受益水平以减轻医疗费用负担，从而增强减贫效应。

社会医疗保险通过保障资金在健康者和患病者之间、高收入者和低收入者之间的再分配，将健康者和高收入者的一部分收入转移给患病者和低收入者（金彩红，2005），以互助共济的方式，对患病者和低收入者产生医疗需求的"释放效应"和医疗支出的"减负效应"。假设医疗服务价格等条件不变，通过健康者与患病者之间的横向收入再分配实现的减贫效应主要取决于制度整体保障水平，可以通过提高筹资水平和统筹层次增强减贫效应。但是收入的偏环境效应会产生因收入差异造成的医保利用差异，由此产生形式平等（报销比例相同）而实质不公平（报销额度不同）的问题，出现"农帮城""穷帮富"的现象（马超 等，2018），削弱了制度的减贫效应。因此，通过高收入者与低收入者之间的纵向收入再分配推动医疗保障资源"正向"调节配置是促进公平减贫，进而增强减贫效应的实现机制。基于以上分析，可以认为若医疗保险存在"逆向"再分配，则仅能发挥"涓滴"减贫效应，只有同时强化亲贫性，才能最大化减贫效应。

　　社会医疗保险的"亲贫"效应体现在通过纵向收入再分配改善低收入群体的收入分布。筹资和偿付是社会医疗保险实现收入再分配的基本环节，若筹资或偿付能够改善低收入群体的收入分布，则表明该环节具有亲贫性，有利于增强减贫效应。具体而言，如果筹资能够改善低收入群体的收入分布，则表明筹资具有累进性，在偿付公平前提下，能够实现医疗保障资金从高收入群体向低收入群体的调节分配，进而增强减贫效应。同理，如果偿付能够改善低收入群体的收入分布，则表明该环节实现了"正向"收入再分配，有利于增强减贫效应。由此可见，提升筹资累进性和推进偿付实质公平是改善社会医疗保险亲贫性，进而增强减贫效应的实现路径。

　　筹资环节改善低收入群体的收入分布，一方面反映了筹资趋累进性，另一方面有利于降低该群体的医保利用成本，增强"亲贫"效应。国际社会普遍采用财政补助和个人缴费相结合的混合筹资模式。财政补助基于税收的收入再分配效应能够增强筹资的累进性，但补助对象范围影响累进程度。若财政补助是针对全部覆盖群体，则是一种"普惠"转移支付，若财政补助仅针对低收入群体，则是一种"特惠"转移支付。就筹资而言，后者的累进性优于前者。个人缴费主要包括固定等额缴费和比例缴费模式，筹资是否具有累进性需要具体分析。固定等额缴费模式是指所有覆盖群体都缴纳相同数额的费用，意味着低收入群体缴费负担高于高收入群体，筹资是累退的。比例缴费模式的筹资累进性与缴费基数和比例方式相关，如果缴费基数能够体现个人收入差异，或者实行基于收入的差异性费率，则能够增强筹资的累进性。筹资累进性及程度关系到社会医疗保险在筹资环节的亲贫性，在筹资规模不变和偿付公平的前提下，筹资累进性越好越有利于增强减贫效应。

　　偿付环节改善低收入群体的收入分布，一方面反映了该群体的医保利用增加（假设不同收入群体的医保利用价格相同），有利于释放医疗需求；另一方面反映了该群体的医保受益改善，有利于降低医疗费用负担，增强"亲贫"效应。由于低收入群体的社会最优共付比例低于高收入群体，而医疗保险的共付比例高于低收入群体的最优共付比例，但却低于高收入群体的最优共付比例，从而使得偿付有利于高收入群体，不利于低收入群体（田森 等，2016）。偿付环节从以下几个方面增强亲贫性：一是强调医疗保险机构和政府的偿付责任，降低个人在偿付中的共付比例，能够促进低收入群体的医保利用，进而提高受益水平。二是在疾病费用补偿基础上对收入损失进行补偿，例如对因医疗行为产生的交通费用进行补偿，有利于放松低收入群体医保利用的约束条件。三是通过预付制支付方式限制高收入群体的分配优势（如按病种付费通过控费可以缓解高收入群体对医保的过度利用），推动医疗保障资源公平分配。四是实行差异化偿付政策对低收入群体进行"倾向照顾"。

综上所述，社会医疗保险作为一种医疗资源配置机制，正是通过横向收入再分配和纵向收入再分配发挥减贫效应（见图 6.1）。横向收入再分配是社会医疗保险减贫的根本机制，正是通过再分配机制把健康者的资源转移给患病者，才使得部分患病者避免陷入贫困陷阱，从这个角度讲，社会医疗保险必然降低贫困发生率。但是这种减贫可能存在对低收入群体的排除，高收入患病群体可能会利用分配优势占有更多的医疗保障资源，挤占了低收入患病群体可获得的份额，进而削弱制度的减贫效应。因此，通过完善纵向收入再分配机制，推动社会医疗保险的亲贫性改善，是助推公平减贫，增强减贫效应的重要实现路径。

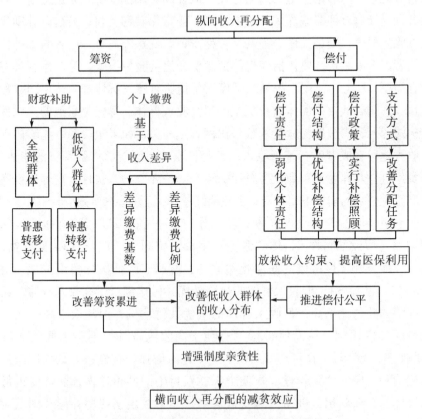

图 6.1　社会医疗保险减贫的再分配实现机制示意图

但是社会医疗保险的普惠属性和运行机制决定了纵向收入再分配只能改善，而非根本扭转低收入群体的分配劣势，需要通过特惠式转移支付制度或机制进行补救，因此需要补充性医疗保障制度对社会医疗保险的"逆向"再分配进行"补救"或"纠正"。在社会医疗保险中内嵌医疗救助机制是一种不同收入群体间的纵向再分配机制，被广泛用来对低收入群体进行补偿，缩小保障待遇差距，助力减贫。因此，必须把医疗救助纳入社会医疗保险减贫再分配实现机制的分析框架，衡量医疗救助的"纠正"效应。

6.2　实证方法与数据说明

洛伦兹（Lorenz）曲线与收入分布函数存在确定的函数关系，可以通过洛伦兹曲线获得收入分布及基尼系数（阮敬 等，2018）。因此本章构建评估农村医疗保险体系通过收入再分配发挥减贫效应的基本思路是：①根据相关年份《山西省统计年鉴》测算 2013 年和 2017 年山西省农村居民不同收入组的初始收入、医疗保险缴费和偿付后收入、缴费率和改善率，评估不同收入群体的医疗保险缴费负担及偿付的收入改善情况；②运用洛伦兹曲线拟合农村居民不同收入组的初始收入分布、医疗保险缴费后收入分布、医疗保险偿付后收入分布，评估农村医疗保险体系的受益归宿，进而判断制度的"亲贫"效应；③运用基尼系数获得 MT 指数和 R 系数对农村医疗保险体系实现纵向收入再分配的筹资和补偿环节的"亲贫"效应进行评估；④测算医疗保险基础上医疗救助缴费补助和直接费用救助之后不同收入组的收入分布和基尼系数，衡量医疗救助对基本医保及大病保险"逆向"再分配的"纠正"效应。

6.2.1　分析模型

6.2.1.1　基本分析模式

本书在借鉴金双华（2012，2017）等人的研究方法基础上，把医疗救助纳入基本分析模式。设 X 为个人初始收入随机变量，M 为个人缴纳的医疗保险费，I 为个人报销医疗费收入，则考虑医疗保险之后的个人可支配收入为

$$d(X) = X - M + I$$

医疗救助资助低收入群体参加基本医保（"一次救助"）和直接医疗费用补助（"二次救助"）会对该群体的可支配收入产生影响，R 为个人参加基本医保获得的医疗救助资助，H 为个人获得的医疗救助直接费用补助，则考虑医疗保险与医疗救助之后的个人可支配收入为

$$d(X) = X - M + R + I + H$$

6.2.1.2 模型选择

相关统计年鉴给出的关于农村居民个人可支配收入、医疗保险缴费以及报销数据是按收入水平确定的五等份组平均数据，故本章选择离散模型测算洛伦兹曲线，拟合收入分布，并计算基尼系数。设 n 为总人数，t 为收入区间，n_t 为第 t 个收入区间的人数，$f_t = n_t/n$ 为第 t 个收入区间的频率，本章农村居民分为五等份，则有 $f_t = 0.2$。μ_t 为第 t 个收入组的收入均值，μ 为总体收入均值，p_t 为人口累积比，q_t 为收入累积比，则有

$$\mu = \mu_1 f_1 + \mu_2 f_2 + \cdots + \mu_{T+1} f_{T+1}$$

$$p_t = f_1 + f_2 + \cdots + f_t$$

$$q_t = (\mu_1 f_1 + \mu_2 f_2 + \cdots + \mu_t f_t)/\mu$$

由坐标 (p_t, q_t) 所得的折线就是洛伦兹曲线，则对应的基尼系数是：

$$G = 1 - [f_1(q_0 + q_1) + f_2(q_1 + q_2) + \cdots + f_{T+1}(q_T + q_{T+1})]$$

$$(P_0 = 0, \ q_0 = 0, \ q_{T+1} = 1)$$

上述基于不同收入组差异的基尼系数计算公式并未考虑收入组内部的差异性，并假定差异为 0，因此得出的基尼系数可能偏低。

另外，$G \in [0, 1]$，$G = 0$ 时表示收入分配完全公平，$G = 1$ 时表示收入分配完全不公平。

6.2.1.3 模型运用

医疗保险筹资和偿付对个人收入分布的影响大部分表现为线性形式，在此线性形式下，设 G 为收入随机变量 X 的基尼系数，G^* 为线性函数 $(a + bX)(b > 0)$ 的基尼系数，则有

$$G^* = b\mu G/(a + b\mu) = [1 - a/(a + b\mu)]G$$

由此可见，若 $a = 0$，则 $G^* = G$ 表明所有的收入均乘以一个相同的常数，其不均等性不变，当 $a > 0$ 时，$G^* < G$；$a < 0$ 时，$G^* > G$。

目前，我国的社会医疗保险主要采取比例缴费模式和固定金额缴费模

式，其中城镇职工医疗保险采取前者，而城乡居民医疗保险采取后者。农村医疗保险采取了固定金额缴费模式，参保者一律缴纳相同的保费，由此导致低收入群体缴费负担相对较重，筹资呈累退性。理论上不同收入群体在医疗保险中的受益水平应该是相同的，但是收入的偏环境效应使得低收入群体的医保利用和受益水平相对较低，产生偿付环节的"逆向照顾"问题。收入随机变量 X 的基尼系数为 G，d 为个体缴纳相同的医疗保险费或获得相同的医疗保险偿付数额，则有

$$Y = X + d$$

$$G_Y = \mu G / (\mu + d)$$（G_Y 为缴费或偿付后的基尼系数）

由此可得，$d < 0$ 时，参保个体缴纳了相同的医疗保险费；$G_Y > G$，表明进一步完善医疗保险筹资方式，改善筹资环节的累进性，是提高筹资亲贫，进而增强减贫的重要途径；$d > 0$ 时，患病个体获得相同的医疗保险补偿，$G_Y < G$，表明提高偿付环节的公平性，能够促进公平减贫，进而助力减贫。

6.2.2 分析方法

本章除了利用基尼系数从总体上度量农村医疗保险体系的收入分配公平程度，还运用 Musgrave 和 Thin（1948）提出的 MT 指数度量缴纳医疗保险费和获得医疗保险偿付之后总体收入差距的绝对变化，使用 R 系数度量总体收入差距的相对变化，并着重利用 MT 指数和 R 系数对农村医疗保险筹资和偿付环节的亲贫性进行分解评估。同时，运用洛伦兹曲线拟合收入分布的方法，通过 L 指数度量医疗保险缴费或偿付对不同收入群体收入的影响，能够弥补基尼系数不能完全反映不同收入群体收入结构变化情况的缺陷，以更完整地评估农村医疗保险体系的亲贫性。具体计算公式如下：

$$MT = G - G^*$$

$$R = MT / G \times 100$$

上式中，G 为初始收入的基尼系数，G^* 为医疗保险缴费或偿付后的基尼系数，若 $MT > 0$ 表明医疗保险改善了低收入群体的收入分布，收入再分配具有"亲贫"效应，有利于增强减贫效应。$MT < 0$，表明医疗保险的收入再分配效应为负，存在低收入群体对高收入群体的"逆向照顾"问题，制约减贫效果提升。

$$L_t = LD_t * - LD_t$$

上式中，$LD_t *$ 为第 t 个收入群体在医疗保险缴费或偿付之后的收入分布，LD_t 为第 t 个收入群体的初始分布，$L_t > 0$ 时表示医疗保险缴费或偿付后该群体的收入占比增加，对该群体有利；若 $L_t < 0$ 时表示医疗保险缴费或偿付后该群体的收入占比降低，对该群体不利。经医疗保险缴费和偿付后，低收入群体的收入分布比初始收入增加，则表明医疗保险具有"亲贫"效应。

6.2.3 数据说明

我国于 2003 年开始试点并全面实施新型农村合作医疗制度（新农合），为进一步减轻人民群众大病医疗费用负担，解决因病致贫、因病返贫问题，2012 年建立、试点并于 2015 年全面实施大病保险制度，2016 年开始实施健康扶贫工程，以提高农村贫困人口的医疗保障和健康水平。山西省于 2013 年在阳泉市和运城市试点城乡居民大病保险制度，2014 年在省内全面推开。因此，本章选择山西省 2013 年数据对大病保险制度全面实施前的农村医疗保险（主要是基本医保）的"亲贫"效应进行评估，选择山西省 2017 年数据对实施医保扶贫政策后的农村医疗保险（包括基本医保和大病保险）的"亲贫"效应进行评估，以反映制度变迁下农村社会医疗保险体系"亲贫"效应的演变。同时，利用山西省相关数据对医疗救助对农村医疗保险的"补偿"效应进行了评估。本书农村居民五等份可支配收入、医疗保险缴费与报销、农村人口数量数据来源于《山西省统计年鉴（2014）》和《山西省统计年鉴（2018）》，农村医疗救助重点对象数据来源于《中国民政统计年鉴（2014）》和《中国民政统计年鉴（2018）》，医疗救助资助参保支出、直接医疗救助支出数据来源于《中国卫生与计划生育统计年鉴（2014）》和《中国卫生健康统计年鉴（2018）》。

6.3 研究发现与分析

6.3.1 农村医疗保险的"亲贫"效应衡量

支出约束减弱了医疗保险对低收入群体的医疗支出负担的减轻作用和健康状况的改善作用（黄薇，2019），如果医疗保险通过收入再分配能够改善低收入者的收入分配状况，则可认为其具有"亲贫"效应。表6.1显示了山西省2013年和2017年的初始收入（项目A：医疗保险缴费和偿付之前的收入）、初始收入经医疗保险缴费后的收入（项目B）、初始收入经医疗保险缴费和偿付后的综合收入（项目C），以及用缴费率（医疗保险缴费额占初始收入比重）表示的医疗保险缴费负担和用改善率（医疗保险补偿额与缴费额之差占初始收入的比重）表示的医疗保险的收入改善水平。

表6.1　山西省2013年和2017年农村居民医疗保险缴费与补偿之后的收入情况

项目	低收入组	中低收入组	中等收入组	中高收入组	高收入组
2013年					
A/元	2 459.52	5 339.15	7 155.56	9 723.04	16 842.88
B/元	2 384.26	5 252.82	7 078.82	9 628	16 720.79
C/元	2 398.14	5 287.31	7 116.48	9 744.52	16 969.71
缴费率/%	3.06	1.62	1.07	0.98	0.72
改善率/%	−2.50	−0.97	−0.55	0.22	0.75
2017年					
A/元	4 032.30	7 578.67	10 099.93	12 880.35	21 420.22
B/元	3 829.27	7 383.14	9 869.80	12 665.59	21 160.83
C/元	3 873.43	7 464.63	9 982.92	12 896.64	21 735.73
缴费率/%	5.04	2.58	2.28	1.67	1.21
改善率/%	−0.94	−1.50	−1.16	0.13	1.41

从表6.1可知，从绝对数额上看，2017年农村居民不同收入组的初始收入从低收入组到高收入组分别比2013年增长63.95%、41.95%、41.15%、3.47%、27.18%，表明群体间初始收入差距在缩小，有利于放松支出约束，释放低收入群体的医疗服务需求。不考虑医疗救助缴费补贴，医疗保险缴费后不同收入组收入均下降，偿付后收入均增加，但医疗保险的综合效应呈现明显的群体间不平衡，经医疗保险缴费和偿付后，相比于初始收入，低收入组的收入下降，而高收入组的收入增长。从相对数额来看，缴费率随收入的提高而呈现下降趋势，表明农村医疗保险筹资呈现明显的累退性，削弱了制度的互助共济性。改善率随收入提高而提高，低收入组、中低收入组和中等收入组的改善率始终为负值，中高收入组和高收

入组改善率始终为正，并与初始收入呈现明显的正相关性，即初始收入越高，改善率越高。

从纵向上来看，与 2013 年相比，2017 年农村居民不同收入组的缴费率均有不同程度的提高，从低收入组到高收入组依次提高了 1.98、0.96、1.21、0.69、0.49 个百分点，不断增长的个人缴费额（由 60 元增加到 180 元）使低收入群体的缴费负担相比于其他收入群体更重，农村医疗保险的筹资累退性进一步加剧。就改善率而言，低收入组、中低收入组和中等收入组的改善率依然为负，中高收入组和高收入组依然为正，但呈现不同的方向变化，从低收入组到高收入组依次提高了 1.56、−0.53、−0.61、−0.09 和 0.66 个百分点。但改善率的提高并不能认定对低收入群体更有利，这就需要通过分析医疗保险对收入分布的影响来判断其"亲贫"效应，若医疗保险未改善低收入群体的收入分布，则表明医疗保险仅具有"涓滴"减贫效应，不具有"亲贫"效应。

表 6.2 描述了山西省 2013 年和 2017 年农村居民不同收入群体的初始收入分布、医疗保险缴费后的收入分布、医疗保险偿付后的收入分布及其变化，以及用不平等测度指标基尼系数衡量的农村医疗保险的分配公平性。表 6.3 反映了医疗保险缴费和偿付对不同收入群体收入分布的影响方向和程度。

表 6.2　山西省 2013 年和 2017 年农村居民在医疗保险缴费和补偿之后的
收入分布及基尼系数

项目	分组收入分布/%					基尼系数
	低收入组	中低收入组	中等收入组	中高收入组	高收入组	
2013 年						
A	5.83	13.14	16.85	23.70	40.45	0.337 4
B	5.71	13.09	16.84	23.75	40.60	0.340 1
C	5.68	13.01	16.77	23.75	40.76	0.342 0
2017 年						
A	7.05	13.98	17.43	23.45	38.07	0.302 3
B	6.83	13.88	17.39	23.50	38.36	0.307 4
C	6.78	13.77	17.26	23.48	38.67	0.310 9

表 6.3 　山西省 2013 年和 2017 年农村居民在医疗保险缴费和补偿之后的

收入分布的变化情况 　　　　　　　　　　单位:%

项目	低收入组	中低收入组	中等收入组	中高收入组	高收入组
2013 年					
B-A	-0.122 0	-0.054 6	-0.013 0	0.041 6	0.147 9
C-A	-0.144 8	-0.130 6	-0.084 6	0.044 1	0.306 0
2017 年					
B-A	-0.223 8	-0.100 5	-0.043 4	0.053 1	0.294 6
C-A	-0.272 4	-0.207 3	-0.171 0	0.034 3	0.606 3

　　表 6.2 和表 6.3 数据显示,医疗保险缴费的横向影响表现为对低收入群体更为不利,纵向影响体现在不断提高的缴费标准加剧了筹资的累退性,成为制约医疗保险减贫的重要因素。横向比较可得,2013 年和 2017 年的 B-A 项均显示,医疗保险缴费后,低收入组、中低收入组和中等收入组的收入占比下降,中高收入组和高收入组的收入占比提高,其中低收入组收入分布的下降幅度最大,而高收入组收入分布增加最大,表明医疗保险缴费恶化了低收入群体的收入分布。纵向比较可得,2017 年最低收入组的初始收入分布比 2013 年增加了 0.22 个百分点,而医疗保险缴费后的收入分布则增加了 0.12 个百分点,高收入组的初始收入分布降低了 2.38 个百分点,而医疗保险缴费后的收入分布则降低了 2.24 个百分点,表明尽管低收入群体的初始收入分布获得改善,但不断提高的缴费标准削弱了改善程度,表现为低收入群体缴费后的收入分布增长幅度低于初始收入分布。

　　表 6.2 和表 6.3 数据显示,经医疗保险偿付后,2013 年低收入组、中低收入组和中等收入组的收入占比进一步下降,从 C-A 项可得,比初始收入分布分别下降了 0.15、0.13、0.08 个百分点,特别是低收入组的收入占比不足 6%,而中高收入组和高收入组比初始收入分布分别提高了 0.05 和 0.31 个百分点,特别是高收入组的收入占比不断增加,始终在 40% 以上。2017 年,医疗保险偿付后,低收入组的收入分布比初始收入分布降低了 0.27 个百分点,且比医疗保险缴费后收入分布低 0.05 个百分点,而高收入组则比初始收入分布增加了 0.6 个百分点,且比医疗保险缴费后收入分布增加了 0.31 个百分点,表明实施大病保险及健康扶贫工程后,农村医疗保险并未有效改善低收入群体的收入分布。纵向比较可得,经医疗保险偿付后,

2017 年低收入组的收入分布比 2013 年增加了 1.1 个百分点，而高收入组的收入分布比 2013 年降低了 2.09 个百分点，但是导致这一变化的原因不是医疗保险发挥了改善作用，而是根源于低收入群体初始收入分布的改善，因为 2017 年低收入组的医疗保险补偿后收入分布比初始收入分布下降幅度（即 C-A 项）大于 2013 年。

通过以上分析可得，随着整体保障水平的不断提高，低收入群体的受益水平不断改善，有利于增强农村医疗保险的减贫效应。但这只是"水涨船高"的"涓滴"减贫效应，并不能表明农村医疗保险具有高收入者照顾低收入者的"亲贫"效应。相反，研究发现：农村医疗保险存在低收入群体"照顾"高收入群体的"逆向"再分配，尽管实施大病保险和健康扶贫工程，但并未有效扭转低收入群体在医疗保险收入再分配中的劣势境遇，反而制度的"亲贫"效应趋恶化，这必然会制约农村医疗保险减贫功能的发挥。

6.3.2 农村医疗保险"亲贫"效应的环节分解

医疗保险的收入再分配功能主要通过筹资和偿付两个环节实现，因此本书基于变异指标基尼系数获得 MT 指数和 R 系数对医疗保险通过收入再分配发挥减贫效应的两个环节进行分解，进一步评估筹资和偿付对农村医疗保险"亲贫"效应的影响方向和程度。具体而言，项目 A 的 MT 和 R 表示缴纳医疗保险费后的收入不平等的绝对变化和相对变化，能够反映筹资对收入再分配的影响方向和程度。若 $MT_B < 0$，则表明医疗保险的筹资环节不具有亲贫性，$MT_B < 0$ 且 MT_B 的绝对值越大，这种负向的再分配效应越大，受益归宿越不利于低收入群体。项目 C 的 MT 和 R 表示获得医疗保险偿付后收入不平等的绝对变化和相对变化，若 $MT_C > MT_B$，表明医疗保险的偿付环节有利于低收入群体，$MT_C > MT_B$ 且 $|MT_C - MT_B|$ 值越大，补偿环节的亲贫性越好，越有利于公平减贫。反之，若 $MT_C < MT_B$，表明补偿环节加剧了低收入群体的分配劣势，$MT_C < MT_B$ 且 $|MT_C - MT_B|$ 值越大，偿付环节越不公平，越不利于增强减贫效应。如表 6.4 所示，项目 B 和 C 的 MT 和 R 均为负值，表明筹资和偿付环节均存在"逆向"收入再分配效应，存在低收入者对高收入者的"逆向补偿"问题。

表 6.4　山西省 2013 年和 2017 年农村医疗保险筹资和偿付环节的再分配效应

单位:%

项目	基尼系数	MT	R
2013 年			
A	0.337 4	—	—
B	0.340 1	-0.002 7	-0.793 9
C	0.342 0	-0.004 6	-1.345 0
|C-B|	0.001 9	0.001 9	0.551 1
2017 年			
A	0.302 3	—	—
B	0.307 4	-0.005 1	-1.659 1
C	0.310 9	-0.008 6	-2.766 2
|C-B|	0.003 5	0.003 5	1.107 1

　　具体而言,2013 年,医疗保险缴费后的 MT_B 指数为-0.002 7,相应的 R_B 系数为-0.793 9,表明医疗保险缴费加剧了收入不平等,总体公平性变差,收入差距有所扩大。而获得医疗保险偿付后,$MT_C < 0$ 且 $|MT_C| > |MT_B|$,相应的 R_C 系数变为-1.345 0,表明医疗保险偿付不仅没有提高收入平等性,反而加剧了收入不平等。由此可见,该年度农村医疗保险筹资和偿付环节均不具有"亲贫"效应,两者对总的负向调节贡献了基本相同的份额。2017 年,医疗保险缴费后的 MT_B 指数为-0.005 1,相应的 R 系数为-1.659 1,表明不断提高的医疗保险缴费标准,使得收入差距进一步扩大,加剧了筹资累退,低收入群体的缴费负担相对加重。而获得医疗保险偿付后,$MT_C < 0$ 且 $|MT_C| < |MT_B|$,相应的 R_C 系数变为-2.766 2,表明该年度农村医疗保险偿付环节的再分配效应依然表现为负向调节,该环节依然不具有"亲贫"效应。与 2013 年相比,2017 年农村医疗保险缴费和偿付环节均表现出更为严重的"嫌贫爱富"倾向,体现在该年度 B 和 C 的 MT 和 R 值的绝对值、$|MT_C - MT_B|$ 以及 $|R_C - R_B|$ 的值均大于 2013 年。综上所述,农村医疗保险的筹资和偿付环节均推动了"逆向"再分配,实施大病保险制度和健康扶贫工程后,这一趋势反而进一步加剧,不利于推进公平减贫,并必然阻碍减贫效果最大化实现。

6.3.3 医疗救助对农村医疗保险分配偏见的"纠正"效应

医疗救助是运用财政转支机制对贫困人口等低收入群体实行"倾向照顾"的一项制度安排,"一次救助"和"二次救助"对医疗保险的收入再分配减贫效应产生影响。前文在分析医疗保险缴费和偿付对不同收入群体的收入分布和基尼系数的影响时,设定不同收入群体均缴纳了相同的医疗保险费,2013 年和 2017 年分别为人均 60 元和 180 元,实际上经"一次救助"后,低收入组的实际缴费负担会降低,而"二次救助"实际上增加了低收入组的医疗报销,两者均对不同收入群体的收入分布和基尼系数产生影响。因此有必要评估医疗救助对农村医疗保险"逆向"再分配的"纠正"效应。2013 年山西省城乡医疗救助重点对象约 251.3 万人,其中农村重点救助对象约 166.3 万人,民政部门资助参加合作医疗支出 6 657 万元,根据医疗救助重点对象城乡人口比例,估算农村居民的直接医疗救助支出为 31 924 万元,根据该年度乡村人口为 1 721.88 万人,估算低收入组人口约 344.4 万人。根据我国的医疗救助资格确定政策,救助对象应属于最低收入组,由此测算 2013 年医疗救助资助参保可以减轻低收入组人均 19.3 元的缴费负担,增加医疗报销 92.7 元。同理可测算 2017 年医疗救助资助参保可以减轻低收入组人均 34.1 元的缴费负担,增加医疗报销 157.2 元①。D 项表示在 B 项基础上医疗救助缴费补助后不同收入组的收入分布,E 项表示在 D 项基础上直接医疗救助补偿后不同收入组的收入分布(见表 6.5)。

---

① 2013 年山西省城乡医疗救助重点对象约 251.3 万人,其中农村重点救助对象约 166.3 万人,则农村重点救助对象占总重点救助对象比例为 66.15%。该年度乡村人口为 1 721.88 万人,低收入组人口占 20%,即低收入组人口约 344.4 万人,假设医疗救助对象仅为低收入组人口。民政部门资助参加合作医疗支出 6 657 万元,则低收入组人口人均可获得资助 19.3 元(6 657/344.4)。城乡医疗救助直接医疗救助支出 48 260 万元,假设医疗救助城乡公平,可估算针对农村居民的直接医疗救助支出为 31 924 万元(48 260×66.15%),则低收入组人口人均可获得 92.7 元的直接医疗救助(31 924/344.4)。

表 6.5 山西省 2013 年和 2017 年医疗保险基础上医疗救助缴费补助
和直接费用补偿后的收入分布及基尼系数

项目	分组收入分布/%					基尼系数
	低收入组	中低收入组	中等收入组	中高收入组	高收入组	
2013 年						
D	5.75	13.09	16.83	23.73	40.58	0.339 6
E	5.93	13.00	16.71	23.72	40.68	0.338 7
2017 年						
D	6.89	13.88	17.38	23.49	38.34	0.306 7
E	7.09	13.75	17.18	23.42	38.53	0.306 9

表 6.5 显示了医疗救助对医疗保险进行缴费补助和直接医疗费用救助后的收入分布和尼基系数。通过与表 6.2 数据比较可得，经医疗救助缴费补助和直接费用救助后，低收入组的收入分布高于初始收入分布，2013 年和 2017 年分别高 0.1 和 0.04 个百分点，表明医疗救助能够缓解单一医疗保险制度的"逆向"收入再分配效应，发挥了一定程度的"纠正"效应。2013 年低收入组的 D 项收入分布比 B 项提高 0.04 个百分点，2017 年则提高 0.06 个百分点，同时 2013 年和 2017 年低收入组的 E 项收入分布比 D 项分别提高了 0.18 和 0.2 个百分点，比 C 项均提高了 0.25 和 0.31 个百分点，这表明近年来不断加大力度的医疗救助在纠正农村医疗保险"逆向"再分配中发挥了积极的作用。但 2013 年和 2017 年低收入组 E 项的收入占比均为 7% 左右，基尼系数依然高于 A 项，反映了医疗救助尚不能根本上扭转医疗保险的"逆向"收入再分配，需要在改善医疗保险"亲贫"效应基础上，进一步加大医疗救助对低收入群体的补偿力度。

6.4 结论与政策建议

6.4.1 结论

本章的研究结果表明：

（1）农村医疗保险体系的横向收入再分配改善了低收入群体的受益水

平,但纵向收入再分配存在对低收入群体的分配偏见,呈现出"逆向"的收入再分配效应,不具有高收入群体"照顾"低收入群体的"亲贫"效应。

(2)农村医疗保险体系保障水平的提高能够增强"涓滴"减贫效应,但并未改善甚至恶化了低收入群体的收入分布,高收入群体从制度保障水平的提高中获得了更多份额,低收入群体获得的份额相对减少。

以上两点结论存在内在的关联性,医疗保险的"逆向"再分配效应使得制度保障水平的提高进一步加剧了受益水平的群体间差距,而受益水平的群体间差距扩大意味着制度"逆向"再分配效应的增强。2017年尽管城乡大病保险全面实施并开展健康扶贫工程,但该年度医疗保险偿付后低收入组的收入分布依然低于初始分布,且降幅大于2013年,证明了上述关联性结论,这必然会削弱农村医疗保险体系的减贫效应。具体分析如下:

一是农村医疗保险的等额筹资方式使筹资呈现明显的累退性,不断提高的缴费标准主要加重了低收入群体的缴费负担。2013年和2017年低收入群体的缴费率均高于其他收入群体,且缴费对低收入群体收入分布的恶化最大,即低收入组的B-A项的降幅最大。与2013年相比,2017年低收入群体缴费率增幅和收入分布下降幅度均大于其他收入群体,表明不断增长的医疗保险缴费对低收入群体的负向影响最大。导致这一问题的主要原因是农村医疗保险采取固定金额缴费模式,筹资机制缺乏公平性,不断增长的缴费额未与不同收入群体的收入增长相协调。

二是农村医疗保险偿付环节横向上提高了对低收入群体的补偿水平,但纵向上恶化了低收入群体的收入分布。如表6.4显示,2013年和2017年C项的 MT 值均大于B项,表明农村医疗保险偿付环节恶化了低收入群体的收入状况。2017年 $MT_C - MT_B$ 的绝对值大于2013年,表明该年度医疗保险偿付环节对低收入者更为不利,呈现低收入者补贴高收入者的"逆向"再分配效应。导致这一制约医疗保险减贫效应提高的原因之一主要是医疗保险基于防范道德风险的制度设计限制了低支付能力群体的制度利用可及性。

三是医疗救助在一定程度上能够改善低收入群体在医疗保险中的分配劣势,但尚未产生应有的规模效应。原因之一是医疗救助支出水平相对有限,两类支出结构不合理。相关数据显示,2010—2017年,医疗救助支出占政府医疗保障支出比例基本保持在5%的水平,表明政府财政的医疗保障支出对低收入群体的"倾向照顾"力度未获提高。"二次救助"支出占总支出的比重由82.86%下降到78.24%,且占政府医疗保障总支出的比例仅为

2%，并有一定程度的下降，削弱了医疗救助的补偿效应。

6.4.2 政策建议

农村医疗保险体系要在进一步提高保障水平和统筹层次增强横向收入再分配功能的基础上，更加重视强化制度的纵向收入再分配功能，改善低收入群体的分配劣势，缩小医保待遇的群体间差距，推动保障公平，从而增强减贫效应。

（1）构建筹资贡献与收入相关联的缴费协调机制，改善筹资累进性。就个人缴费而言，探索以综合收入和资产为基数进行缴费，或者通过对影响缴费能力的因子，如收入、资产、年龄、性别、职业、生活水平等进行综合评估和调整，确定不同收入居民的缴费基数，形成缴费贡献与缴费能力相挂钩的筹资机制，改善筹资累进性（朱铭来和乔丽丽，2014）。个人缴费增长要体现收入增长的群体间差异，以克服等额缴费增长对低收入群体收入分布的恶化。就财政补助而言，在进一步提高普惠性财政补助水平的同时，更要加大特惠性财政补助力度，要构建基于经济发展和收入水平的倾斜性财政补助机制，推动财政补助向贫困地区和贫困人口的倾斜。

（2）放松偿付收入约束，提高低收入群体的医保利用水平。首先，医疗资源的城乡不平衡配置及其对农村居民医保利用的制约（杨林和李思赞，2016），是导致社会医疗保险"逆向补贴"的重要原因之一。对此，一方面可以通过加强农村医疗资源配置，以均等和可及的卫生资源促进医保制度保障公平，减少医疗保险的"逆向补贴"，另一方面可以通过实行城乡差异化的偿付结构，在医疗费用补偿基础上，对农村居民、特别是农村低收入群体进行一定程度的收入损失补偿和健康激励补偿，例如可根据患病者与医疗资源分布的空间关系，对符合医疗技术需求的就医交通费用进行补偿，有利于放松医保利用的约束因素。其次，就基本医保而言，要降低起付线和设定科学封顶线，降低起付线能够放松低收入群体医保利用的收入约束，设立科学封顶线，而非一味提高封顶线，能够在一定程度上限制或削弱高收入群体的分配优势，从而实现既"保基本"又具"普惠"的制度目标。就大病保险而言，根据客观信息确定各收入阶层的灾难性医疗支出标准，对基本医保补偿后的自付医疗费用超过灾难性医疗支出标准的医疗费用进行补偿。由于低收入群体的灾难性医疗支出标准较低，若其他条件不变，能够改善该群体的制度可及性，实现对该群体补偿的"倾向照顾"，增强制度的"正向"再分配效应。最后,通过支付方式变革改善低收入群体的医保利用。与后付制支付方式相比,预付制的控费目标产生了限制高收入群体分配优势的外部效应,有利于改善低收入群体的医保利用和受益水平。例如可基于按病种付费制实行按病种报销的支付方式改革,有利于化解"同病不同医"和"同医不同报销"问题,推动低收入群体获得平等一致的保障水平。

(3)构建基于收入水平的低收入群体补偿机制,纠正农村医保的"逆向"再分配。首先,要完善基本医保、大病保险与医疗救助之间的衔接机制,建议采取"基本医保+大病保险+医疗(慈善)救助"的衔接模式(詹长春和郑珊珊,2018),并统一由医保部门实施管理和经办,提高管理效率和资金使用效率。其次,要进一步提高医疗救助支出占政府医疗保障支出的比重,以突出医疗保障对医疗弱势群体的"倾向照顾",特别是要提高"二次救助"的力度。再次,要构建救助支付风险调整机制,提高医疗救助累进性,即医疗救助要反映救助对象的实际医疗费用负担,达到实际减轻医疗负担的目标,避免当前医疗救助中的"一刀切"问题,真正发挥"救急"和"减负"效应。最后,要适度拓展救助范围,不断丰富和完善服务包内容,特别是要扩大对社会医疗保险所排除保障项目和内容的覆盖。

(4)还需要补充说明的是,本章使用五等份分组数据,并未考虑收入组内部的差异性,而事实上收入组内部也存在医保服务利用和受益不均衡的问题,因此得出的基尼系数可能偏低,可能低估了医疗保险的"逆向"收入再分配效应。同时,本章假定医疗救助对象为低收入组居民,而事实上部分非低收入组居民也可能获得医疗救助,可能高估了医疗救助对医疗保险"逆向"收入再分配的"纠正"效应。但是,总体来看,本书结论能够从宏观上客观反映出农村医疗保险体系存在的"逆向"收入再分配现象及对减贫的影响,农村医保政策优化调整的思路也是基于宏观层面分析的视角。下一步,我们将运用个体微观数据进行更深入的研究。

7 健全社保政策优化收入分配调节机制的对策建议

根据前文分析可知，我国现行社会保险制度及政策存在诸多累退因素，使得调节机制未能发挥应有的对收入分配的正向调节效应。目前我国经济社会处于转型的关键时期，这一调节收入分配差距的黄金阶段，也理应是完善社会保障体系的战略机遇期，决策层应从整体上把社会保险纳入社会经济发展战略规划，立足整体观念和统筹发展的思想，坚持一体化的政策导向，强化社会保险政策工具的顶层设计，推动现行社会保险制度的整合与创新，有效调节收入分配差距，以实现党的十八届三中全会提出的"增强公平性、适应流动性、保证可持续性"目标。借鉴国际经验，立足中国国情，基于收入分配视角下中国养老保险制度改革优化的价值理念、基本原则以及目标定位，当前中国养老保险优化收入分配调节机制应着力围绕以下路径展开：

7.1 进一步扩大社会保险覆盖面，统一制度，创造起点公平

米尔达尔曾指出："穷是穷的原因，富是富的原因"，即所谓因果循环累积原理。也就是说，起点公平有助于促进结果公平，而结果公平又有助于未来更好地解决起点不平等。可见，缓解起点不平等，实现起点公平是至关重要的。现阶段中国养老保险分配的起点不公源于人们获得的养老保险权不公平，即源于覆盖面有限使得社会保险权没有覆盖到每一个国民身上，以及制度分割致使不同群体获得的社会保险权不公。因此，目前亟须扩大覆盖面，实现全民覆盖，整合不同群体的社会保险制度，实现制度统一。

首先，进一步扩大社会保险的覆盖范围，实现社会保险制度受益对象由正规就业群体向非正规就业人群延伸，并最终惠及全体国民，推进社会保险制度向着更为公平普惠的方向发展。正如前文第4章所分析的那样，集体企业为了规避社会保险缴费负担，除了给其职工工资造成负面影响之外，很可能倾向于转向非正规部门，这样虽然在一定程度上刺激了有效劳动供给，促进了就业，但转向非正规部门会使得就业质量下降，劳动者权益缺乏保障。所以当务之急是强制实施非公企业劳动者、个体工商户、灵活就业人员等非正规就业人员参加城镇职工社会保险制度，以保障其收入和生活的稳定性。此外，建议逐步强制实施城镇务工的农民工参加城镇职工社会保险制度（而非低水平的新农保制度），以提高其保障程度。对于滞留农村务农的劳动人口，应进一步加大财政扶持力度，提高新农保的参保率，实现应保尽保并提高保障水平，缩小城乡收入保障差距。在此基础上，逐步实现新农保与城镇居民社会保险制度并轨形成城乡居民社会保险制度，并在制度设计上与城镇职工社会保险制度留存接口。针对收入较低者，应该通过降低缴费门槛或补贴其社会保险缴费的方式，鼓励其参保。

其次，统筹城乡社会保险，推动不同人群的各类社会保险制度的整合与衔接，实现社会保险制度体系的一体化发展，防止制度分割带来的起点不公。建议加快机关事业单位社会保险制度与企业社会保险制度并轨，逐步统一不同制度的筹资模式、缴费标准和给付水平，加强不同制度资源的整合，平衡机关事业单位与企业之间的分配关系。当务之急需要规范机关事业单位人员的工资制度，取消各种"小金库"，实现其收入阳光化、透明化，使其履行相应的缴费义务，逐渐实现工作年限相同、职称等级相近的企业职工与机关事业单位职工养老金水平保持基本一致[①]。统筹城乡社会保险，在全国实现城乡居民基本社会保险制度可衔接，社会保险关系易转移的制度平台、资金平台和技术平台，逐步实现城乡居民进入城镇职工社会保险，按基础养老金和个人账户分别转入，通过地方养老金调节差异[②]，最终实现社会保险制度体系的一体化发展。

---

① 郑功成. 中国社会保障改革与发展战略（养老保险卷）［M］. 北京：人民出版社，2011：21.

② 林义. 人口老龄化背景下我国城乡养老保险制度整合的思考［EB/OL］.（2013-03-05）［2019-08-30］. 人民网·社会·社保30人论坛，http://society.people.com.cn/n/2013/0305/c168256-20677633.html.

7.2　提高社会保险统筹层次，平衡地区间缴费负担，缩小地区差异

如前所述，由于统筹层次偏低，加之不同地区经济发展水平和政府财力差异较大，不仅使得社会保险制度缺乏地区调节能力，难以实现地区之间的收入再分配，而且致使不同地区对国家社会保险缴费率的执行存在较大差距，即越是广东等经济发达的东部沿海地区，由于历史债务轻、年轻缴费者多，社会保险统筹基金结余越多，因而自行下调缴费率，进而越有利于经济发展；而越是经济落后的西部地区，统筹基金有限甚至不足，因而只能严格遵守国家的缴费政策甚至上调缴费率，进而导致企业和个人的缴费负担过重。因此，应逐步提高养老、医疗、失业等社会保险的统筹层次，在 3~5 年内实现医疗、失业、工伤和生育保险的省级统筹，社会保险基础养老金的全国统筹（丁少群，许志涛，2013）。同时，要建立规范、统一和公平的社会保险转移支付体系，对缴费能力较弱的困难地区实行中央和省两级的转移支付，充分发挥社会保险制度的互助共济功能，平衡地区间差异。

与此同时，择机分离城镇职工基本养老保险制度的个人账户（基本养老保险制度的个人账户并入企业年金账户，纳入第二层次的补充养老保障体系），强力推进社会统筹部分基础养老金全国统筹，建立基本统一的职工基本社会保险制度。只有实现基础养老金的全国统筹，才能从根本上解决劳动力流动时养老金权益的转移难题，从而促进劳动力的合理流动和统一劳动力市场的形成，优化劳动力资源的配置，维护参保者个人的利益；才能统一不同地区企业缴费率，实现企业之间的公平竞争；才能充分发挥基本社会保险制度的公平性和有效性，实现不同地区、不同收入群体之间责任的公平分担；才能使基本社会保险基金在统筹调剂使用中实现效益最大化[①]；才有助于建立规范、统一和公平的社会保险转移支付体系，对贫困落后地区实行转移支付，充分发挥养老保障体系的互济功能，平衡地区间的养老保障水平，缩小地区间的收入分配差距。

---

① 胡秋明. 可持续养老金制度改革的理论与政策研究 [M]. 北京：中国劳动社会保障出版社，2011：256-257.

7.3 完善筹资机制，重视工资增长和就业水平，均衡初次分配格局

在整个国民收入分配格局中，80%~90%的分配金额发生在初次分配，再分配所调节的金额只占 10%~20%。初次分配和再分配是"源"与"流"的关系，再分配注重公平的某些环节，其本身就必须要求以初次分配公平为基础。因此，实际上，改善初次分配格局更为重要，如果初次分配失衡的格局持续，再分配的调节效果将会大打折扣。只有消除初次分配不公，堵塞收入分配差距过大的源头，才能从根本上解决收入分配不公的问题[1]。而健全、公正的社会保障制度可以将初次分配形成的贫富差距缩小 0.2 个基尼系数以上（郑功成，2013）。具体到社会保险制度，应该在遵循公平优先、权利与义务相结合原则的基础上，完善社会保险缴费机制，对困难人群和企业给予特别关注，设计科学统一的社会保险缴费率、缴费基数和缴费年限（包括最低缴费年限和退休年龄），建立合理的责任共担机制，降低并平衡不同企业的缴费负担，提高就业水平并确保工资正常增长，不断均衡初次分配格局。

首先，逐步降低企业缴费率，减轻企业缴费负担。如前所述，总体而言，中国现行 20%的法定名义缴费率相对私营企业、集体企业以及国有企业等内资企业而言明显偏高，因此，目前亟须逐步降低企业尤其是西部落后地区企业法定名义缴费率，减轻企业缴费负担。当然，降低缴费率并非是一项孤立的社会制度改革，而是一项社会系统工程。养老金本质上是缴费率、缴费基数和缴费年限之间的动态平衡，降低缴费率后社会保险基金收入也下降。因此，为了维持这一动态财务平衡，则必然需要夯实提高缴费基数以及适当延长缴费年限。一方面，进一步深化收入分配制度改革，不断提高劳动者收入，并实现其收入工资化，工资收入货币化、信用化，强化社会保险缴费基数的核查监管力度，逐步建立统一、规范、全面、准确的社会保险缴费基数核准办法，遏制企业虚报缴费工资以及逃缴、拒缴等现象，做实和扩充缴费基数，增加制度收入，降低缴费率；另一方面，

---

① 许志涛. 养老保险对初次分配的调节机制探析 [J]. 中国劳动，2013（9）：10-13.

缴费年限涉及最低缴费年限和退休年龄，因此建议将现行 15 年的最低缴费年限逐步提高至 20~25 年，并尽快推行弹性延迟退休制度，适当延长社会保险缴费年限。杨燕绥（2013）等的研究指出：中国在 1995—2000 年就已进入老龄社会，晚于西方国家；约在 2025—2030 年进入深度老龄社会，快于西方国家；将与西方国家同期在 2035 年左右进入超级老龄社会①。老龄化趋势下，加之人口预期寿命的提高，适当延长退休年龄是国际上通行的做法。中国目前仍实行的是新中国成立之初的退休政策，退休年龄平均只有 52 岁多（女低男高），而瑞典、美国等欧美发达国家基本上都是 65 岁甚至更高年龄退休（男女一样），这意味着中国还有巨大的调整空间。因此，中国应尽快推行符合国情的弹性延迟退休制度，适当延长社会保险缴费年限。具体而言，需要坚持"小步渐进、女先后男、兼顾特殊"的原则，即首先应该渐进式逐步提高女性（包括女干部和女职工）退休年龄，择机逐步小幅提高男性的退休年龄，最后实现女性与男性退休年龄一致即 65 岁，并严格限制提前退休行为，且需对一些特殊群体如繁重体力劳动者、损害健康的工作岗位和高知识技能型劳动者等实行弹性退休制度。当然，延迟退休是个相当敏感的话题，在中国受到人们的普遍反对的主要原因是社会保险制度的"碎片化"和不公，所以在制定延迟退休年龄政策时，需要妥善解决好前面所探讨的机关事业单位社会保险制度并轨问题，不断缩小不同群体之间的养老金待遇差距，最终趋向公平。还有一种观点认为提高退休年龄会影响到年轻人的就业，实际上这种观点是站不住脚的。因为一国的就业量并不取决于退休人员所占岗位的数量，而是取决于经济发展所创造就业岗位的数量。事实上，如果延迟退休年龄政策得当，不仅不会挤出就业，反而还有利于促进就业，特别是在人口红利逐渐减少的情况下。一是延迟退休可以降低缴费率，减轻企业和劳动者的缴费负担，增强企业竞争力，提高劳动生产率，从而促进经济发展而提供新的就业机会；二是可以减少养老金的支付，而这部分节省的资金可用于岗位数量的增加；三是

---

①　联合国《世界人口老龄化报告（2009）》提出测量老龄化和检验人口结构的标准。国际社会开始以 65 岁及以上人口占总人口的比重来观察人口结构和界定社会老龄化的进程：进入老龄化的标准为 7%，老年赡养比约为 9∶1；深度老龄化的标准为 14%，老年赡养比约为 5∶1；超级老龄化的标准为 20%，老年赡养比约为 2~3∶1。参见：杨燕绥，刘懿. 中国养老金改革的时间节点与政策路径：以人力资本和老龄化为视角［J］. 探索与争鸣，2013（1）：66-71.

可以使经验丰富、技术娴熟的老年劳动者发挥"余热",节约人力资源,增加国民产出而增加就业岗位。

此外,中国企业缴费率过高的一个重要原因是社会保险制度设计试图通过企业缴费来消化转轨成本。因此,国家应尽快明确历史债务的分担机制,将转轨成本这一本应该由国家承担的债务从社会保险统筹基金中剥离出去,减轻企业负担,从而为降低企业缴费率提供支持。财政部数据显示,近年来中国财政收入和国有企业净利润快速增长,2011 年已分别超过 10 万亿元和 2 万亿元。所以建议通过进一步调整和优化财政支出结构、加大财政对社会保险的投入力度和划转部分国有资产以及国有企业(尤其是央企和东部国有企业)利润充实社会保险基金,用以偿还隐性债务。另外,如前所述,由于社会保险缴费基数的上下限限制使得缴费机制具有"累退性",提高了私营企业等低收入企业及其职工的实际缴费率,加大了其缴费负担,不仅不利于初次分配,而且也弱化了社会保险的收入再分配效应,甚至会导致其逆向再分配。因此,应当在通过提高最低工资标准等措施千方百计提高低收入者收入的同时,适当拓宽缴费基数的上下限甚至取消下限,缓解其累退程度,不仅可以降低低收入企业及其职工的实际缴费率,减轻其缴费负担,改善初次分配和再分配,而且有利于提高其参保的积极性,减轻扩面阻力。

其次,也可考虑改革社会保险缴费方式,平衡不同地区不同企业间的缴费负担。如前所述,中国各地区不同所有制企业承受社会保险缴费负担的能力存在较大差异,但现行社会保险缴费制度安排并没有考虑这种差异性,致使低收入地区企业因缴费能力有限而面临着沉重的缴费负担。事实上,社会保险缴费能力和缴费负担不仅与工资水平有关,更与企业利润水平密切相关,而中国社会保险缴费仅仅以工资为缴费基数,忽视了企业利润水平,造成私营企业等职工多而利润较低的劳动密集型企业与外资企业等职工少而利润较高的资本密集型企业间的负担不公,客观上助长了高负担企业做虚缴费工资基数和将负担转嫁给劳动者的可能性。因此,应该改以工资为缴费基数的单一缴费制为以职工工资和企业利润为缴费基数的双基数征缴制,即个人缴费部分仍以职工工资为缴费基数,而企业缴费部分则以企业利润为基数进行征缴,并贯彻"利润高企业多缴,利润少企业少缴,不盈利或亏损企业不缴"的原则,不仅可以使许多利润高而职工少的资本密集型企业纳入征缴基数中,拓宽社会保险基金规模。而且有利于平衡不同企业间的缴费负担，从而有效避免困难企业逃缴、漏缴、欠缴等现象，有助于做实缴费基数、提高征缴率，进而有利于扩大覆盖面以及为降低缴费率打下了坚实的基础，避免高企业缴费率对职工工资的侵蚀，引导资本收益向劳动报酬倾斜，强化社会保险制度的初次分配调节功能。

7.4   优化给付机制，加大财政投入，缩小不同群体间社保待遇差距

待遇给付机制改革的重点是缩小和消除社会保险的待遇差别，实现养老保险全国统筹养老金支付方式和标准的全国统一，实现医疗保险、失业保险、工伤生育保险的省级统筹社保待遇支付方式和标准的全省统一。

首先，建立普惠式国民基础养老金制度，缩小不同群体的养老金待遇差距。正如上文所言，近年来中国财政收入和国有企业利润快速增长，这为国家推行普惠式的城乡一体、全国统一的基础养老金制度，即国民年金制度提供了支撑。因此，具体可在实现全国统筹、整合现有不同人群的各类社会保险制度的基础上，推行国民年金制度，由中央政府制定统一的社会保险支付办法和标准，以此确保全体退休人员（从总理到农民）都能享受到同等生活保障。国民年金资金由中央统一预算管理，资金可主要来源于以下四部分：一是国家财政，这也是最主要的来源，所以需优化财政收支结构，加大财政对社会保险的转移支付力度，体现政府的主导责任；二是国有企业上缴的利润，让全民共享国有资产的红利。正如十八届三中全会《中共中央关于全面深化改革若干重大问题的决定》提出，完善国有资本经营预算制度，提高国有资本收益上缴公共财政比例，2020 年提到 30%，更多用于保障和改善民生；三是企业的缴款；四是个人账户，不仅包括现行企业职工个人账户的一部分，还包括未来机关事业单位职工个人缴费的一部分。由于个人账户实行的是基金积累制，从公平的角度看，个人账户不解决再分配的问题；而且从效率的角度看，积累式个人账户有效性的标准是投资收益率大于工资增长率与人口增长率之和，而在现阶段的中国要实现这点是相当困难的。实际上，长期以来，中国的个人账户制是无效的，正如郑秉文所指出："中国社会基金年均收益率为同期银行活期存款利息，还不到 2%，不仅低于同期的通货膨胀率 5.4%，更是远远低于社会平均工

资增长率（20年来城镇社会平均工资增长率14.85%）"。因此，可考虑将个人缴费的部分比例划入国民年金账户中。如可考虑将现行企业职工8%的个人账户拆分为两部分，一部分为5%，进入国民年金账户，另外3%进入企业年金账户。

其次，建立统一的养老金指数化调整机制，确保退休人员基本生活水平。正如前文所述，在提高统筹层次的同时，需要科学合理地设计养老金待遇调整指数，以免违背社会保险制度的初衷，反而造成逆向再分配。中国没有建立科学合理的养老金指数化调整机制，从而拉大了不同群体的养老金待遇差距。因此，应当建立统一的养老金指数化调整机制，即建立健全养老金与经济增长（工资增长）和物价水平的协同增长机制，一方面确保退休劳动者的养老金免受通货膨胀侵蚀，另一方面实现全体国民共享经济发展成果。无论是企业职工养老金、机关事业单位职工养老金还是城乡居民养老金以及未来的国民年金，都应该根据各地平均工资水平的一定比例（如40%）或基本生活费用标准（可以按生活必需的商品和服务来计算，如当地上年度居民实际消费支出）确定基础养老金的支付标准，再根据各地平均工资增长率和物价指数进行调整，缩小并控制养老金待遇差距。

最后，建立历史债务偿还机制，解决转轨成本，减轻企业缴费负担。如前所述，总体上，我国私营企业、集体企业以及国有企业等内资企业都无力承担现行偏高的社会保险缴费水平，而企业缴费率居高不下的重要原因在于，在社会保险制度转轨过程中，社会社会保险缴费制度的设计试图单独通过企业来消化转轨成本。因此，应尽快建立历史债务偿还机制，明确政府的主要承担责任，进一步调整和优化财政收支结构：一方面将国有企业（尤其是缴费能力较强的东、中部国有企业）利润强制按一定比例上缴以弥补转制成本；另一方面加强财政对社会保险的补贴力度，从而减轻企业的缴费负担。

7.5 健全社会保险法制建设，强化监督管理，规范收入分配秩序

从成熟市场经济国家社会保险发展历史来看，健全的社会保障法律制度是发挥收入分配调节功能的有力保证，是社会文明发展进步的一个重要标志，也是社会保险可持续发展的必然要求。中国在建立养老保险等社会保障制度的过程中，长期以来对社会保障立法重视不足，致使社会保障法制建设滞后。正如前文所述，法制薄弱、管理体制混乱和监管机制的缺失都易造成养老保险领域的腐败，导致初次收入分配秩序失范。因此，应健全社会保险法制，加强养老保险的权威性、强制性；强化监督管理，严格检查，确保养老保险制度依法、合规、正确、有效运行，保障全体社会成员的养老保险权益，规范收入分配秩序。

一方面，构建和完善社会保险法律体系，提高立法层次。精"法"简"规"，即用科学、严谨、高层次的社会保险法律来逐步取代政策性文件规定，建立统一完整的社会保险法律体系。修改和完善现有的社会保险法律，补充有关法律条文；围绕《社会保险法》，出台一系列配套法律法规；制定《社会保障基金管理法》，规范社保基金的筹集、投资运营、支付和监督管理等行为，明确法律责任和制裁措施，堵塞法律漏洞，实现依法监督的规范管理。另一方面，健全养老保险信息披露制度，建立参保者个人信息网络体系，加强信息公开与社会监督。所有社会保险经办机构、投资管理机构都应该向社会公布基金的征缴、投资运营、支付和管理情况以及其他财务数据，使社会保险基金的收支情况、投资状况和收益情况都置于社会的监督之下，提高透明度，有利于杜绝腐败和确保基金的安全、规范收入分配秩序。

参考文献

[1] 丁少群，许志涛. 社会保障水平、收入分配与经济增长的互动关系研究：基于 VAR 模型的实证分析 [J]. 中国经济问题，2013 (6).

[2] 丁少群，李培. 我国"统账结合"基本养老保险调节收入分配的传导机制分析 [J]. 社会保障研究（京），2015，21 (1)：103-104.

[3] 许志涛，丁少群. 各地区不同所有制企业社会保险缴费能力比较研究 [J]. 保险研究，2014 (4).

[4] 李培，丁少群. 新型城镇化过程中养老金并轨能缩小收入差距吗：兼论机关事业单位养老金改革 [J]. 当代经济科学，2016 (4)：61-73.

[5] 郑功成. 社会保障：调节收入分配的基本制度保障 [J]. 中国党政干部论坛，2010 (6)：19-22.

[6] 林义. 社会保险制度分析引论 [M]. 成都：西南财经大学出版社，1997：2-121.

[7] 林义. 人口老龄化背景下我国城乡养老保险制度整合的思考 [EB/OL]. (2013-03-05) [2019-08-30]. 人民网·社会·社保 30 人论坛，http://society.people.com.cn/n/2013/0305/c168256-20677633.html.

[8] 何文炯. "十二五"社会保障主题：增强公平性和科学性 [J]. 社会保障研究，2011：187-195.

[9] 郑秉文. 机关事业单位养老金并轨改革：从"碎片化"到"大一统" [J]. 中国人口科学，2015 (1)：2.

[10] 唐钧. 养老金并轨不能陷入"乌托邦" [J]. 学习月刊，2014 (9)：37-38.

[11] 穆怀中. 中国社会保障适度水平研究 [M]. 沈阳：辽宁大学出版社，1998.

[12] 王震. 制度整合是实现法定人员全覆盖的前提条件 [J]. 中国医

疗保险, 2016（1）: 21.

[13] 卢海元. 制度的并轨与定型: 养老保险制度中国化进入崭新阶段 [J]. 社会保障研究, 2014（3）: 18.

[14] 黄丽, 罗锋. 城乡基本养老保险并轨的可行路径与难点: 基于广东中山的实证分析 [J]. 公共管理学报, 2012（3）: 82-91.

[15] 李时宇, 冯俊新. 城乡居民社会养老保险制度的经济效应: 基于多阶段世代交叠模型的模拟分析 [J]. 经济评论, 2014（3）: 3-15.

[16] 杨翠迎, 冯广刚. 最低生活保障支出对缩小居民收入差距效果的实证研究 [J]. 人口学刊, 2014（3）: 33-40.

[17] 侯慧丽. 养老保险制度再分配效应的结构性透视 [J]. 中国社会科学院研究生院学报, 2014（5）: 131-137.

[18] 叶宁. 城镇职工基本养老保险扩大覆盖面的难点探究: 基于灵活就业者缴费能力生命表的分析 [J]. 中南财经政法大学学报, 2013（5）: 61-65.

[19] 蒋云赟. 我国农民工养老保险方案的再研究: 基于财政负担视角的代际核算模拟 [J]. 财经研究, 2013（10）: 4-18.

[20] 穆怀中, 宋丽敏. 农民工养老保险统筹收入再分配研究 [J]. 经济理论与经济管理, 2014（1）: 5-15.

[21] 杨俊. 中国公共养老保险制度宏观经济学分析 [M]. 北京: 中国劳动社会保障出版社, 2009.

[22] 郑伟. 中国社会养老保险制度变迁与经济效应 [M]. 北京: 北京大学出版社, 2005.

[23] 郭瑜. 机关事业单位养老保险改革的替代率测算 [J]. 保险研究, 2015（4）: 84.

[24] 薛惠元. 宋君. 机关事业单位养老保险改革降低了工作人员的养老待遇吗: 基于替代率水平的测算与分析 [J]. 经济体制改革, 2015（6）: 183.

[25] 陈宗胜, 周云波. 再论改革与发展中的收入分配 [M]. 北京: 经济科学出版社, 2002.

[26] 杨燕绥. 养老金并轨的机遇与挑战 [J]. 行政管理改革, 2015（5）: 20-22.

[27] 白重恩, 赵静, 毛捷. 制度并轨预期与遵从度: 事业单位养老保险改革的经验证据 [J]. 世界经济, 2014（9）: 119-144.

[28] 童素娟, 陈诗达, 米红, 等. 基于收入再分配效应视角的养老金双轨制改革研究: 以浙江省为例 [J]. 经济社会体制比较, 2014 (4): 68-80.

[29] 童素娟, 郭林. 养老金双轨制的历史渊源与改革取向: 浙江证据 [J]. 改革, 2015 (1): 90-98.

[30] 余桔云. 并轨前后养老保险制度的替代率和公平性评估 [J]. 改革, 2015 (7): 82-90.

[31] 睢党臣, 董莉, 张朔婷. 对城乡居民养老保险并轨问题的思考 [J]. 北京社会科学, 2014 (7): 38-43.

[32] 丁芳, 郭秉菊. 新农保进城了: 城乡居民养老保险并轨之收入分配效应研究 [J]. 山西农业大学学报 (社会科学版), 2015 (4): 372-378.

[33] 人社部. 2015 年四川省人力资源和社会保障事业发展统计公报 [EB/OL]. (2016-06-01). 四川省人力资源与社会保障厅网站, www.sc. hrss.gov.cn/zwgk/gndt/201606.

[34] 周云波. 城市化、城乡差距以及全国居民总体收入差距的变动: 收入差距 "倒 U 形" 假说的实证检验 [J]. 经济学 (季刊), 2009 (7): 1239-1256.

[35] 侯慧丽. 城镇基本养老保险制度的再分配效应 [M]. 北京: 社会科学文献出版社, 2011.

[36] 邵雪松, 杨燕红. 社会保障支出的国际比较研究 [J]. 厦门特区党校学报, 2011 (2): 31-34.

[37] 田卫民. 中国基尼系数计算及其变动趋势分析 [J]. 人文杂志, 2012 (2): 56-61.

[38] 卢自华. 中国转型期基本养老保险分配效应研究 [M]. 北京: 经济科学出版社, 2010: 9.

[39] 王延忠, 龙玉其. 社会保障调节收入分配的机理与作用 [M] // 王延中. 中国社会保障发展报告 NO.5 (2012): 社会保障与收入再分配. 北京: 社会科学文献出版社, 2012: 2.

[40] 岳远斌, 张庆洪, 韩海容. 养老保险基金对国民收入分配的影响分析 [J]. 上海金融, 1997 (8): 28.

[41] 王延忠, 龙玉其. 社会保障制度调节收入分配作用的机理与实践 [M] // 王延中. 中国社会保障收入再分配状况调查. 北京: 社会科学文献

出版社，2013：7.

[42] 陈晓枫. 第三次收入分配的基础和发展 [J]. 闽江学院学报，2010（1）：25.

[43] 许志涛. 养老保险调节收入分配的作用机理及效果研究：以城镇职工基本养老保险为主体的分析 [D]. 成都：西南财经大学，2014.

[44] 李培，丁少群. 国有资本划转社保基金：多元视角、互动机理与利益协调机制构建 [J]. 改革，2019（5）：148-159.

[45] 白晨，顾昕. 中国农村医疗救助给付水平横向公平问题研究 [J]. 河南社会科学，2015（1）：76-81，123.

[46] 郑伟，孙祈祥. 中国养老保险制度变迁的经济效应 [J]. 经济研究，2003（10）：75-93.

[47] 李实. 中国居民收入分配再研究 [J]. 经济研究，1999（4）：3-17.

[48] 尼尔·吉尔伯特. 社会福利的目标定位：全球发展趋势与展望 [M]. 郑秉文，译. 北京：中国劳动社会保障出版社，2004.

[49] 庇古. 福利经济学 [M]. 麦克米伦公司，1972：123.

[50] 罗伯特·霍尔兹曼，爱德华·帕默尔. 养老金改革：名义账户制的问题与前景 [M]. 郑秉文，等译. 北京：中国劳动社会保障出版社，2006：28-263.

[51] 约翰·罗默. 在自由中丧失：马克思主义经济哲学导论 [J]. 段忠桥，刘磊，译. 北京：经济科学出版社，2003：4.

[52] 约翰·罗默. 社会主义的未来 [M]. 重庆：重庆出版社，1997：15.

[53] 塞缪尔·亨廷顿，劳伦斯·哈里森. 文化的重要作用：价值观如何影响人类进步 [M]. 北京：新华出版社，2002：106-122.

[54] 蔡昉，都阳，高文书，等. 劳动经济学：理论与中国现实 [M]. 北京：北京师范大学出版社，2009：132.

[55] 高霖宇. 社会保障对收入分配的调节效应研究 [J]. 北京：经济科学出版社，2009：58-59.

[56] 郑功成. 中国社会保障改革与发展战略（养老保险卷）[M]. 北京：人民出版社，2011：10.

[57] 郑功成. 收入分配改革与中国社会保障发展战略 [J]. 中国社会

保障，2010（10）：24-26.

[58] 郑功成. 中国社会保障改革与发展战略：理念、目标与行动方案 [M]. 北京：人民出版社，2008：17-27.

[59] 郑功成. 社会保障制度要促进共同富裕 [R]. 社会科学报，2013-03-07（02）.

[60] 宋晓梧. 改革：企业·劳动·社保 [M]. 北京：社会科学文献出版社，2006.

[61] 何文炯. 社会养老保障制度要增强公平性和科学性 [J]. 经济纵横，2010（9）：42-46.

[62] 何文炯. "十二五"社会保障主题：增强公平性和科学性 [J]. 社会保障研究，2011，187-195.

[63] 胡秋明. 可持续养老金制度改革的理论与政策研究 [M]. 北京：中国劳动社会保障出版社，2011：22-87.

[64] 侯慧丽. 城镇基本养老保险制度的再分配效应 [M]. 北京：社会科学文献出版社，2011.

[65] 侯明喜. 防范社会保障体制对收入分配的逆向转移 [J]. 经济体制改革，2007（4）：137-140.

[66] 李珍，王海东. 养老金替代水平下降的制度因素分析及对策 [J]. 中国软科学，2013（4）：50-59.

[67] 李珍，王向红. 减轻企业社会保险负担与提高企业竞争力 [J]. 经济评论，1999（5）：56-60.

[68] 李实. 中国居民收入分配再研究 [J]. 经济研究，1999（4）：3-17.

[69] 刘苓玲，李培. 养老保险制度收入再分配效应文献综述 [J]. 社会保障研究，2012（2）：58-69.

[70] 刘军强、魏晓盛. 损不足补有余：中国社会保障的逆向调节效应分析 [Z]. 2011.

[71] 穆怀中. 中国社会保障适度水平研究 [M]. 沈阳：辽宁大学出版社，1998.

[72] 穆怀中. 社会保障国际比较 [M]. 北京：中国劳动社会保障出版社，2002：164-166.

[73] 穆怀中. 国民财富与社会保障收入再分配 [M]. 北京：中国劳动

社会保障出版社，2003：182.

[74] 穆怀中. 养老金调整指数研究 [M]. 北京：中国劳动社会保障出版社，2008：54-72.

[75] 宋晓梧. 完善市场经济体系，提高初次分配比重 [N]. 经济参考报，2011-02-15（2）.

[76] 孙博，吕晨红. 不同所有制企业社会保险缴费能力比较研究：基于超越对数生产函数的实证分析 [J]. 江西财经大学学报，2011（1）：50-55.

[77] 王岩中. 社会保障绿皮书：中国社会保障发展报告 2015 [M]. 北京：社会科学文献出版社，2015：12-52.

[78] 王亚柯. 中国养老保险制度改革的经济绩效：再分配效应与储蓄效应 [M]. 上海：上海人民出版社，2008.

[79] 王晓军，康博威. 我国社会养老保险制度的收入再分配效应分析 [J]. 统计研究，2009（11）：75-81.

[80] 杨燕绥，刘懿. 中国养老金改革的时间节点与政策路径：以人力资本和老龄化为视角 [J]. 探索与争鸣，2013（1）：66-71.

[81] 杨俊. 养老保险和工资与就业增长的研究 [J]. 社会保障研究，2008（2）：132-141.

[82] 褚福灵. 论养老保险的缴费替代率与待遇替代率 [J]. 北京市计划劳动管理干部学院学报，2006（1）：8-12.

[83] 郑秉文. 中国养老金发展报告（2016）[M]. 北京：经济管理出版社，2016.

[84] 郑秉文，方定友，史寒冰. 当代东亚国家、地区社会保障制度 [M]. 北京：法律出版社，2002.

[85] 张勇. 中国养老保险制度的再分配效应研究 [J]. 财经论丛，2010（7）：59-66.

[86] 丁少群，苏瑞珍. 我国农村医疗保险体系减贫效应的实现路径及政策效果研究：基于收入再分配实现机制视角 [J]. 保险研究，2019（10）：114-127.

[87] 鲍震宇，赵元凤. 农村居民医疗保险的反贫困效果研究：基于 PSM 的实证分析 [J]. 江西财经大学学报，2018（1）：90-105.

[88] 方黎明. 新型农村合作医疗和农村医疗救助制度对农村贫困居民就医经济负担的影响 [J]. 中国农村观察，2013（2）：80-92.

[89] 何文炯. 中国社会保障: 从快速扩展到高质量发展 [J]. 中国人口科学, 2019 (1): 2-15, 126.

[90] 黄薇. 保险政策与中国式减贫: 经验、困局与路径优化 [J]. 管理世界, 2019 (1): 135-150.

[91] 金双华. 现行社会保障制度对不同阶层收入影响的实证分析 [J]. 经济社会体制比较, 2012 (1): 98-105.

[92] 金双华, 于洁. 医疗保险制度对收入分配的影响: 基于陕西省的分析 [J]. 中国人口科学, 2017 (3): 116-125, 128.

[93] 金彩红. 中国医疗保障制度的收入再分配调节机制研究 [J]. 经济体制改革, 2005 (6): 120-124.

[94] 李实, 詹鹏, 杨灿. 中国农村公共转移收入的减贫效果 [J]. 中国农业大学学报 (社会科学版), 2016 (5): 71-80.

[95] 刘小鲁. 中国城乡居民医疗保险与医疗服务利用水平的经验研究 [J]. 世界经济, 2017 (3): 169-192.

[96] 迈克尔·谢若登. 资产与穷人: 一项新的美国福利政策 [M]. 高鉴国, 译. 北京: 商务印书馆, 2005: 84.

[97] 玛丽亚·康西安, 谢尔登·丹齐革. 改变贫困, 改变反贫困政策 [M]. 刘杰, 等译. 北京: 中国社会科学出版社, 2014: 196.

[98] 马超, 顾海, 宋泽. 补偿原则下的城乡医疗服务利用机会不平等 [J]. 经济学 (季刊), 2017 (4): 1261-1288.

[99] 阮敬, 丁琳, 纪宏. 收入分布视角下的收入分配研究 [J]. 数理统计与管理, 2018 (1): 104-121.

[100] 任志江, 苏瑞珍. 农村医疗保障制度反贫困的传导机理、当前困境与对策创新 [J]. 理论探索, 2019 (1): 115-122.

[101] 田森, 等. 收入差距与最优社会医疗保险制度设计: 一个理论模型 [J]. 保险研究, 2016 (11): 41-52.

[102] 王晓亚, 黄德海, 卜鹏滨. 医疗保险的双重效应与居民医疗支出: 作用机理及实证检验 [J]. 当代经济科学, 2018 (5): 1-11, 124.

[103] 杨林, 李思赟. 城乡医疗资源非均衡配置的影响因素与改进 [J]. 经济学动态, 2016 (9): 57-68.

[104] 杨红燕, 聂梦琦, 李凡婕. 全民医保有效抵御了疾病经济风险吗 [J]. 统计与决策, 2018 (14): 59-63.

［105］于新亮，朱铭来，熊先军. 我国医疗保险保障公平性与精准化改进研究：基于灾难性医疗支出界定、细分与福利评价［J］. 保险研究，2017（3）：114-127.

［106］郑功成. 健康中国建设与全民医保制度的完善［J］. 学术研究，2018（1）：76-83，2，177.

［107］朱富强. 收入再分配的理论基础：基于社会正义的原则［J］. 天津社会学，2016（5）：95-100.

［108］詹长春，郑珊珊. 农村居民医疗保障"逆向"收入再分配效应形成机制及克服：以江苏省为例［J］. 农业经济问题，2018（10）：85-93.

［109］ROBERT PALACIOS, EDWARD WHITEHOUSE. "Civil-service Pension Schemes Around the World". Discussion Paper NO. 0602, World Bank, pdf, 2006（5）.

［110］PECCHEMNO R, POLLARD P. "Dependent children and aged parents: funding education and social security in an aging economy". Journal of Macroeconomics, 2002（24）：145-169.

［111］CLEAL NIKI, CURRY CHRIS, CARRERA, et al. A pensions policy institute briefing paper on the impact of the coalition government's public service pension reforms. Pensions Policy Institute, www. pensionspolicyinstitute. org.uk.pdf, 2013（5）.

［112］VINICIUS CARVALHO PINHEIRO. Pension funds for government workers in OECD countries［J］. Financial Market Trends, 2005（262）：153-179.

［113］CARLO MAZZAFERO, STEFANO TOSO. The effects of social security on the distribution of wealth in italy［J］. Universita di Modena e Reggio Emilia, Dipartimento di Economia Politica in CAPP series, 2006（15）.

［114］DIAMOND, PETER. A frame work for social security analysis［J］. Journal of Public Economics. Public Economics, 1977（3）：143-165.

［115］FORBES K J. A reassessment of the relationship between inequality and growth［J］. American Economic Review, 2000（4）：69-87.

［116］HE L, SATO H. Income redistribution in urban china by social security system-an empirical analysis based on annual and lifetime income［J］. Contemporary Economics Policy, 2011, 30（2）.

[117] JESUIT D, MAHLER V. State redistribution in comparative perspective: A cross-national analysis of the developed countries. Luxembourg Income Study Working Paper, No. 392, 2004.

[118] KUZNETS S. Economic growth and income inequality [J]. American Economic Review, 1955, 45 (1): 1-28.

[119] RAVALLION, MARTION. Household income dynamics in two transition economies [J]. Studies in Nonlinear Dynamics and Econometrics, 2004 (3): 1-31.

[120] MUSGRAVER A, THIN T. Income tax progression, 1929-1948 [J]. Journal of Political Economy, 1948, 56 (6): 498-514.

[121] SUN X Y, SLEIGH A C, CARMICHAEL G A, et al. Health payment-induced poverty under china's new cooperative medical scheme in rural Shandong [J]. Health Policy and Planning, 2010 (25): 419-426.

[122] WAGSTAFF A, LINDELOW M, GAO J, et al. Extending health insurance to the rural population: A impact evaluation of china's new cooperative medical scheme [J]. Journal of Health Economics, 2009, 28 (1): 1-19.

后　记

　　本书是四川省人文社科重点研究基地西南财经大学老龄化与社会保障研究中心的系列研究成果之一。本书能得以出版，感谢老龄化与社会保障研究中心一直以来的大力支持。

　　该书是我们在参加国家社会科学基金十九大专项"全面建成多层次社会保障体系的实施难点与路径优化研究"（18VSJ095）、国家社会科学基金西部项目"我国社会保险调节收入分配的传导机制及政策效果研究"（13XSH018）等课题调研的基础上，就其中的部分研究成果汇集编撰成书的。由丁少群教授组织课题调研和撰写分工，并负责组织了书稿的审阅修改和统稿等工作。各章执笔人分别是：第一章，许志涛博士、丁少群教授；第二章，李培博士、丁少群教授；第三章，许志涛博士；第四章，许志涛博士、丁少群教授；第五章，李培博士、丁少群教授；第六章，苏瑞珍博士、丁少群教授；第七章，许志涛博士、丁少群教授、李培博士。本书是集体智慧的成果，是我们对当前我国社会养老保险、医疗保险制度改革及其对收入分配调节效果的初步认识。我们深知，社会保险研究所涉及的领域和内容非常广泛，而且，在中国这样一个具有超长历史纵深、超大国土面积、超大人口规模、超常复杂的城乡多元结构，乃至老年人口体量规模越来越超大的发展中国家建立社会保险制度，在以往的世界各国实践中是没有任何现成模式可以学习和借鉴的。我国社会保险从无到有，并逐步实现了全民保障，这是了不起的成就。而且，我国社会保险制度的改革还在不断地向纵深推进，制度建设日新月异。因此，本书基于几年前调研数据所做的研究结论和建议，可能并不全面，也不够成熟。但是，本书对我国社会保险调节收入分配的理论探索、问题分析和部分前瞻性建议，可以为其他学者从事相关研究和社会保障相关部门管理者制定政策提供重要参考，也可以为我国进一步深入推进城乡统筹的社会保险制度改革提供决策参考的依据。

本书在编写过程中先后得到了西南财经大学老龄化与社会保障研究中心、西南财经大学科研处、中国社会保障学会、中国保险学会、四川省医疗保障研究会、四川省社会科学界联合会、中国人寿保险股份公司、中国人保健康保险公司、阳光人寿保险公司、国元农业保险公司等单位的大力支持和帮助。在课题选题、大纲确定、初稿写作与讨论修订等过程中，林义教授、庹国柱教授、孙蓉教授、陈滔教授、胡秋明教授、杨翠迎教授、彭雪梅教授、陈志国教授和蔡皖伶董事长、程斌总裁、牛松儒总经理、王鲁江总经理等理论界、实务界专家，提出了很多宝贵的意见和建设性修改建议。在出版过程中得到了西南财经大学出版社和汪涌波编辑的热情帮助和大力支持。没有这些单位和个人的支持、帮助，本书是难以完成的，在此深表敬意和感谢！另外，本书在编写过程中还参考了国内外多部（篇）社会保险及相关经济社会研究著作（详见参考文献），在此一并致以诚挚的谢意！

由于我们水平有限，书中疏漏和错误在所难免，恳请读者批评指正。

丁少群

2021 年 3 月